JOAN

Autobiographie d'une Personnalité Multiple

Joan Frances Casey
Lynn Wilson

JOAN

Autobiographie d'une Personnalité Multiple

Document

PRESSES DE LA CITÉ

Titre original : *The Flock*

Traduit de l'américain par Alexis Champon

Certains noms de personnes et de lieux ont été modifiés.
Joan Frances Casey et Lynn Wilson sont des pseudonymes.

ISBN 2-258-03556-2

PROLOGUE

Ce livre raconte plusieurs histoires : celle d'une enfant qui survécut à de graves traumatismes; celle d'une jeune femme dont les multiples personnalités se sont fondues en une seule. Il relate aussi la façon dont une thérapeute a soigné une patiente, mais c'est surtout l'histoire de deux personnes qui se sont rencontrées au bon moment et qui, ensemble, ont accompli un miracle. C'est l'histoire de deux femmes qui se sont transformées mutuellement, et de trois êtres qui ont recréé une famille.

Ce n'est ni un manuel de thérapie ni un exposé exhaustif sur la manière dont on devrait traiter le syndrome de Personnalité Multiple. C'est un témoignage sur ce que Joan et moi avons entrepris et réussi ensemble. Un thérapeute connaissant mieux les Multiples aurait sans doute traité Joan différemment et avec plus d'efficacité; cependant, et comme je l'ai appris à mes dépens, d'autres cliniciens seraient peut-être passés à côté de symptômes dont la richesse flamboyante avait tout, pourtant, pour capter l'intérêt.

Ce qui s'est passé entre Joan et moi fut le résultat d'une rencontre entre deux personnes définies, dans un lieu déterminé, à un moment donné. Un ou deux ans plus tôt — ou plus tard — peut-être n'aurais-je pu répondre à la demande de Joan; peut-être Joan serait-elle morte ou aurait-elle été assez forte pour me manipuler, comme elle avait déjà manipulé d'autres thérapeutes, afin d'éluder ses problèmes et de les refouler encore davantage.

Lorsque j'ai rencontré Joan, un jour neigeux de mars 1981,

d'importants changements dans ma vie étaient imminents. Lisa, la plus jeune de mes cinq enfants, passait sa dernière année chez nous. Pour la première fois depuis trente ans, il n'y aurait plus d'enfants autour de moi à la maison. Pour la première fois en dix-sept ans de mariage, Gordon, mon second mari, et moi allions nous retrouver en tête à tête.

Lisa me manquerait. A sa naissance, cinq ans après celle de Victor, mon expérience de mère m'avait rendue assez décontractée pour profiter de mon rôle sans me poser de questions inutiles. Lisa se confiait facilement à moi et nous avions passé des heures joyeuses à nous promener le long du lac près de notre maison de campagne, discutant de politique ou de ses projets d'avenir. N'ayant plus d'enfant en bas âge, j'avais le temps et l'énergie de développer une relation très agréable avec ma fille, un être délicieux de surcroît. J'avais beau vouloir de tout mon cœur la voir grandir et bâtir sa propre vie, je savais que son départ laisserait un vide immense.

Cependant, la perspective de ne plus l'avoir dans mes jambes me remplissait d'une joie secrète. L'idée d'être une épouse plutôt qu'une mère m'excitait et je me réjouissais des projets que nous allions réaliser, Gordon et moi. Nous pourrions enfin naviguer des heures, voire des jours entiers. Gordon avait une passion pour l'eau et adorait ses deux bateaux : *The Channel*, un beau neuf mètres, et *Mantra*, un dériveur. Certains de nos enfants avaient appris à aimer la beauté et la solitude de la navigation, mais, trop souvent préoccupée par des problèmes familiaux ou professionnels, je n'avais jamais réussi à apprécier pleinement les rares moments passés à bord. A présent, j'aurais le temps.

Une montagne de livres m'attendait. En prévision des longues heures tranquilles sur le lac Michigan, je l'avais divisée en deux : d'un côté les livres à lire au lit, de l'autre ceux que j'emporterais à bord.

J'avais également des travaux à effectuer dans ma maison, si longtemps réservée aux enfants, aux chats et aux chiens. Je songeais même à chanter de nouveau dans une chorale.

J'aimais énormément mon métier de psychologue clinicienne et ma carrière avait récemment pris une tournure prometteuse. Après seize années de travail sur le terrain et de psychothérapies, je venais d'être embauchée dans une nouvelle unité qui dépendait de l'hôpital universitaire local. Cette unité était destinée à servir de centre médical expérimental.

Le travail avec mes collègues et les étudiants m'intéressait beaucoup et j'étais heureuse d'avoir l'occasion d'enseigner. Le projet thérapeutique — soigner le patient dans sa totalité, et mettre l'accent sur le bien-être plutôt que sur la maladie — enthousiasmait mes collègues. Le regroupement de médecins, d'infirmières et d'éducateurs collaborant à ce projet créait une émulation porteuse d'idées nouvelles et enrichissantes. Pourtant, le programme était long à mettre en place. Certains médecins ne partageaient pas cet engouement pour les traitements interdisciplinaires et quelques-uns même s'y opposaient carrément. Les références cliniques étaient rares et pas toujours convaincantes.

Je travaillais d'arrache-pied pour prouver aux médecins l'utilité d'une psychologue dans le traitement d'un patient, mais j'avais encore trop de temps libre à mon goût. Aussi, la première fois que Joan m'appela, et devant sa demande désespérée, je n'eus aucune difficulté à la recevoir en urgence. Par la suite, à mesure que son problème se dévoilait dans toute sa complexité, je pus de même lui réserver des séances supplémentaires sans bouleverser mon emploi du temps, luxe rare pour la plupart des cliniciens.

Beaucoup de choses ont changé dans les années qui ont suivi ma rencontre avec Joan, et si elle me demandait de l'aide aujourd'hui je m'y prendrais différemment. La structure institutionnelle a changé ; mes tâches administratives ont augmenté. Par ailleurs, j'ai d'autres Multiples en thérapie et j'ai commencé à superviser le travail d'un collègue qui s'occupe d'un cas semblable : avec lui, je dirige des thérapies de groupe pour des femmes ayant été maltraitées dans leur enfance. La plupart d'entre elles présentent des syndromes de Personnalité Multiple. La surabondance des demandes m'a obligée à rechercher d'autres moyens de traiter ces cas. Je n'ai plus le loisir de leur accorder autant de temps qu'à Joan. D'autre pat, à mesure que ma compréhension et mon expérience du problème ont grandi, ce type de trouble m'est apparu, malgré toute son atrocité, moins exceptionnel, moins obscur, et par là même plus facilement gérable.

Il y a six ans, le fait de m'occuper d'une seule Multiple était très éprouvant. A présent, grâce à ce que j'ai appris avec Joan, je peux en suivre plusieurs à la fois. J'ai compris qu'il était préférable, pour le thérapeute comme pour le patient, de démythifier le problème et de ne pas céder à la fascination devant l'originalité du symptôme.

Toutefois, je tiens à préciser que je ne cherche pas à justifier la façon dont j'ai traité Joan. Malgré le côté « maternant » du traitement thérapeutique décrit dans ce livre, jamais je n'ai eu le sentiment de m'investir au-delà des limites acceptables, ni d'être prise dans un « contre-transfert de type messianique » comme une certaine littérature clinique ne manquerait pas de le suggérer. J'ai souvent essayé d'envisager diverses manières d'agir, mais je n'ai jamais trouvé d'autres solutions que celles que j'ai mises en pratique. Pour Joan et moi, c'était alors la seule thérapie possible. Comme pour mon premier enfant, ma première Multiple m'a obligée à m'impliquer profondément afin de supporter le doute, la peur, la souffrance et l'intensité de la relation. Avec Joan, j'ai souvent côtoyé le gouffre, mais l'authenticité de mon désir de l'aider m'a toujours sauvée.

Le traitement de Joan m'a changée et a bouleversé ma vie. J'en suis ressortie aguerrie, renforcée dans mes convictions, l'esprit aiguisé, confiante en moi. J'en ai constaté les effets dans mon travail et dans ma vie personnelle. Je considère cette thérapie comme un don du ciel.

En écrivant ces lignes, je m'étonne de comprendre maintenant avec autant de clarté la nature de la relation que nous avons établie, Joan et moi, relation qui a joué comme un fil d'Ariane dans le dédale des émotions pénibles et confuses dont elle souffrait depuis si longtemps. C'est cette relation chaleureuse et honnête entre deux êtres qui, en fin de compte, a donné un sens à ce que nous avons enduré l'une et l'autre.

Pour moi, l'essence de toute thérapie ne diffère pas de celle de la vie même : reconnaître, expérimenter et affirmer notre appartenance à l'humanité, ce qui nous lie avec nous-même, avec l'autre et avec l'univers.

Lynn Wilson
juin 1988

NOTE DE L'AUTEUR

J'ai eu de nombreuses personnalités depuis l'enfance et ce jusqu'à l'âge de trente ans. Dès que j'ai accepté le diagnostic, ma notion d'identité a changé de manière irréversible et a progressé avec succès au cours du traitement. Même ma capacité à dire « je » est encore une expérience nouvelle pour moi. J'ai été intégrée depuis... depuis six ans.

Avant mon intégration, « je » correspondait, suivant les périodes, à l'une ou l'autre de vingt-quatre personnalités différentes. C'est assurément une manière de vivre particulièrement éprouvante et, avec vingt-quatre points de vue, une histoire difficile à raconter.

Cette histoire, que je relate ici, est présentée par une personnalité dont l'importance ira grandissant, une personnalité qui répond au nom de Renée.

LIVRE PREMIER

1

N'importe qui peut marcher sur une corde raide, il suffit pour cela d'entraînement et de chance.

L'entraînement, je l'avais. Du plus loin que je me souvienne, j'avais toujours avancé prudemment dans l'existence, attentive à plaire à quiconque se trouvait dans les parages. J'étais tellement douée que presque personne ne remarquait mon manque de pensées ou de sentiments personnels.

De la chance aussi, j'en avais eu beaucoup. L'école m'avait semblé facile et j'avais réussi dans tous les métiers qui s'étaient présentés à moi. Partout, j'avais eu la chance d'être appréciée.

Mais tout cela avait changé. Keith voulait que nous nous séparions. Peut-être ne goûtait-il pas le mariage, en tout cas avec moi.

Au début, je n'avais pas pris ses menaces au sérieux. J'y voyais un avertissement, une façon de m'inciter à davantage d'efforts. J'avais certainement dû oublier de lui plaire.

Lorsqu'il m'annonça que nous devrions nous séparer quelque temps, j'acquiesçai. Je lui laissai notre maison pour qu'il fût plus à l'aise et j'emménageai dans un appartement. Cela aurait dû suffire, mais après trois mois, au moment où j'allais lui demander si je pouvais revenir à la maison, il m'apprit qu'il voulait divorcer.

Il devait forcément y avoir une solution. Si je trouvais le bon bouton, il me suffirait d'appuyer dessus et Keith m'aimerait de nouveau. Mais plus j'y pensais, plus l'angoisse m'étreignait ; la corde se balançait et j'allais tomber.

Je luttai pour conserver mon équilibre et me réveillai désemparée. Je n'étais plus à mon bureau. La machine à écrire sur laquelle je travaillais continuait de bourdonner, mais j'étais à trois mètres de là, assise sur le rebord de la fenêtre.

Je ne me souvenais pas de m'être éloignée du bureau, d'avoir traversé la pièce ni grimpé sur ce rebord. Pourtant, j'étais recroquevillée contre la vieille fenêtre à meneaux, frigorifiée par le vent glacé de mars.

« Bon sang, marmonnai-je, qu'est-ce que je fais là ? »

Désorientée par le vide intérieur que provoqua cette question, je reportai mon attention sur le paysage urbain qui étalait sa grisaille sous mes yeux. Ma vie s'ancrait là, dans les bâtiments de l'université de Chicago.

Je préparais une licence en sciences politiques. J'avais pour amant un professeur de biologie et je travaillais comme secrétaire dans son département. De ma position, je voyais clairement mon appartement, éclairé par le soleil, et au nord, en penchant la tête, j'aperçus l'immeuble de l'United Way où Keith travaillait comme collecteur de fonds.

Mon regard fut alors attiré par le vide.

— Saute !

J'entendis la voix, je sentis qu'on me poussait du coude.

— Saute !

Comme si je répétais mentalement un rôle, je me préparai à me redresser, et, avec un soupir de joie, à plonger dans le vide qui me séparait des voitures garées cinq étages plus bas.

Je me secouai, chassai ce scénario de mon esprit et m'éloignai vivement de la fenêtre.

Haletante, je revins m'asseoir devant la machine à écrire, respirai profondément pour retrouver mon calme ; mes mains tremblaient sur le clavier.

— Saute !

Qui pouvait bien m'ordonner une chose pareille ? Je n'avais aucune envie de mourir. Tout ce que je voulais, c'était récupérer Keith.

Peu importait d'où venait cette voix, je connaissais le danger de ce genre de conseil.

C'était déjà arrivé. Je ne voulais pas me tuer, mais pourtant je pensais parfois au suicide.

— J'ai assez de problèmes comme ça, dis-je à haute voix, abandonnant la machine à écrire pour me reposer l'esprit.

C'était sûrement la drogue ! Mes dernières années de lycée avaient été l'occasion d'expériences psychédéliques répétées : un peu de LSD, un peu de mescaline, beaucoup de marijuana et de haschisch, assez apparemment pour rayer de ma mémoire tout ce qui s'était passé avant mes quinze ans.

Dix ans plus tard, ma mémoire était toujours pleine de trous. Je ne m'en souciais pas outre mesure ; le prix à payer, pensais-je, pour mon flirt poussé avec la drogue. Cela ne devenait un problème que lorsqu'on s'apercevait de mon ignorance sur un sujet que j'aurais dû connaître. Heureusement, c'était rare. Quand je marchais soigneusement sur ma corde raide, personne ne semblait se rendre compte que je perdais parfois l'équilibre.

Le suicide, c'était différent. Des frayeurs comme celle d'aujourd'hui s'étaient déjà produites : une fois, j'avais découvert des pilules amassées dans un tiroir ; une autre, des lames de rasoir. Il m'était déjà arrivé de me retrouver au bord de la fenêtre, luttant contre l'envie de sauter.

Au collège, après ma découverte des pilules, j'étais allée chercher un réconfort auprès du conseiller thérapeutique du campus.

Je ne lui avais pas avoué l'histoire des pilules ni mon sentiment de perte de contrôle. J'avais simplement joué un jeu qui m'avait aidée à surmonter ce cap.

Détendue, je déballais mon sac.

Parfois, il me semblait assister aux séances en spectatrice — intéressée ou apathique — pendant qu'une autre partie de moi parlait au thérapeute. Parfois je prenais du recul et ne participais même plus aux séances.

C'était un peu comme ce qui m'arrivait quand je me défonçais. Quelle que soit la drogue utilisée, ça marchait toujours. Je me laissais aller avec le sentiment confus de ne plus rien contrôler.

Après trois séances, je n'avais plus pu me livrer à ce « déballage » dans le cabinet du conseiller. J'avais donc cessé de le voir, mais tout était allé mieux pendant quelque temps.

En fait, ce genre de thérapie à la sauvette fonctionnait si bien que je vis par la suite huit autres conseillers, thérapeutes ou psychologues. J'allais chaque fois dans un endroit différent et ne restais jamais plus de trois ou quatre séances. Il m'arrivait de me sentir coupable de leur faire perdre leur temps, mais je me consolais en me disant qu'ils étaient payés pour ça.

L'un de ces conseillers, une femme, me dit un jour que j'étais une passive-agressive. Je la quittai, mécontente.

J'avais consulté une dernière fois juste après avoir déménagé de la maison que je partageais avec Keith. J'avais espéré trouver dans la thérapie un moyen de le retenir. Le type que je vis, plutôt que de m'y aider, m'effraya avec des questions troublantes. Je m'étais repliée dans ma position de spectatrice de moi-même quand je me réveillai soudain, le regard du thérapeute posé sur moi.

— Je vous demandais s'il vous arrivait d'oublier certaines choses, disait-il d'un air perplexe.

Sa question me porta sur les nerfs.

— Oui, ça m'arrive, avouai-je d'un ton enjôleur. Pas vous ?

— C'est moi qui pose les questions, me rétorqua-t-il d'une voix douce. Alors, quand avez-vous ces blancs ? Au travail ? Au lit ? Ici ?

— Oh, je suis parfois tellement distraite que je me retrouve quelque part sans savoir comment j'y suis arrivée.

Je lui décochai un sourire qui disait clairement combien je le trouvais séduisant.

— Par exemple ? insista-t-il.

— Eh bien, je me retrouve au centre commercial, ou même à mon bureau.

— Essayez-vous de m'expliquer que vous conduisez jusque-là sans vous en rendre compte ?

— Oui, c'est un peu ça.

Ma réponse sembla le satisfaire et il m'expliqua que beaucoup de gens connaissaient ce genre de distraction quand ils étaient préoccupés.

J'évitai de préciser que je me retrouvais parfois dans une autre ville, quand j'étais particulièrement distraite. Je ne voulais pas entrer dans les détails de ma consommation de drogue. Par ailleurs, et malgré mes avances, il s'abstint de me proposer un nouveau rendez-vous. Je n'étais donc pas revenue le voir.

J'éteignis ma machine à écrire et pénétrai dans le bureau de Steve.

— Je compte partir un peu plus tôt, annonçai-je.

Il leva la tête de son livre et me sourit.

— On ne t'a pas encore dit que tu étais superbe, aujourd'hui ? demanda-t-il, rieur. Que dirais-tu de dîner avec moi au restaurant ?

— Non, pas ce soir… je suis fatiguée. Je préfère rentrer me reposer.

Je l'embrassai en partant pour qu'il n'interprète pas mon refus comme un rejet.

Je revins chez moi en voiture, enfilai un survêtement, des baskets, et sortis promener mes deux épagneuls. Ils me suivirent en aboyant gaiement, taches blanches et noires bondissant de-ci, de-là. Après une longue course, je rentrerais chez moi, à la maison que je partageais avec Keith, je préparerais un bon dîner, des plats thaïlandais avec beaucoup de citronnelle. Keith adorait…

Ma rêverie se dissipa devant la porte de l'appartement où j'avais emménagé. Je pris une douche, allumai une cigarette et téléphonai à l'infirmière que j'avais vue deux mois auparavant quand j'avais la grippe.

— Je suis assez stressée en ce moment, commençai-je. Connaissez-vous quelqu'un à qui je pourrais parler ?

Elle me donna le nom de Lynn Wilson, une psychologue. Je n'avais pas accroché avec la femme qui m'avait cataloguée comme passive-agressive et m'entendais généralement mieux avec les hommes, mais je décidai que le sexe du thérapeute importait peu. D'ailleurs, je n'avais besoin de la voir que quelques séances. Dans un mois, tout irait mieux : plus d'idées de suicide, et je serais sans doute réconciliée avec Keith.

2

Vendredi matin, je quittai mon poste de bonne heure et m'introduisis dans un bureau inoccupé. Les vendredis étaient calmes au département de Biologie ; personne ne remarquerait la brève absence d'une secrétaire. J'avais besoin d'être seule pour téléphoner.

« Lynn Wilson, clinique d'Hygiène mentale. »

J'étais incapable d'imaginer le visage qui allait avec ce nom ; en revanche, le centre d'Hygiène mentale m'était familier. Des petits bureaux partout et une salle d'attente remplie d'étudiantes faisant mine de s'absorber dans leurs livres de cours en attendant que leur thérapeute, invariablement en retard, condescende à les recevoir. A l'appel de son nom, chaque étudiante se levait d'un bond et suivait nerveusement dans son bureau un thérapeute au calme glacé, pour en ressortir cinquante minutes plus tard exactement, les larmes aux yeux, en ressassant un souvenir particulièrement traumatisant. En fin de journée, lorsque les étudiantes seraient parties, les thérapeutes se réuniraient pour se raconter, hilares, les sornettes qu'ils avaient entendues.

Je chassai cette image déplaisante et composai le numéro. Je ne ressemblais pas à ces étudiantes. J'entrerais avec superbe, le sourire aux lèvres, et quitterais la séance de même. Je n'avais pas de problèmes graves, pas de troubles nécessitant l'aide d'un service spécialisé. J'avais simplement besoin de me rééquilibrer et de venir à bout de cette pulsion suicidaire.

En attendant que Lynn Wilson décroche, je préparai mon discours. Je savais ce que les thérapeutes aiment entendre.

— Je m'appelle Joan Frances Casey, et je traverse une

période de stress. Je travaille comme secrétaire au département de Biologie et j'ai une liaison avec un des professeurs. Je prépare par ailleurs une licence en sciences politiques et je me sens un peu dépassée par tout ça.

« Parfait, me dis-je, rassurée. Juste ce qu'il faut de sérieux, et pas une note de panique. »

— Voyons... (La thérapeute réfléchit.) Pouvez-vous passer mercredi dans l'après-midi ?

Les mains moites, je cherchai quoi répondre. Cinq jours jusqu'à mercredi. Impossible. Je ne pourrais jamais tenir. La corde raide se balançait dangereusement.

— Heu... oui, fis-je d'une voix incertaine. Si vous me dites comment supporter ce week-end.

J'attendis qu'elle soupèse l'urgence qui avait filtré malgré moi dans ma voix.

— Bon, je vais vous recevoir aujourd'hui, m'annonça-t-elle.

La salle d'attente était telle que je l'avais imaginée. Une demi-douzaine de jeunes femmes, certaines accompagnées d'enfants en bas âge, feuilletaient des livres ou contemplaient d'un œil morne la neige qui tourbillonnait aux fenêtres. Je m'installai, l'air sociable et avenant. Il ne faut jamais se laisser abattre.

— Mrs. Casey ?

Je me levai, adressai un sourire à la grande femme brune qui venait de m'interpeller et la suivis le long du couloir. J'appréciai qu'elle m'appelât Casey. C'est un nom que j'aimais bien ; au point de l'avoir conservé même après mon mariage. Pour moi, Casey signifiait davantage qu'un simple patronyme. De plus, je préférais infiniment « Mrs. Casey » à « Jo », « Joan Frances », « Josie », « Missie » ou tous les autres noms dont on m'affublait.

Mon nom préféré était Renée. Comme l'un des chats de T.S. Eliot, je m'imaginais que tout le monde possédait un petit nom secret et « Renée » m'allait bien. J'aimais la façon dont il roulait sous la langue, je trouvais qu'il me collait bien au corps et j'aimais le prononcer à voix haute.

Nous nous assîmes, puis la thérapeute sortit un calepin et un stylo de son tiroir. Je constatai avec plaisir qu'elle aussi connaissait bien son rôle. Elle attendait tranquillement que je me lance.

Je me sentais détendue et légèrement engourdie. Je savais

exactement ce qui se passait ; les mots jaillirent sans effort et sans que j'eusse besoin de les contrôler.

— Je me nomme Joan Frances Casey, m'entendis-je articuler, mais je préfère qu'on m'appelle Jo.

Voilà qui était étrange ! Ce n'était pas du tout ce que je pensais ; j'avais horreur qu'on m'appelle Jo.

J'écoutais mes réponses aux questions de Lynn Wilson. Je n'en fus pas surprise ; le boniment habituel.

Je m'entendis déclarer être la cadette d'une famille de deux enfants, et n'avoir jamais été proche de ma mère ou de ma sœur, Carol. Je ne me sentais pas l'énergie d'essayer de comprendre ce qui me faisait dire des choses pareilles, qui ne venaient certainement pas de moi.

Pourtant, je ressentis un début de malaise à l'évocation de John, le fils de Carol. Trois ans et déjà craintif et peu sûr de lui. Il ne savait dire que « Je m'excuse ». John avait si souvent entendu « Maman ne t'aimera plus si tu fais ci ou ça » qu'il en avait conclu que l'amour de maman dépendait de son habileté à deviner ses désirs.

Le malaise tourna à l'angoisse quand mon père vint sur le tapis.

— J'ai toujours été proche de mon père, m'entendis-je affirmer. En fait, tous mes souvenirs d'enfance tournent autour de lui.

La thérapeute écouta attentivement la description d'une relation père-fille privilégiée qui ne s'était achevée que dans la mort.

— Au printemps 1977, mon père savait que son cancer était incurable et il m'annonça qu'il me désirait près de lui au moment de sa mort. Je l'ai détesté pour m'avoir demandé ça. Je savais que je n'étais pas assez forte pour supporter de le voir mourir. Quelques semaines plus tard, ma mère m'a téléphoné pour que je vienne au plus vite. J'habitais à Chicago et eux à Richmond. J'ai pris un billet d'avion pour Richmond en espérant que mon père serait mort avant mon arrivée. Il n'en fut rien.

» Quand je suis entrée dans sa chambre à l'hôpital, il m'a tout de suite regardée avec ses yeux vitreux. Sa tumeur s'était tellement développée qu'il faisait penser à une femme enceinte. Je me suis dit : « Il accouche de la mort. »

La thérapeute reposa son carnet et son stylo. En la voyant

sortir de son rôle, j'interrompis mon monologue, soupçonneuse. Mon inquiétude la fit sourire et elle m'incita à poursuivre. Je me détendis et laissai couler le flot imprévu de mes confidences. Je ne m'étais jamais entendue raconter ces souvenirs.

— J'avais peur de son agonie, peur de l'inéluctable, peur de la laideur de la mort. Je luttai contre une envie irrésistible de fuir. Il dit qu'il avait besoin de moi. Qu'il était terrifié. Je ne l'avais jamais entendu utiliser ces mots-là auparavant.

» Son agonie dura dix jours. Pour la première fois de ma vie, je le soignais, je le faisais boire, je lui frictionnais le corps. Il mourut en me tenant la main.

» J'ai alors compris qu'il était encore plus sage que je ne le pensais. Il avait deviné que j'avais besoin d'assister à ses derniers instants. J'avais toujours voué une véritable adoration à mon père ; pour moi, c'était un dieu. Mais au moment de sa mort, je l'aimais enfin comme un être humain.

Je repris mon souffle. Je me sentais vidée. Je n'avais jamais connu cette intensité dans mes « déballages » précédents.

Lynn Wilson semblait émue.

— Eh bien, finit-elle par déclarer. Quelle histoire !

J'étais troublée. Pourquoi « histoire » ? Croyait-elle que j'avais tout inventé ? Et avais-je vraiment tout inventé ? Je ne m'attendais pas à raconter ça avant d'entendre le récit sortir tout seul. Avais-je relaté la mort de mon père telle qu'elle s'était passée ? Je m'aperçus avec embarras que je ne savais plus très bien ce que je ressentais pour lui, vivant ou mort.

Je parvins à dominer mon trouble, trop inquiète toutefois pour me détendre vraiment. Qu'allais-je encore raconter si la thérapeute m'adressait une question directe ? Heureusement, la séance touchait à sa fin.

— A bientôt, dis-je, et je me levai.

Je m'étirai en souriant, et marchai jusqu'à la porte d'un pas que je voulais nonchalant.

— Un instant. Comment comptez-vous passer ce week-end ?

— Ah, j'avais oublié, dis-je, sans toutefois retourner m'asseoir.

— J'ai l'impression que vous avez besoin de faire quelque chose qui vous ferait du bien, quelque chose rien que pour vous.

— Excellente idée, approuvai-je gaiement. Pourquoi n'y ai-je pas pensé ?

Mes soucis avaient disparu ; l'angoisse diminuait déjà. Je savais que le week-end se passerait bien. Mes envies de suicide ne réapparaîtraient plus. J'avais eu ce que je voulais.

⁂

Étude de cas — 6 mars 1981

Mrs. Casey m'a téléphoné sur les conseils d'une infirmière de notre équipe. Je l'ai reçue le jour même en raison de l'urgence apparente de sa demande.

Mrs. Casey est une grande femme mince à l'ossature fragile ; elle a de grands yeux, porte des lunettes, pas de maquillage, et de longs cheveux bruns bouclés. Elle présente bien et s'habille avec discrétion.

En entrant, elle me tend une main ferme, me regarde droit dans les yeux et parle distinctement. Son discours est rationnel. Toutefois, peu après le début de l'entretien, son corps s'affaisse, son regard devient fuyant, ses mains se crispent.

Mrs. Casey parle sans réticence.

A la fin de l'entretien, elle semble troublée par ce qu'elle vient de dire, sur la défensive, et je la rassure en lui certifiant qu'elle a été « très bien ». Je lui dis aussi de s'occuper d'elle pendant le week-end, que c'est son droit.

Mrs. Casey est une femme intelligente, avec des capacités d'introspection certaines. Elle possède un moi relativement fort, des qualités d'adaptation remarquables, mais souffre actuellement d'une impossibilité à affronter une situation stressante pour laquelle elle ne reçoit pas le support attendu de son ami en raison d'une relation conflictuelle. Elle éprouve des difficultés à exprimer la colère, ne la reconnaît pas comme sienne, et essaie de la refouler ; il s'ensuit un sentiment de culpabilité et une tendance à l'autodestruction. Penchant évident à dissocier intellect et sentiments. Un traitement à long terme lui serait utile.

PLAN : 1. Rendez-vous au moins une fois par semaine pour une thérapie de soutien. 2. Encourager la correction des liens relationnels sur le plan affectif. 3. Favoriser l'introspection.

3

J'eus un second rendez-vous la semaine suivante. Je ne recherchais qu'un « raccommodage ». J'avais besoin de retrouver mon équilibre, mais je m'aperçus avec surprise que j'attendais l'entretien avec Lynn dans un état de fébrilité inhabituel. C'était un sentiment qui m'était étranger.

Je me persuadai qu'il n'y avait rien d'extraordinaire à cela. C'était un peu comme si j'étais au bureau et que j'attendais impatiemment la sortie au restaurant prévue pour le soir même. On peut avoir l'esprit à deux choses à la fois, il n'y a rien d'anormal là-dedans, me disais-je. D'autre part, je devais admettre que Lynn Wilson m'intriguait.

Je savais que c'était une « professionnelle ». Comme tous les thérapeutes que j'avais vus avant, elle m'écoutait parce qu'elle était payée pour cela. Mais elle se débrouillait mieux pour faire croire qu'elle s'intéressait vraiment à moi. Son attitude, sa façon de m'encourager à parler suggéraient une écoute attentive. Je décidai donc de lui parler directement, cette fois, plutôt que de me laisser aller jusqu'à me détacher de mon discours.

J'entamai la séance en déclarant :

— J'ai vraiment envie de récupérer mon mari.

Lynn parut m'approuver et me demanda pourquoi j'y tenais tant et comment je comptais m'y prendre.

C'était facile de parler avec elle, si facile que je ne pus m'empêcher de lui révéler mon envie compulsive de sauter dans le vide.

— Je ne veux pas mourir, assurai-je, mais j'avoue que je ne serais pas fâchée de me faire mal. Oh, juste un peu. Comme ça, Keith s'apercevrait que j'ai vraiment besoin de lui.

— Ça ne marchera pas ! coupa Lynn d'un ton sec. (Puis elle s'adoucit pour ajouter :) Je ne veux pas que vous vous fassiez du mal, quelles que soient vos raisons.

Je me sentais humiliée d'avoir laissé paraître mes sentiments profonds, et je rentrai promptement dans ma coquille, refusant de m'investir davantage.

Je m'entendis bredouiller quelque chose et je quittai la séance dans un état de grande confusion. « Et après ? » me dis-je.

***

Étude de cas — 9 mars 1981

Mrs. Casey déclare que le week-end s'est bien passé. Elle parle de son mariage et des sentiments qu'elle éprouve pour son mari, Keith. Elle admet avoir envisagé de se faire du mal pour qu'il s'aperçoive à quel point le divorce la traumatise. Elle s'est bloquée quand je lui ai dit que ça ne marcherait pas. Elle est restée silencieuse, les yeux fermés. Elle semblait égarée en partant et n'a pas pris d'autre rendez-vous.

Vu l'apparente confusion de Mrs. Casey, je demande à la secrétaire de l'appeler pour confirmer le prochain rendez-vous. J'ai la conviction que cette patiente traverse une phase particulièrement difficile (cf. les allusions à l'autodestruction et aux périodes de confusion soudaine). Je lui proposerai deux séances hebdomadaires.

***

Plus tard, le même après-midi, la secrétaire téléphona pour m'annoncer que la thérapeute m'avait fixé un rendez-vous supplémentaire dans la semaine. J'étais bien trop surprise pour réagir. Jamais un professionnel ne faisait une chose pareille. Lynn n'était pas censée s'inquiéter de mon éventuelle rupture du processus thérapeutique.

De toute façon, cette séance additionnelle m'était présentée comme un cadeau et on ne refuse pas un cadeau. Il n'était pas question que je blesse qui que ce soit par un refus.

***

Étude de cas — 12 mars 1981

Excellente mine — moins terrorisée, moins parano. Toutefois, sujette à de violentes sautes d'humeur pendant les séances ; présente également de lourdes contradictions sur ses relations affectives, passées et actuelles. Par exemple, annonce avec une connotation péjorative : « Ma mère dit que ma sœur est bien le portrait craché de mon père », et se flatte par ailleurs de ressembler à son père. Elle se plaint de se sentir manipulée par sa mère, ce qui ne l'empêche pas de déclarer parfois : « Nous sommes très proches l'une de l'autre... c'est ma meilleure amie. »

Elle se vante d'être « à l'aise avec les gens... Je sais plaire » mais se plaint également : « J'ai cessé de plaire, les gens ne m'aiment plus », parlant de Keith, de sa mère, de ses amis d'université. Mrs. Casey ne semble pas avoir conscience de ces contradictions.

PLAN : l'encourager à identifier et à analyser son ambivalence pour l'aider à surmonter ses contradictions.

***

Je me rendis compte avec gêne que je me contredisais sur des points importants. Avant d'être prise d'apathie, j'avais dit à Lynn tout le bien que je pensais de Keith et avais annoncé ma ferme résolution de me battre pour éviter le divorce. Par la suite, je m'étais entendue avouer que mon mariage ne marchait pas fort. Keith rêvait d'une femme insouciante et se moquait de moi quand je lui disais qu'il y avait des choses graves dans la vie et qu'on devait se soucier des autres.

Je m'étais aussi entendue raconter ma liaison avec Steve, mon sentiment d'infériorité devant sa femme, si belle et si intelligente, qui venait de mourir d'une maladie cardiaque. J'avais vainement tenté de combattre une apathie quasi hypnotique pour ne pas avouer cela. Pire, au début d'une autre séance, j'avais lâché le morceau : Steve était une vieille barbe. Il ne voulait jamais sortir en boîte. Je ne pouvais être celle qu'il lui fallait et, de mon côté, je le considérais comme un moyen de passer le temps jusqu'à ce que Keith s'aperçoive qu'il tenait à moi.

Lynn n'avait pas commenté ces contradictions — elle devait ne m'écouter que d'une oreille. Peu importait, dans quelques semaines, j'aurais cessé de la voir.

A l'idée de ne plus voir Lynn, je fus saisie d'une brusque douleur accompagnée de l'angoisse familière de perte d'équilibre. « Ah, zut ! C'est toujours la même chose. Je m'attache sans penser que les gens ont leur propre vie, leurs problèmes, et qu'ils se foutent pas mal des autres. » D'habitude, cela ne me perturbait pas trop. J'avais appris à donner sans rien attendre en retour. J'avais appris à ne pas être surprise quand les gens décidaient soudain de ne plus me fréquenter.

J'étais furieuse contre moi de me laisser envahir par cette Lynn. « Elle ne cherche même pas à être ton amie, me rappelai-je. Elle t'écoute parce que c'est son métier, c'est tout. »

4

Je continuais à voir Lynn deux fois par semaine. Mes envies suicidaires avaient cessé mais j'étais de plus en plus intriguée par le déballage involontaire auquel je me livrais. Celle qui, en moi, parlait sans mon intervention consciente se sentait valorisée par l'écoute attentive de Lynn et était bien souvent troublée de découvrir, à cause des questions posées, l'étendue de son absence de souvenirs. Pour la première fois, je m'entendais avouer tranquillement : « Je ne sais pas. » Lynn ne me traitait pas de menteuse comme on le faisait d'habitude, et elle ne se moquait pas de moi quand celle qui aimait se faire appeler Jo était incapable de décrire les vêtements que je portais sans y avoir jeté un coup d'œil préalable.

J'assistais à l'entretien avec intérêt, mais sans désir d'intervenir, et je trouvais Lynn incroyablement naïve. Elle semblait me croire, ce qui me laissait un amer sentiment de honte. En quittant son cabinet, je me sentais coupable de ne pas mieux contrôler mes propos.

Je me persuadais que je me livrais avec Lynn à un subtil jeu de simulacre, que je pourrais à volonté arrêter la comédie, mais sitôt dans son cabinet je me sentais trop apathique pour décider quoi que ce fût.

Sans effort apparent, je montrais à Lynn des personnalités étrangères à mon moi réel, personnalités que j'appelais « elles ». Avec les thérapeutes précédents, je me sentais rapidement trop stupide pour autoriser mes voix intérieures à prendre la parole. Avec Lynn, je ne me rendais compte qu'après les séances qu'elle touchait différents nerfs à tour de rôle, provoquant des réactions variées, pendant que, tapie au fond de ma cachette intérieure, j'assistais à l'entretien sans me soucier le moins du monde de ce qu'« elles » répondaient à ses questions.

Parfois, je me voyais réagir comme une petite fille qui dévisageait cette dame à travers ses paupières mi-closes. Dans ces moments-là, Lynn déclarait d'un ton compatissant : « Je sais, ça fait mal, hein ? » tandis que je me recroquevillais dans le fauteuil.

Parfois, je m'entendais prendre la défense de cette mère que j'avais toujours eu du mal à considérer comme la mienne.

— Je n'ai pas l'impression que ta mère t'ait beaucoup aidée, me fit un jour observer Lynn.

— Ma mère sait parfaitement que je vais très bien, m'entendis-je répondre avec assurance. J'ai beaucoup, beaucoup de chance ; je n'ai pas le droit de m'attendrir sur mon sort. Ma mère est laborantine dans un hôpital, elle passe sa vie auprès des malades. Elle sait ce qui est bon pour moi.

Pourtant, quel que fût le tumulte qui m'agitait pendant les séances, j'arrivais à me ressaisir avant la fin et quittais le cabinet de Lynn en pleine possession de mes moyens. Je m'étirais en souriant et déclarais en minaudant que je n'accordais aucune signification aux balivernes qu'elle venait d'entendre. Tout cela n'avait aucun rapport avec moi.

Lynn se contentait de sourire et me demandait invariablement :

— Tu te sens mieux ?

— Oui, beaucoup, répondais-je gaiement, et je m'en allais.

⁂

Étude de cas — 30 mars 1981

Il est clair que Mrs. Casey connaît des périodes de dissociation. Elle a décrit deux incidents qui le prouvent et qui sont arrivés au cours des six derniers mois. Un soir, sa belle-mère, qui ne l'aime pas, lui a téléphoné pour lui dire sa satisfaction d'apprendre le divorce de Keith. Après que celle-ci lui eut déclaré : « Vous avez gâché la vie de mon fils », Mrs. Casey s'est « réveillée » dans un centre commercial sans savoir comment elle s'y était retrouvée, ni ce qui s'était passé entre-temps.

Un autre épisode a fait suite à l'annulation d'une visite à Chicago que sa propre mère devait lui faire. Cette dernière n'était pas venue la voir depuis deux ans et Mrs. Casey espérait son soutien pour affronter le divorce. Mrs. Casey s'est « réveillée » dans sa voiture, garée devant la maison d'une amie, ne sachant pas si elle était en route pour aller voir ladite amie ou si elle en revenait.

Comme je soupçonne Mrs. Casey de connaître aussi des périodes de dissociation au cours des séances, je continuerai à l'encourager à me raconter ces différents incidents. La patiente qui entre et sort de mon cabinet avec son air insouciant n'a pas grand-chose à voir avec la personne à qui j'ai affaire pendant les séances. Cette dernière étant elle-même différente de « l'enfant terrorisée » ou de « l'avocate de la mère ». Je commence à croire que Mrs. Casey souffre de Personnalité Multiple, ce qui ne laisse pas de m'inquiéter. Je n'ai jamais vu de cas semblable, et mes collègues pas davantage.

PLAN 1. Relire les Trois Visages d'Ève *et* Sybil *et vérifier si je ne me trompe pas. 2. Chercher un thérapeute expérimenté. 3. Annoncer mon diagnostic à Mrs. Casey et continuer ma thérapie de soutien pour toutes les personnalités qui coexistent chez cette patiente.*

⁂

Lors de ma première séance d'avril, Lynn m'annonça qu'elle croyait que je souffrais de Personnalité Multiple. « Seigneur ! pensai-je. Quelle mouche la pique ? Pourquoi pas possédée du démon pendant qu'elle y est ? » Je doutai de sa santé mentale mais m'abstins de lui faire part de mes critiques. Les professionnels n'aiment pas qu'on mette en doute leur diagnostic.

Je passai la soirée à relever ce qui plaidait contre la théorie de Lynn. D'accord, j'oubliais certaines choses et n'était pas toujours attentive à ce que je faisais. Comme tout le monde. Parfois, je m'entendais dire quelque chose qui semblait surgir de nulle part, et me paraissait sans fondement. Mais, l'*Analyse transactionnelle* d'Eric Berne expliquait très bien cela : nous avons tous plusieurs niveaux de personnalité en nous — parents, adultes, enfants.

On prétendait que j'avais le chic pour dramatiser, mais que

dire de la suggestion hallucinante de Lynn ? La Personnalité Multiple était une sorte de maladie mentale.

Je n'avais sûrement pas besoin de traitement psychiatrique. J'étais en excellente santé, sauf quand un excès d'activité ou une expérience de rejet me faisait perdre mon équilibre psychique. Et j'avais trop travaillé. J'avais obtenu ma licence de lettres en trois ans et demi — ce qui était plus long que ce que j'avais envisagé parce que Keith et moi n'avions pas assez d'argent pour que je puisse suivre tous les cours que je voulais chaque semestre — *et* je travaillais aussi à plein temps. Ici, à Chicago, je terminais mes études d'enseignante, préparais une maîtrise et travaillais toujours à plein temps... tout en poursuivant parallèlement mon violon d'Ingres : j'élevais et je dressais des épagneuls pour des concours. De plus, je venais de postuler pour un poste d'enseignante dans un collège.

On me traitait de grosse tête, d'accro du travail, d'hyperactive, que sais-je encore ? Mais personne ne m'aurait traitée de folle.

5

Étude de cas — 9 avril 1981

L'idée d'être une Multiple angoisse profondément Mrs. Casey. J'ai décidé de ne pas prolonger la discussion sur le diagnostic avant de mieux savoir comment traiter ce genre de cas. Ma patiente a plus besoin d'une aide efficace que de débattre d'une étiquette psychiatrique particulière. Pourtant, dès que j'ai pris cette décision, Mrs. Casey a manifesté sa multiplicité avec une richesse accrue.

Mrs. Casey s'occupe le week-end prochain d'une collecte de fonds pour la même firme que son mari. Pendant les séances, elle parle de sa hantise d'un investissement affectif trop grand vis-à-vis de Keith et de leurs amis communs. Malgré tout, elle se sent toujours obligée d'assumer ses responsabilités.

Pourtant, au début de la dernière séance, en contradiction avec cette « hantise », elle commence à s'animer en expliquant l'importance de la collecte et le plaisir qu'elle y trouvera. Comme je serai absente le week-end en question, j'encourage Mrs. Casey à utiliser le numéro d'appel d'urgence en lui précisant qu'elle trouvera quelqu'un à qui parler, et lui promets d'être là pour notre rendez-vous du lundi. Elle me déclare qu'elle sera trop occupée pour avoir besoin d'une aide quelconque.

De mauvaises conditions atmosphériques ayant retardé les vols, je ne peux revenir à temps le lundi. Je dois demander à la secrétaire de reporter mon rendez-vous.

Quand je vois enfin Mrs. Casey, elle semble différente. Gaie, enjouée, elle m'annonce qu'elle n'a pas souffert du rendez-vous manqué. Elle me demande si j'ai passé un agréable week-end et m'assure qu'elle-même s'est beaucoup amusée à la collecte. Elle a expliqué à leurs amis qu'elle a eu un léger différend avec Keith mais qu'elle est persuadée que tout rentrera bientôt dans l'ordre.

Je lui fais remarquer son changement et elle me rétorque que Keith était simplement fâché et que c'était bien normal : « Elle a tout foutu par terre. » Quand je lui demande qui est ce « elle », Mrs. Casey me répond : « Jo, bien sûr. » Je lui demande alors son nom. « Je suis Renée », m'annonce-t-elle.

***

J'étais plus forte, je contrôlais mieux la situation qu'avant ma rencontre avec Lynn et mes pulsions suicidaires avaient disparu. Mais la complexité de ma personnalité semblait également s'être renforcée, et ce n'était pas ce que j'attendais de la thérapie.

Je reconnaissais au moins plusieurs voix intérieures, celles qui prenaient le plus souvent la parole quand je me livrais à mon déballage dans le cabinet de Lynn. La voix qui déclarait : « C'est beaucoup mieux sans Keith, j'ai besoin de davantage de temps pour moi en ce moment » m'inquiétait quand je pensais justement aux moyens de rappeler à Keith qu'il m'aimait. Celle qui avait murmuré : « Je suis vilaine. Personne ne m'aimera jamais » quand Lynn avait reporté ma séance me persuada qu'il était grand temps d'interrompre la thérapie.

Mais la perspective de ne plus revoir Lynn m'attristait. Elle était tellement plus authentique qu'aucun de mes thérapeutes précédents. Et je me sentais coupable de m'être livrée ainsi dans son cabinet. C'était un jeu que je pratiquais uniquement pour retrouver un peu de sérénité et j'avais honte de l'avoir amenée à croire que j'avais des personnalités multiples.

J'avais la ferme intention de faire de cette séance la dernière. Si j'expliquais tout à Lynn, elle comprendrait que la thérapie ne m'était pas indispensable. Elle pourrait ainsi accorder son temps à quelqu'un qui en avait plus besoin que moi.

J'annonçai à Lynn mon véritable nom afin qu'elle pût comprendre mon jeu.

— C'est la dernière séance, commençai-je, et je vais te dévoiler ma véritable identité.

J'essayais d'être le plus convaincante possible pour qu'elle me prenne au sérieux, tout en gardant une certaine insouciance afin qu'elle se sente libre de clore la thérapie.

— Tu devrais être flattée, déclarai-je d'un ton enjoué. Je ne dis à presque personne que je m'appelle Renée. Mais pour que tu puisses comprendre à quel jeu je m'amuse, il ne faut pas que tu me confondes avec celle que j'ai inventée et qui prétend se nommer Jo.

Lynn parut encore plus prudente que les fois précédentes.

— C'est vrai, je suis flattée, Renée, dit-elle sans le moindre sourire. Peux-tu reprendre la voix de Jo, que j'apprécie la différence ?

Je songeai en soupirant que les explications allaient s'avérer compliquées.

— J'ai entendu cette voix qui se plaignait que personne ne l'aimerait jamais. On dirait qu'elle a mal vécu le report du rendez-vous, et elle s'est ensuite révoltée contre ce qu'elle ressentait. Je ne peux pas la faire réapparaître maintenant. Mais de toute façon, ce n'est qu'un jeu, tu sais.

— Renée, dit Lynn avec douceur, tout ça est un peu compliqué, mais j'ai l'impression qu'il ne s'agit pas simplement d'une voix.

Je m'impatientais. J'essayais de dévoiler mon jeu et Lynn en profitait pour renforcer son diagnostic. Pour elle, tout ce que je lui avouais prouvait que j'étais bien une Multiple.

— Explique-moi comment une voix peut mal vivre quelque chose, ou se révolter ?

— Mais c'est moi qui prétendais avoir mal vécu le report de la séance, rétorquai-je, déconcertée.

Il était tout de même incroyable que Lynn s'entête à discuter. Qu'en avait-elle à faire, après tout ?

— Je me rends compte de tout ce qui se passe ici, poursuivis-je. Et si je ne l'empêche pas, c'est bien souvent par paresse.

Mais plus j'essayais de m'expliquer, plus je me troublais et plus j'avais honte.

— C'est une sorte de manie, conclus-je, déroutée par mes piètres explications. (Ce n'était pas ce que je voulais dire, mais précisément je ne savais pas quoi dire.) J'ai déconné ! Je suis désolée.

— Pas du tout. Tu n'as rien fait de mal, Renée, assura Lynn. Quel que soit le problème, nous le résoudrons ensemble, mais cela prendra plus d'une séance. Bon, pour l'instant, oublie ta décision d'abandonner la thérapie et parle-moi de ces voix. Tu peux m'en parler, je t'assure.

— Ce n'est qu'un jeu, insistai-je, moins angoissée, toutefois. Lynn essayait vraiment de m'aider et elle ne m'en voulait pas de lui avoir fait perdre son temps.

— En fait, je me détends, précisai-je, et je me laisse aller à révéler mon monde intérieur.

— Bien. Et quand ton monde intérieur se révèle, il parle avec une voix différente.

Je hochai la tête, reconnaissante que Lynn comprenne enfin. J'avais toujours un peu peur qu'elle se fâche et qu'elle me mette à la porte.

— Les voix doivent appartenir à des personnalités différentes, observa Lynn. Même si cela te semble étrange, ne t'inquiète pas et parle-moi d'elles.

— Eh bien, il y a celle qui est venue à la première séance et qui t'a parlé de la mort de son père. Ça, c'est Jo. Elle est d'un sérieux ! Elle aime beaucoup Steve et elle est très contente que Keith veuille divorcer.

» Il y a aussi la petite Missy. Elle sait que ce n'est pas bien de se montrer, mais elle fait surface de temps en temps. Elle aime bien quand tu la câlines, mais elle a peur de parler.

» Il y en a encore une autre. Tu lui as déjà parlé, c'est Joan Frances. Elle croit que sa mère est une femme merveilleuse. Chaque fois que Jo dit du bien de son père, Joan Frances s'imagine qu'elle doit défendre sa mère.

» Je ne sais pas pourquoi je te raconte tout ça. Ça m'angoisse de t'en parler et, pour être franche, c'est Keith que j'aime et pas Steve.

Lynn me gratifia d'un sourire encourageant.

— C'est pour ça que ce que je dis semble si contradictoire, poursuivis-je, légèrement rassérénée. Je ne cherchais pas à te mentir, je te jure.

— Je sais, mon petit, affirma Lynn. D'ailleurs, je n'appelle pas cela des mensonges.

Son regard était aimable et doux, mais la tension de son corps trahissait l'intensité de sa concentration.

— Aide-moi à comprendre les règles de ton jeu, reprit-elle. Dis-moi, par exemple, où va Renée quand Missy fait surface ?

— Je me retranche « en dedans », mais je reste tout près, expliquai-je. C'est un peu comme si je regardais une pièce depuis les coulisses. Et si le spectacle m'ennuie, je me réfugie dans une autre partie de ma tête. Parfois, une question ou une sorte de signal d'alarme me force à reparaître. Quand je reviens à la surface, je sais ce qui s'est passé, mais c'est comme si ce n'était pas moi qui avais agi.

Lynn m'écoutait d'un air songeur. Elle donnait l'impression de me croire.

— Comment se fait-il que la voix que tu appelles Jo n'ait pas la faculté de se souvenir des choses aussi bien que toi ? Pourquoi semble-t-elle toujours déconcertée ?

Je triomphais. J'allais enfin me faire comprendre.

— C'est parce qu'elle n'est qu'une voix ! Un personnage dans un pièce. Le seul véritable être, c'est moi !

— Dans ton jeu, les voix ont-elles une apparence ?

— Oui. Missy est une affreuse petite fille de cinq ans. C'est une maigrichonne aux cheveux en bataille. Jo est une mocheté de vingt-cinq ans. Elle a des cheveux ternes et trop fins, et un long visage, comme ça, expliquai-je en imitant l'expression de Jo. Elle passerait sa vie en jean et en chemise, sauf que c'est moi qui m'habille le matin. Joan Frances veut ressembler à sa jolie maman et à sa jolie sœur, alors elle se maquille et s'assied bien droite.

» Et puis, il y a moi, bien sûr. Moi, tu peux me voir. Je suis jolie, plus jeune que Jo et que Joan Frances — je n'ai que dix-neuf ans —, mes cheveux sont bouclés et soyeux. Tu vois bien la différence, tout de même !

— Bon, Renée, je vais te dire ce que je pense. Je sais que tu aimes croire que tu maîtrises parfaitement tout cela, mais je pense que c'est loin d'être vrai. Ce que les autres font t'effraie parce que ça te prouve que tu ne contrôles pas toujours la situation.

» Je suis très flattée que tu me laisses t'approcher suffisamment pour que je puisse t'aider à débrouiller ton histoire. Et je vais être obligée de te demander de me faire encore un petit peu plus confiance. Ton souhait, c'est de ne plus perdre la maîtrise au profit d'une de ces voix, n'est-ce pas ?

— Oui, avouai-je, terrorisée à l'idée de ce que Lynn allait faire maintenant qu'elle connaissait la vérité.

— Tu m'as expliqué le jeu, alors jouons-y. La séance arrive à sa fin mais, la prochaine fois, détends-toi et déballe ton monde intérieur de ton mieux. A mon avis, tu risques d'être surprise par ce que tu découvriras.

— Il faut que je réfléchisse, dis-je en me levant.

— Mais tu reviendras ?

— Oui, je crois.

— Tu es une femme remarquable.

Ce jour-là, je sortis du cabinet de Lynn en proie à une grande indécision. Je savais que Lynn risquait d'être furieuse quand elle comprendrait le fin mot du jeu mais, en même temps, j'étais intriguée. Jusqu'à présent, je n'avais jamais réussi à saisir pourquoi des tensions surgissaient de mon monde intérieur ni pourquoi j'avais des envies de suicide sans souhaiter mourir pour autant. Lynn semblait sûre d'elle. Peut-être lui faisais-je un petit peu confiance.

La séance suivante, Lynn vint me chercher dans la salle d'attente, me prit par les épaules et m'entraîna dans son cabinet.

— Je suis très fière de toi, Renée. Tu as choisi de revenir, c'est une décision très courageuse. Essaie de te détendre et voyons si tu peux laisser la place à Jo.

Je pris une profonde inspiration et me glissai « en dedans ».

Jo se retrouva face à face avec une thérapeute, chaleureuse, mais déterminée.

— Excuse-moi pour le rendez-vous manqué, déclara Lynn. Je suis très contente de te revoir.

Jo gardait le silence, troublée par la franchise de Lynn.

— T'as-t-on déjà appelée Missy ? reprit Lynn.

— Oui, mon père, admit Jo, surprise.

— Et Joan Frances ?

— Ah, c'est ma mère qui m'appelait comme ça, répondit Jo qui s'imagina que Lynn avait eu une conversation avec sa mère.

— Et Renée, poursuivit Lynn, ça te dit quelque chose ?

Jo rougit et se demanda où diable Lynn avait pu entendre ce nom. Elle n'avait jamais parlé à sa mère de Renée Montecalm.

— C'est un nom que je me suis inventé, déclara-t-elle.

A l'âge de neuf ans, Jo avait décidé qu'elle vivrait retranchée du monde pour se vouer à l'écriture.

— Je savais que mes livres n'auraient qu'une audience limitée et ne me permettraient pas de vivre, alors j'ai décidé d'écrire aussi des romans alimentaires, mais je ne voulais pas les publier sous mon vrai nom. J'ai choisi Renée Montecalm comme pseudonyme. En fait, Renée était davantage qu'un pseudonyme.

» Vous me trouvez peut-être puérile, mais à l'époque je

pensais que les romans populaires nuiraient à ma crédibilité de femme de lettres. La Renée dont je rêvais était brillante, pleine d'esprit, sociable, c'était une sorte de vernis destiné à protéger mon véritable moi des conflits avec le monde extérieur.

— Cela n'a rien de puéril, affirma Lynn. D'ailleurs, c'est exactement ce qui s'est passé.

Jo la considéra en silence, terrorisée.

— Renée t'aide, mais aussi Joan Frances et Missy, expliqua Lynn d'un ton rassurant. Tu n'es pas sûre de toi parce que ces personnalités font beaucoup de choses à ta place quand tu ne regardes pas.

— C'est de la folie, fit Jo en dévisageant Lynn d'un air incrédule.

— Mais non, pas du tout. Au contraire, c'est très ingénieux, et je te le démontrerai. Dis-moi d'abord ce qui s'est passé dans les heures qui ont précédé ton rendez-vous.

Un voile blanc, accompagné d'une panique irrépressible et familière, s'abattit sur Jo. Elle ignorait totalement ce qu'elle avait fait avant de venir. La pièce se mit à vaciller et Jo ferma les yeux.

Joan Frances, qui ne souffrait pas d'amnésie, elle, transforma la panique en colère froide. Elle jeta un coup d'œil à Lynn avant de lancer, avec un sourire provocateur :

— Je viens de passer une heure à commander des fournitures pour le département de Biologie. Il s'agissait de la commande n° 4007 comprenant douze trousses de dissection, quelques éprouvettes, et aussi des tas d'animaux cobayes. J'ai quitté le bureau, et je suis venue ici directement en voiture. Je l'ai garée sur un parcmètre, devant l'immeuble. D'ailleurs, si la séance dure trop longtemps, je risque une contravention.

— Oh, je suis très impressionnée. Félicitations, Joan Frances, tu as une excellente mémoire.

Je tins à distance la colère de Joan Frances et m'efforçai de remonter à la surface. J'avais besoin de parler un instant à Lynn avant de partir.

— Ouf! soupirai-je en la regardant d'un air penaud.

— Ah, Renée! Alors, qu'en penses-tu?

— Oui, tu as peut-être raison. Elles ont toutes des pensées indépendantes. Mais c'est uniquement parce que tu l'autorises. Si tu disais stop, ça s'arrêterait.

— Non, ce n'est pas comme ça que ça fonctionne. Ni toi ni moi n'avons cette faculté, mais, ensemble, nous trouverons une solution.

— J'en suis moins sûre que toi, dis-je intuitivement. Joan Frances a moins de contrôle sur la situation que moi, mais elle est persuadée que sa mère arrêtera tout ce cirque.

Joan Frances remonta dans sa voiture avant d'avoir reçu une contravention et rentra chez elle, en proie à une terreur grandissante. Sa mère serait furieuse si elle apprenait ce qui venait de se passer. Même si Joan Frances essayait de le lui cacher, sa mère l'apprendrait quand même. Comme toujours. Dans un cas comme dans l'autre, elle la renierait.

Le soir même, Joan Frances appelait sa mère et glissait en passant qu'elle consultait une thérapeute. Sa mère réagit exactement comme Joan Frances l'avait craint.

— Tu perds ton temps ! explosa Nancy. (Sa colère était patente, malgré la distance.) Et moi ! Tu me vois courir dans le cabinet d'un thérapeute au moindre pet de travers ? Mon beau-père me battait — je t'ai montré les cicatrices — et je n'ai pas eu besoin d'un thérapeute pour m'en sortir.

» Ton père me traitait comme une chienne, et je me suis pourtant occupée de lui jusqu'à sa mort. Je vois des malades incurables tous les jours ; ils m'ont appris une chose : ne jamais s'apitoyer sur son sort. Toi, tu as beaucoup, beaucoup de chance, et il serait temps que tu t'en aperçoives. Il serait temps que tu te prennes en main.

Joan Frances approuva sa mère et composa aussitôt le numéro d'urgence de la clinique. Elle laissa un message pour que Lynn la rappelle.

— Je ne dois plus vous voir, déclara-t-elle quand Lynn lui téléphona. Je vais très bien. Il faut que je cesse de m'apitoyer sur mon sort.

— Je te comprends parfaitement, mais il faut que nous en parlions de vive voix. Je peux t'aider, viens à ton prochain rendez-vous. C'est important.

***

Étude de cas — 1er mai 1981

Mrs. Casey prend l'habitude de téléphoner la nuit. Missy, qui n'ose pas prendre la parole dans la journée, est celle qui appelle le plus fréquemment mais, à la fin de la conversation, c'est souvent Jo qui est en ligne. Il m'arrive de parler avec ces deux dernières, puis avec Renée et Joan Frances, dans la même soirée. Je ne cesse d'être surprise de ma facilité à reconnaître laquelle est au bout du fil.

Il n'est cependant pas facile de me joindre par l'intermédiaire du service d'appel d'urgence de l'hôpital, ce qui m'inquiète, compte tenu de mon prochain déplacement à La Nouvelle-Orléans. Je me suis arrangée pour que l'hôpital connaisse le détail de mes allées et venues afin d'être prévenue des éventuels appels. Pourtant, on m'assure que lorsque Mrs. Casey téléphone, elle insiste pour qu'on ne me dérange pas. On dirait qu'elle s'attend à m'avoir au bout du fil et qu'elle est déconcertée de trouver une autre personne à l'appareil.

J'ai l'intime conviction qu'il faut que je lui reste accessible, même pendant mon voyage. Je ne suis pas certaine que Mrs. Casey comprenne quand je suis en ville et quand je n'y suis pas.

Missy n'a pas de contact avec la réalité extérieure. Elle ne semble pas capable de dire autre chose que son prénom au standardiste de nuit. J'apprends le lendemain que Missy m'a appelée, et que cette personne, « en pleine confusion mentale », a raccroché quand on lui a demandé des précisions sur son nom ou sur la nature de l'urgence. Pour couronner le tout, le fait que Missy ne parle jamais à la première personne embrouille complètement le standardiste. Elle emploie toujours le « tu » au lieu du « je », comme si elle n'avait aucune notion de son identité en dehors de ce que les autres lui en disent. Par exemple, elle dira : « Tu veux parler à ton amie Lynn. »

Quand elle réussit à obtenir la communication (avec, je le soupçonne fort, l'aide des autres personnalités) Missy me confie des secrets dont elle refuse encore de parler en séance. Elle m'a avoué qu'elle ne voulait pas grandir et devenir une femme comme sa mère et que, pour ce faire, elle « prie le Seigneur tous les soirs pour qu'Il fasse de toi un garçon. Tant que Dieu n'aura pas fait de toi un garçon, tu ne grandiras pas. »

Missy me donne des informations capitales pour la compréhension de cette patiente. Par exemple, elle aurait été *un garçon, et sa maman et son papa prétendent qu'elle se rappelle tout de travers. Elle me dit qu'on lui interdit (les autres personnalités avec qui elle cohabite ?) de parler aux gens en tête à tête. Elle suggère aussi qu'elle sait beaucoup de choses considérées par « les autres filles du dedans » comme dangereuses à répéter. Si elle n'arrive pas à me joindre quand elle le désire, j'ai peur qu'elle ne s'efface complètement.*

***

Je n'arrivais pas à comprendre pourquoi Lynn gâcherait ses vacances en restant en contact téléphonique avec moi. C'est pourtant ce qu'elle fit ; elle m'appela trois fois de La Nouvelle-Orléans. A la première séance après son retour, je lui déclarai qu'elle commettait une erreur. Elle encourageait Jo et Missy à croire qu'elles pouvaient se reposer sur elle, dépendre d'elle. Or, je savais qu'il valait mieux qu'elles apprennent à ne pas compter sur les autres — les autres ont aussi leur propre vie, leurs propres problèmes. Si Jo et Missy n'avaient pas encore compris cela, il serait temps qu'elles s'y mettent.

Même Jo conseilla à Lynn d'être moins compréhensive.

— Ce n'est pas parce que j'ai besoin d'eux que les gens sont à ma disposition, déclara-t-elle. C'est mon père qui m'a appris ça ! Mes parents se sont séparés quand j'étais au collège. Mon père a insisté pour que j'habite chez ma mère. Ensuite, il a refusé de me donner son numéro de téléphone et de me dire où il vivait. Personne n'a jamais été à mon entière disposition. Je ne comprends pas pourquoi vous faites ça.

6

Journal — 7 mai 1981

Je continuerai à prendre des notes sur le cas Casey comme l'exige le service, mais je préfère confier mes réactions personnelles et cliniques à mon journal, qui ne risque pas de tomber dans n'importe quelles mains. Ce n'est pas que je sois paranoïaque. En fait, j'ai le sentiment d'être une pionnière, mais je commence aussi à être mal comprise.

Certains de mes collègues, et même mon superviseur, s'inquiètent de mon investissement vis-à-vis de Jo. Hier, pendant la réunion de groupe, Harry a laissé entendre que Jo me confiait des secrets au téléphone afin de me manipuler. Ma réaction indignée a dû le surprendre. Je lui ai répondu que j'étais consciente de la dépendance qui s'instaurait; j'ai expliqué (assez irritée, je l'avoue) que je n'étais pas responsable de cet état de fait, que Jo s'était présentée à ma consultation en état de dépendance pathologique et que je devais donc faire avec. J'ai précisé qu'il me semblait naturel que cette dépendance s'exprime, et que ça ne faisait que justifier le bien-fondé du traitement.

Plus tard, en tête à tête, j'ai prié Harry de pardonner mon emportement; j'avais mal réagi en réunion parce que je venais d'apprendre qu'une partie de l'équipe « ne croyait pas à la réalité clinique des Multiples ». Je lui ai demandé de couvrir mes méthodes peu orthodoxes, l'ai assuré que j'étais disposée à lui parler de ce cas, tout en refusant pour l'instant de l'étaler en public. J'ai besoin d'élaborer des techniques nouvelles sans avoir à justifier sans arrêt mon diagnostic.

Je suis bien consciente que Jo, ainsi que les autres avec qui elle cohabite, me teste pour savoir si je tiendrai ce que je promets. En dépit de l'inquiétude d'Harry, je fais très attention de ne pas promettre plus que je ne peux tenir.

Un rejet, j'en suis certaine, serait plus facile à digérer pour certaines des personnalités de Mrs. Casey que mon désir sincère de répondre à leurs demandes. Quand je câline Missy ou que je la rassure, je la sens se crisper comme si elle attendait, à la place, une punition pour avoir osé exprimer un besoin. Renée et Joan Frances m'ont toutes deux fait des réflexions inspirées à l'évidence par l'instance parentale, du genre : « Vous ne savez pas dans quoi vous vous embarquez. » Quant à Jo, elle refuse de reconnaître qu'elle ait un quelconque besoin.

A mon sens, la pathologie, la dépendance, la demande et la peur du rejet sont autrement plus importantes à considérer qu'une prétendue simulation ou manipulation, dès lors que le diagnostic de Multiple est établi. C'est, semble-t-il, une condition inacceptable pour mes collègues ! Leurs critiques m'obligent à analyser mes propres motivations, ainsi que mes intuitions de clinicienne.

Pendant les séances, mon diagnostic m'apparaît comme une évidence. Les métamorphoses auxquelles j'assiste sont indéniables. Je vois d'habitude au moins Renée et Jo à chaque entretien et je peux dire avec exactitude quand le changement s'opère. Il y a d'abord une pause, une lourdeur des paupières, puis Renée surgit, gaie, enjouée, en parfaite maîtrise d'elle-même. Jo apparaît plus lentement, dans une sorte d'état second d'où elle émerge, hagarde et désorientée ; elle semble incapable de savoir où elle se trouve ni combien de temps elle a été absente. Parfois, la métamorphose, qui ne dure jamais plus d'une demi-minute, amène un autre personnage. Ces mêmes yeux, implorants et baignés de souffrance chez Jo, gais et pétillants chez Renée, se durcissent et deviennent revendicatifs. C'est alors Joan Frances, qui se reproche de jouer la comédie et qui me déteste parce que je « la laisse faire ». Renée, au moins, a abandonné sa théorie sur le « jeu », mais Joan Frances semble au contraire s'y accrocher.

Je finis même par voir des différences physiques entre elles. Renée a des mains fines et déliées, lesquelles deviennent lourdes et épaisses quand Jo apparaît. Quand j'ai affaire à Missy, le corps semble se rapetisser. Je ne peux nier mon étonnement ni ma fascination devant une telle patiente. En dépit du scepticisme de mes collègues, je suis contente de traiter un cas rare et si enrichissant.

Ce traitement soulève de nombreuses questions inattendues. Le secret professionnel, par exemple, dont l'obligation légale et éthique ne se discute pas, me pose un problème. Je ne répéterai jamais à un autre ce que me confie un de mes patients, mais qu'en est-il des dires des diverses personnalités d'une Multiple?

Devrais-je garder les secrets de Missy comme si elle était seule à vivre dans son enveloppe corporelle? Bien sûr, si je promettais à l'une des personnalités de ne pas répéter aux « autres » ce qu'elle me confie, je tiendrais ma parole; sinon, je considère qu'il m'appartient de décider ce que je peux ou non faire partager. Il est important pour Jo, Joan Frances et Renée d'entendre les secrets de Missy. Je les rapporte à Jo parce que je crois qu'elle doit être confrontée au fait qu'elle a probablement été victime de mauvais traitements dans son enfance. Jusqu'à présent, Missy ne semble pas consciente, ou se moque éperdument, de mes entretiens avec Jo. Si elle vient à se cabrer en apprenant que je partage ses secrets avec Jo, je reconsidérerai la situation.

L'incrédulité de mes collègues m'empêche de leur parler de ce cas et m'oblige à violer le secret professionnel dans des circonstances encore plus graves. Je rapporte mes doutes et mes découvertes troublantes à la maison.

Depuis que nous sommes mariés, Gordon et moi avons partagé de nombreuses expériences cliniques. Dans le collège où il enseigne, Gordon a travaillé avec son lot d'enfants maltraités, souffrant de dysfonctionnement, et il a été l'objet d'une hostilité déplacée de la part de ses collègues. Il prétend que Jo (dans toutes ses manifestations) agit et réagit comme beaucoup de ses élèves à problèmes. Gordon a déjà répondu au téléphone quand Jo ou un de ses doubles appelait, et il a appris à distinguer leurs voix ainsi que leurs intonations. Son acceptation de mon diagnostic et l'expérience de ses vingt ans d'enseignement auprès d'adolescents difficiles en font un partenaire fiable et un confident précieux. Avec lui, je peux parler librement de mes doutes sans qu'il me demande sans cesse, comme mes collègues de travail, si je suis sûre que Mrs. Casey est bien une Multiple.

Mon intérêt pour Mrs. Casey est sincère et je souhaite profondément une amélioration de son état. Je sais aussi que sa thérapie me prendra davantage de temps, d'énergie et d'investissement que celles de mes autres patients, mais je suis prête à y consacrer le temps qu'il faudra. Heureusement que Gordon est là; son soutien constitue une aide inestimable non seulement pour moi, mais aussi pour Jo envers laquelle il éprouve une compassion sincère.

***

Qui était donc cette Lynn Wilson et qu'essayait-elle de prouver ?

Depuis deux mois que ma thérapie avait commencé, j'aurais cru que Lynn en aurait marre de moi, eh bien, pas du tout ! Au contraire, elle devenait de plus en plus disponible. Elle avait donné à chaque personnage son numéro de téléphone personnel et avait même acheté un répondeur pour ne pas manquer nos appels.

J'avais le sentiment qu'elle nous accordait de son temps à volonté parce que ça n'était pas une question d'argent. Lynn travaillait pour l'hôpital de jour de l'université et percevait un salaire pour cela. Elle ne dépendait pas de l'argent de ses patients comme les thérapeutes du privé. Ma mutuelle d'étudiante paierait la psychothérapie aussi longtemps que je fréquenterais l'hôpital universitaire.

J'étais contente de me sentir aimée par Lynn. De plus, elle m'avait convaincue que les « voix » avaient leur existence propre.

Par exemple, Jo avait confié à Lynn qu'elle s'était toujours sentie déplacée, mais n'avait jamais imaginé avoir un problème particulier susceptible d'être traité. Maintenant qu'un diagnostic expliquait les raisons de ses symptômes, elle commençait à mettre un peu d'ordre dans le fatras de ses souvenirs et de ses pensées.

— Je souffrais d'être tête en l'air, perdue dans mes rêveries, mais les gens disent souvent : « Oh, comme le temps passe ! » ou « Comment ? Déjà trois heures ? », si bien que je croyais que tout le monde était comme moi.

» Pourtant je n'arrivais pas à être complètement rassurée; j'avais tellement peur des gens. C'était comme si j'avais un terrible secret que je ne devais divulguer à personne. Mais comme je ne me souvenais pas de ce que je devais taire, j'avais toujours peur de le laisser échapper malgré moi.

— Oh, mon petit, ce ne sont pas les secrets qui te manquent ! s'exclama Lynn. Missy commence à m'en confier quelques-uns.

— Ah, ne prononcez pas ce nom-là ! J'ai honte pour vous de vous entendre parler de Missy comme si c'était quelqu'un. Je ne veux pas savoir ce que je dis en dormant.

Pendant les séances, Lynn savait quand Missy émergeait et elle essayait de la convaincre qu'elle pouvait parler en toute sécurité. Mais Missy refusait. Pourtant, quand Lynn quitta un jour son fauteuil et vint s'asseoir sur la moquette en disant : « Viens, mon lapin. Viens t'asseoir près de moi », Missy se précipita dans ses bras et se laissa bercer tendrement, calmée par la voix douce et la chaleur de Lynn.

— C'est à cause de ta main, confia-t-elle d'une voix presque inaudible, un soir au téléphone.

— Qu'est-ce qu'elle a ta main, mon lapin ? demanda Lynn.

— Elle est mauvaise. C'est une mauvaise main.

— Mais non, Missy. Tes mains sont très bien. J'aime les tenir dans les miennes quand on est toutes les deux dans mon cabinet.

— Mauvaise main, insista Missy. Sœur Mary l'a dit. Main droite bonne, main gauche mauvaise.

Missy était une gauchère contrariée. A l'école, les sœurs lui distribuaient des coups de règle sur la main ou la faisaient asseoir dessus quand elles la surprenaient un crayon dans la main gauche.

— Maman dit que tu es mauvaise. Papa dit que tu es mauvaise. Papa dit que tu es bête. Maman dit que tu es paresseuse.

— Tu es une très gentille petite fille, la rassura Lynn. Je veux que tu viennes me voir à mon cabinet et que tu me fasses de beaux dessins avec la main que tu voudras.

Apaisée par ces coups de fil, Missy se glissait « en dedans » et Jo « se réveillait » souvent, le téléphone dans la main, surprise d'entendre la voix chaleureuse de Lynn.

— Je suis désolée de vous avoir dérangée, s'excusait Jo. Je ne savais même pas que je vous avais appelée. Oh, comme je suis confuse !

— Il ne faut pas t'inquiéter, Jo. Ce n'est pas toi qui m'as appelée, c'est Missy. Tout va bien. Nous en reparlerons la prochaine fois que nous nous verrons.

Et en séance, Lynn expliquait :

— Missy se conduit comme une enfant battue.

— C'est faux ! s'exclamait Jo. On ne m'a jamais battue.

— Comment le sais-tu, Jo ? Comment peux-tu être sûre que tes parents ne t'ont pas battue ?

— C'est bien simple, je ne me souviens pas que mes parents

aient jamais été méchants avec moi. (Elle s'arrêta, frappée par une évidence qu'elle découvrait seulement.) En réalité, je ne me souviens pas d'avoir été seule avec ma mère avant ma scolarité.

En y songeant, ça lui semblait bizarre. Bien que ses parents eussent tous deux travaillé à plein temps depuis qu'elle avait trois ans, elle avait des souvenirs très précis des moments passés avec son père, mais aucun de sa mère. Elle ne se rappelait que les baby-sitters.

Jo lutta contre cette découverte. Non, son père n'aurait jamais permis qu'on la maltraite. Elle se souvenait d'un jour, elle devait avoir trois ou quatre ans, où son père lui avait demandé comment elle s'était fait ce bleu sur la jambe. Encore aujourd'hui, les explications de sa mère lui semblaient raisonnables.

— Joan Frances est d'une maladresse !

Jo savait qu'elle devait être le plus honnête possible, même si sa version des faits ne correspondait pas à ce que Lynn cherchait. La vérité était une chose vitale pour Jo, étant donné ses difficultés à arracher à sa mémoire de gruyère les bribes de son vécu quotidien. Elle s'aperçut que les choses n'étaient pas assez claires dans sa tête pour lui permettre de mentir de façon convaincante.

Elle s'efforça de mesurer l'authenticité de l'attitude amicale de Lynn. Elle se dit que la bonté de Lynn à son égard s'expliquait par le fait qu'elle était sa thérapeute. Jo avait appris, en observant sa mère, ce qu'était un masque professionnel. Quand elle la voyait à son travail, s'activer avec efficacité, faire des prises de sang, étiqueter les éprouvettes, sa mère sympathisait avec les patients et leur adressait toujours un petit mot gentil. Si un patient ou un médecin appelait Nancy chez elle, elle adoptait sur-le-champ son attitude professionnelle chaleureuse, même si le coup de fil la surprenait en pleine dispute. Quand, un soir, Lynn mit un terme à une conversation téléphonique avec Missy, Jo la soupçonna de se mettre à hurler contre son mari ou ses enfants sitôt le combiné raccroché.

Lynn assura Jo qu'elle l'aimait sincèrement, mais Jo n'avait pas confiance. Ses parents lui avaient dit la même chose et ils ne lui avaient pas témoigné une grande affection. Elle pensait que l'éducation des enfants représentait un *devoir* et que ses parents n'avaient pas eu le choix.

Elle avait réussi à se faire aimer par d'autres ou à capter leur attention — certains professeurs, Keith — mais ils avaient disparu de sa vie quel qu'ait été l'attachement qu'elle avait développé pour eux.

Jo se sentait seule, mais la solitude était une notion inhérente à sa vie. Elle se demandait parfois ce que l'on ressentait en ayant une amie, et de profondes affinités avec quelqu'un.

Jo considérait l'intérêt que Lynn lui portait, authentique ou non, comme un cadeau précieux mais provisoire. Elle ne cessait de s'excuser pour les coups de téléphone qu'elle ne se souvenait pas d'avoir passés. Lynn lui garantit qu'elle ne la laisserait pas devenir trop envahissante.

— Je ne te laisserai pas abuser, Jo, ce ne serait bon ni pour toi ni pour moi. Ne t'inquiète pas, je sais me défendre.

Jo se sentit humiliée.

— Bien sûr que vous savez vous défendre, dit-elle. Vous vous protégez pour que je ne vous envahisse pas. Je comprends parfaitement que vous ayez besoin de vous protéger de moi. Mais que vous éprouviez le besoin de me le rappeler, ça me rend terriblement coupable... comme si je me sentais si importante ! Comme si je me sentais le droit de m'imposer !

Alors que Jo craignait que sa dépendance envers Lynn poussât celle-ci à la rejeter, Joan Frances avait peur que cette même dépendance amenât sa mère à la renier.

Joan Frances savait que sa mère n'approuverait pas qu'elle vît une thérapeute, mais en dépit de sa ferme résolution de ne plus venir, elle se retrouvait dans son cabinet, ou en train d'en sortir avec le vague souvenir de la séance qui venait de s'écouler. Joan Frances supplia Lynn de l'aider.

— Je vous en prie, guérissez-moi avant que maman ne m'ordonne de cesser de vous voir. Je vous en prie, faites de moi quelqu'un de meilleur pour que ma mère m'aime.

*
**

Journal — 8 mai 1981

Il est évident que les multiples personnages que je vois sont très différents les uns des autres.

Les changements physiques sont étonnants. Je commence à bien connaître Missy, Jo, Renée et Joan Frances, et je ne suis plus surprise par l'apparition inopinée d'un personnage qui prend soudain la place d'un autre. En fait, je les considère comme aussi différents les uns des autres que le sont mes patients entre eux. Bien qu'ils occupent le même corps, ils ne sont pas identiques et n'utilisent pas ce corps de la même façon. Il serait plus juste de dire que les différents personnages occupent le même espace physique, chacun à sa manière.

Les descriptions de leurs parents ne se ressemblent en rien. Renée va jusqu'à leur dénier cette fonction. Elle ne prétend pas être issue d'une autre famille, elle déclare n'avoir aucun parent, tout simplement : « Je ne suis qu'une invention. »

Jo vénère son père et le présente comme un homme sage, doux et affectueux. Elle s'impute, à cause d'une erreur de la nature, la seule restriction qui l'empêchait d'être un père parfait : N'étant pas le fils qu'il avait souhaité, elle avait dû se résigner à ne pas le combler entièrement.

Jo plaint sa mère de ne pas être aussi rationnelle qu'elle-même ou son père, mais elle nie qu'elle ait pu la maltraiter.

Joan Frances prétend que sa mère est parfaite, et elle essaie de la copier. Me voir la torture parce que, ce faisant, elle désobéit à sa mère. J'ai appris que Nancy lui avait dit au téléphone : « Pour la fête des Mères, je veux une fille heureuse qui se rende compte de la chance qu'elle a. » Comme la fête des Mères tombe dans deux jours, il faudrait un miracle pour exaucer ce vœu. La tension et la culpabilité continuent donc de grandir. Pourtant, les appels téléphoniques réguliers de Joan Frances à sa mère me laissent penser que Nancy n'aide pas beaucoup sa fille, qu'elle ne l'accepte pas telle qu'elle est et qu'elle exige d'elle des résultats irréalistes.

Joan Frances parle de son père comme d'un homme « froid, une ordure qui a rendu la vie de ma mère infernale ».

Missy voit en son père un refuge loin de cette mère qui la terrifie. Elle se souvient des longues heures passées dans un endroit qu'elle nomme « Le Noir » jusqu'au retour de papa. J'ignore si Missy s'y réfugiait volontairement ou si on l'y enfermait.

Je crois comprendre que le père comme la mère présentent l'image équivoque de « bons parents abusifs ». A mon avis, Nancy et Ray Casey avaient tous deux de graves problèmes.

7

Journal — 25 mai 1981

Je ne m'attends pas à obtenir le compte rendu exact des traumatismes qui ont conduit à la maladie de Jo ; d'ailleurs, je crois que la réalité « émotionnelle » importe plus que la réalité historique. On peut percevoir un même fait sous des angles différents, et deux personnes n'auront jamais le même souvenir d'une scène à laquelle ils ont participé. Par exemple, un adulte oubliera aisément une seule promesse bafouée alors que l'enfant trompé la retiendra entre les milliers d'autres tenues.

Donc, lorsque Jo ou Joan Frances assurent qu'un événement relaté par une autre personnalité n'a pas pu se produire, je tempère ce besoin de dénégation en expliquant l'importance du « vécu affectif ». Ce qui compte, ce n'est pas la réalité d'un fait historique, mais bien plus le sens qu'il a pris dans la mémoire du sujet.

Pourtant, malgré l'amnésie et la dénégation qui accompagnent le syndrome de Personnalité Multiple, je suis étonnée par la précision de certains souvenirs de la petite enfance. Je pense aujourd'hui qu'une Multiple ne possède pas les filtres qui permettent un véritable refoulement. C'est ainsi qu'une scène refoulée par une personnalité sera conservée par une autre. Ces souvenirs non refoulés, lorsqu'ils ressurgissent, s'accompagnent d'images, de sons, d'une épaisseur qui les rendent d'une extrême actualité.

C'est ainsi que j'ai réussi à reconstruire l'histoire familiale de Jo, même si elle demande encore à être vérifiée. La plus grande partie de cette histoire provient de Renée et de deux personnalités, Reagan et Robin, qui ne semblent exister que pour stocker des informations importantes acquises au cours de l'enfance.

Reagan s'est présentée un jour que je questionnais Jo sur un souvenir d'enfance, en m'annonçant calmement : « Je peux peut-être vous aider. » Reagan m'a aussi expliqué qu'elle et Robin avaient toujours été présentes pour « écouter sans être dans les jambes de personne ».

Grâce à ces personnalités et aux « secrets » de Missy, j'ai pu me faire une idée du contexte familial. Aucune manifestation affective, aucune abréaction n'ont accompagné l'énoncé de ces informations, sans doute parce que Renée, Reagan et Robin ne se considèrent pas comme faisant partie de la famille biologique. Elles ont résisté à toutes mes tentatives de leur démontrer qu'elles avaient dû, d'une manière ou d'une autre, être impliquées dans les événements de la petite enfance.

Missy non plus ne semble pas particulièrement troublée par les secrets qu'elle me dévoile, sans doute parce qu'elle a dû attendre longtemps avant de pouvoir en parler à quelqu'un. Les autres personnalités consentent maintenant à la laisser s'exprimer librement dans mon cabinet. Missy me confie certains souvenirs de la petite enfance et se rappelle même la première dissociation de personnalité qu'elle définit comme « quand les autres filles sont venues ». Elle prétend que cette dissociation a eu lieu avant l'âge de un an.

Missy semble deviner (à moins qu'une autre personnalité ne le lui ait suggéré) que j'ai du mal à croire qu'elle se rappelle des souvenirs si lointains. Elle explique ces souvenirs antérieurs à l'apprentissage du langage grâce à des analogies avec l'enregistrement d'une voix sur disque. « Les choses qui arrivent et les paroles des gens laissent des marques dans l'esprit. Tu ne sais pas tout de suite ce que veulent dire les marques, mais elles sont là. Puis, un jour, tu comprends. Tu peux parler et tu connais les mots. Alors, tu peux repasser le disque des événements et tu comprends ce qui s'est passé. » Elle dit cela avec une conviction qui montre à quel point cette explication la satisfait.

Peu m'importe que les théories du développement du langage et de la mémoire chez l'enfant contredisent ou accréditent les explications de Missy. Je crois d'ailleurs que la plupart de ces théories ne peuvent s'appliquer aux personnalités multiples. En revanche, je suis persuadée que les souvenirs de Missy renferment une grande part de « vécu affectif ». J'ai aussi la conviction que les causes de la maladie de Jo remontent à bien longtemps avant sa naissance.

Si j'écris l'histoire de Jo telle qu'elle m'a été racontée, cela peut m'aider à comprendre ce que je crois savoir de l'enfance de Jo. Il faut que je garde à l'esprit que l'important est ce que croit ma patiente. La vérité — qui a ressenti quoi, qui a fait quoi à qui — importe moins que la réaction des personnalités, leur vision des choses.

Raymond Casey naquit dans la maison de ses parents dans une petite ville industrielle, tout près de Syracuse, dans l'État de New York, en janvier 1925. Bébé maladif, benjamin d'une famille de douze enfants, il passa les premiers mois de sa vie cajolé par sa mère et ses sœurs aînées. Au regard des autres habitants de la ville, les Casey n'étaient pas pauvres. Plus tard, Ray devait affirmer à ses enfants qu'il « y avait toujours à manger et qu'on ne manquait jamais d'amour ». Les parents de Ray, des immigrants irlandais, l'éduquèrent avec des principes catholiques très stricts, et il grandit à l'ombre de l'église qui s'élevait à côté de la maison familiale. Le père et les frères aînés de Ray travaillaient dans la fabrique de vêtements de la ville.

A la fin des études secondaires de Ray, la famille ne joignait plus les deux bouts que grâce aux salaires des aînés. Le père de Ray avait péri dans un accident du travail et deux frères étaient morts au combat pendant la Seconde Guerre mondiale. Un frère était entré dans les ordres, une sœur au couvent, et deux autres frères s'étaient installés à Richmond, en Virginie. Ray restait le seul homme à la maison.

Ses sœurs, Christine, Nancy et Marie, qui n'avaient pas encore quitté le domicile familial, travaillaient comme vendeuses en attendant le mariage. Ray fut engagé dans la quincaillerie de son oncle et rapportait son salaire à sa mère.

Il vivait une double vie. « Moi et Tom Clancy, se vanta-t-il par la suite, on faisait des casses dans tous les endroits où j'avais installé des flippers. Ah, je m'y connaissais dans les machines à sous ! On bousillait le cadenas et on embarquait la ferraille. »

Ray racontait ses exploits avec Tom. Ils organisaient des paris puis déclenchaient des bagarres dans les bars ; pendant que les autres se battaient, Tom et Ray s'enfuyaient avec la caisse. Il avait aussi tout un lot d'histoires de poursuites en voiture et de conquêtes faciles.

Ray parlait des femmes comme autant d'objets. Ses seuls amis étaient des hommes, Tom surtout. A vingt ans, Ray commença à s'ennuyer ; il rêvait de quitter la ville mais n'arrivait pas à franchir le pas. Il décida de se marier et de s'engager dans la marine.

Il jeta son dévolu sur Nancy Fitzgerald, la sœur de son copain John. Nancy était une fille de paysans qui habitait dans les bas quartiers. Elle était jeune, jolie et timide.

Ses parents étaient aussi des immigrés et elle avait été élevée selon des principes catholiques rigoureux. Là s'arrêtaient toutefois les similitudes avec l'éducation de Ray. Nancy avait assisté au défilé des amants de sa mère. Elle n'avait jamais connu son père. Ses beaux-pères ne s'attardaient jamais plus de quelques années ; les uns la battaient, les autres l'ignoraient.

Nancy trouva quelque réconfort au couvent local, où elle appréciait la chaleur des relations humaines et la sécurité qui lui manquaient dans son foyer. Le jour de son treizième anniversaire, elle demanda d'y entrer comme novice. Bien que certaines filles de son âge fussent parfois admises, on refusa cette faveur à Nancy et on lui conseilla d'attendre encore cinq ans. Elle en conclut qu'elle n'était pas plus désirée au couvent que chez elle.

Elle reporta son intérêt sur le collège où ses capacités furent reconnues, termina ses études secondaires assez tôt, et entreprit d'étudier la biologie à l'université locale. Elle travailla bientôt comme laborantine à l'hôpital voisin tout en poursuivant ses études.

Le jour de ses dix-huit ans, après une année d'études supérieures, elle épousa Ray. Elle vivait la pauvreté familiale comme une sorte de prison et fut reconnaissante à cet homme de l'avoir « tirée du ruisseau », comme il aimait à le rappeler.

Ray parlait d'elle comme d'une « môme sacrément balancée ». Enceinte de son premier enfant, Nancy resta à Syracuse pendant que Ray partait chercher l'aventure sur les mers. Elle ne le lui reprocha pas : le titre de Mrs. Casey lui permettait de marcher la tête haute dans les beaux quartiers. Elle emménagea chez sa belle-mère, travaillant toujours au laboratoire et versant avec gratitude sa paie dans la caisse de sa belle-famille. Elle se lia avec Marie, la sœur de Ray, dont le mari s'était lui aussi engagé dans l'armée.

Ray parlait avec nostalgie de ses trois années dans la marine. « Une fois, j'ai volé les chevaux d'un Arabe, avoua-t-il plus tard. Il se trouve qu'ils appartenaient à un putain de cheikh ou un truc de ce genre. Mon pote et moi, on a pris vingt ans de travaux forcés sur ce coup. On a eu du pot que le gouvernement des États-Unis nous ait tirés de là. »

« J'ai fait le tour du monde, j'ai été partout, sauf en Russie », racontait-il.

Il se vantait de s'être saoulé dans tous les ports. Il disait que l'Argentine était le plus beau pays de tous, l'Australie le plus accueillant. Il se souvenait de ces années avec une telle nostalgie que, chaque fois qu'il se sentait déprimé, il exhibait ses certificats froissés en soupirant : « Ah, je vais peut-être rempiler dans la marine. »

Il quitta la marine pour « assumer ses responsabilités familiales », retourna à Syracuse, emmena Nancy et Carol, sa fille de trois ans, et s'installa à Richmond où son frère aîné lui avait trouvé un emploi dans une usine de vêtements. Il acheta une maisonnette en dehors de la ville et s'apprêta à vivre « en bon chef de famille ». Nancy regretta énormément la vie qu'elle menait à Syracuse, mais finit par surmonter sa timidité pour échapper à la solitude. Elle se lia avec les autres mères du voisinage.

Bientôt, Nancy découvrit que sa nouvelle vie possédait des avantages. Ici, personne ne connaissait son passé. Son mari, qui avait tant bourlingué, lui apprit les mœurs citadines et, comme il tenait à l'entretenir, elle resta au foyer pour élever Carol, et attendre le fils qui devrait compléter sa petite famille.

En 1955, Nancy fut de nouveau enceinte. C'était la troisième fois depuis leur installation à Richmond ; les deux grossesses précédentes s'étaient terminées par des fausses couches. Mais cette fois-ci, c'était différent, elle sentit tout de suite qu'elle conduirait son enfant à terme. Elle donnerait enfin un fils à Ray.

En juillet, Ray emmena Nancy et Carol en voiture à Syracuse, où sa famille prendrait soin de la mère avant et après l'accouchement. Quand elle aurait récupéré, Nancy reviendrait en Virginie avec sa fille et le fils tant attendu.

Nancy vécut son retour à Syracuse comme une bénédiction. Malgré une grossesse difficile — « j'ai vomi pendant neuf mois », disait-elle —, elle bénéficiait du statut avantageux de femme enceinte, état qu'elle partageait avec sa belle-sœur. Christine et Nancy, qui attendaient leur bébé pour le même jour, habitaient chez la mère de Ray ; elles entrèrent à l'hôpital à quelques heures d'intervalle, le 22 août 1955. Ce soir-là, Christine donna naissance à un fils alors que Nancy rentrait chez elle, le travail n'ayant pas encore commencé. Quand Nancy alla voir le nouveau-né, Matthew, quelques jours plus tard, elle dit à Christine : « Ce sera merveilleux de voir nos deux garçons grandir ensemble. »

Nancy croyait dur comme fer qu'elle portait le fils de Ray ; elle était persuadée que les deux fausses couches avaient été des filles et que sa matrice rejetterait tous les bébés inaptes à porter le nom qu'elle avait choisi des années auparavant : Joseph Raymond Casey.

Les douleurs commencèrent le 31 août, la veille de son vingt-

huitième anniversaire. Les contractions qu'elle ressentait depuis une dizaine de jours n'avaient rien de comparable à ce qu'elle endurait maintenant. Jack, son beau-frère, l'emmena à l'hôpital et appela Ray, resté à Richmond. « Tu ferais bien de venir. Les toubibs pensent que c'est pour de bon, cette fois. »

Le médecin et la sage-femme entourèrent Nancy et tentèrent de la calmer. Malgré son accouchement précédent, elle était plus angoissée que bien des novices, et son anxiété retardait l'échéance. Après vingt-quatre heures sur la table de travail, les battements de cœur du fœtus faiblirent et le médecin pratiqua une césarienne. Il dénoua avec soin le cordon ombilical enroulé autour du cou du bébé qui avait pris un ton bleu inquiétant, et lui donna de l'oxygène.

— Vous avez un bébé magnifique, déclara le médecin à Ray. C'est une fille. La naissance n'a pas été facile, mais elle s'en tirera.

Quand le médecin annonça la nouvelle à Nancy, elle voulut protester mais n'en eut pas la force. Une fille ! Impossible.

— Il y a eu erreur, murmura-t-elle avant de sombrer dans le sommeil.

Le lendemain, Nancy dut se rendre à l'évidence. Aucune autre naissance n'ayant eu lieu le 1er septembre, il n'y avait pas eu d'erreur, pas de substitution de bébé. Elle avait donné le jour à une fille. Elle refusa d'y croire, d'autant qu'elle n'avait pas encore vu son bébé. Le nourrisson ne pesait que deux kilos et demi et avait des difficultés respiratoires. Nancy espérait qu'il ne survivrait pas. Elle n'avait nullement besoin d'une deuxième fille.

Nancy souffrait ; l'intervention chirurgicale, les longues heures de travail, et pour couronner le tout, une fille ! Elle avait trahi Ray. Même si son mari semblait heureux d'avoir une fille, Nancy le connaissait assez pour deviner sa déception.

Comme Nancy ne s'intéressait pas au nouveau-né, ce fut Ray qui se chargea de lui trouver un nom. Il l'appela Joan — qu'il trouvait proche de Joseph, prénom retenu par sa femme — et Frances — parce que saint Francis était un de ses saints préférés. Joan Frances Casey donc. En observant à travers la vitre de la nursery le bébé lutter pour vivre, il trouva qu'elle lui ressemblait davantage que Carol.

Ray tenta d'insuffler sa force au bébé couché dans la couveuse. « Vas-y, ma puce, courage ! » murmurait-il en la veillant la nuit pour s'assurer qu'elle respirait bien. Il avait décidé que cette petite serait sa petite. Après tout, pourquoi pas une fille ?

Quelques jours plus tard le bébé fut hors de danger, mais la convalescence de Nancy se prolongeait.

Trois semaines après la naissance de Joan Frances, Nancy rentra à Richmond avec sa fille.

Elle dut admettre que les infirmières avaient raison : c'était un bébé facile, qui dormait toute la nuit, tétait à heures fixes et pleurait rarement. Parfois, en le nourrissant, elle faisait comme si c'était un garçon; alors, elle arrivait à l'aimer. « Joey, mon petit Joey, roucoulait-elle pendant que le bébé jouait avec ses longs cheveux. Tu es le grand garçon à maman. »

Mais le plus souvent, Nancy était de glace. Elle contemplait d'un air morne le bébé qui restait allongé sans bouger, sans crier, sans dormir. Joan Frances semblait se satisfaire d'étudier pendant des heures les objets, ou encore les ombres que dessinait la lumière sur le mur. Nancy ne supportait pas ce comportement, qu'elle jugeait anormal.

Le bébé s'animait quand Ray était là. Dès qu'il entrait, Ray allait droit au berceau, prenait le bébé dans ses bras, le brandissait et lui racontait tout ce qu'il avait fait dans la journée. Joan Frances écoutait son père d'un air concentré et lui répondait par de petits bruits. Ses premiers sourires furent pour papa.

La complicité entre le père et la fille rendait Nancy encore plus distante. « Ce n'est pas juste. C'est moi sa mère. C'est moi qu'elle devrait préférer. » Nancy n'imaginait pas que le bébé pût sentir le rejet de sa mère aussi sûrement que l'amour de son père.

Nancy ne prenait le bébé dans ses bras que pour le nourrir ou le changer et elle empêchait Carol de s'approcher du berceau. « Laisse ce bébé tranquille, ordonnait-elle à la petite fille de huit ans. Tu vas le faire pleurer. »

Nancy dut admettre que Ray aimait Joan Frances, bien que ce fût une fille. Il l'appelait Jo ou Joan Frances comme sa femme, mais aussi Missy ou Pixie et lui inventait tout un tas de surnoms. Nancy désapprouvait la façon dont Ray s'occupait du bébé. Elle trouvait cela indigne d'un homme. Elle s'irritait en le voyant la bercer, lui faire des mamours, bêtifier dans un langage enfantin. Elle lui reprochait de ne pas prêter autant d'attention à Carol ou à elle-même. « On ne dirait pas que tu as deux filles ! » le rabrouait-elle.

Nancy percevait d'innombrables différences entre Joan Frances et Carol, qui avait été un bébé geignard, souffrant souvent de coliques. Elle trouvait sa dernière-née bien trop calme. Les hurlements de Carol l'avaient rendue folle, mais au moins son aînée manifestait-elle sa présence. Joan Frances ne semblait remarquer que son père. Elle refusait même de ramper.

Un matin — le bébé avait six mois —, pendant que Ray était à son travail et Carol à l'école, Nancy déposa Joan Frances au milieu d'une couverture jaune sur le sol de la cuisine. Elle installa des jouets sur la couverture, hors de portée du bébé, s'accroupit et agita le hochet. En entendant le bruit, le nourrisson regarda sa mère dont les longs cheveux tombaient sur les épaules.

« Allez, Joan Frances ! Allez, viens chercher le hochet ! Viens vers maman ! » Le bébé gazouilla et tendit le bras. Elle distinguait la masse de cheveux châtains, voulut les toucher et n'attrapa que de l'air. Maman et le hochet étaient trop loin, mais elle n'essaya même pas de ramper.

Maman ramassa le singe en peluche préféré du bébé et l'agita devant ses yeux. Le bébé aimait son singe dont la fourrure le chatouillait agréablement. Elle aimait sucer son chapeau en plastique. Joan Frances tendit le bras mais ne put attraper le singe. Elle se mit à pleurer, mais refusait toujours de ramper.

« Allez ! ordonna sa mère. Allez, rampe ! » Des mains empoignèrent le bébé. Lorsqu'elle ouvrit les yeux, elle s'aperçut qu'elle était à quatre pattes.

Joan Frances se figea. Chaque fois qu'elle se retrouvait à quatre pattes dans son berceau, elle gigotait tant et si bien que le berceau heurtait le mur, et papa ou maman venait la remettre sur le dos. Elle attendit donc que maman fasse comme d'habitude. Comme rien ne se passait, elle se rassit en s'aidant de ses mains.

« Regarde le joli hochet », dit maman d'une voix suave qui cachait mal une colère grandissante. Dans un ultime effort pour atteindre l'objet, Joan Frances perdit l'équilibre et se retrouva de nouveau à quatre pattes de l'autre côté de la couverture.

Le linoléum froid et collant retint un instant son attention et elle frappa sur le sol de ses petites mains. Le bruit la réjouit. Elle recommença, gloussant de joie. Le talon aiguille d'une chaussure marron s'écrasa alors sur sa main et une douleur violente la traversa.

Le premier conflit intérieur venait de commencer.

Celle qui allait devenir Jo essaya de considérer ce qui s'était passé et ce qui avait causé la douleur. Était-ce le linoléum ? Était-ce la chaussure ? Était-ce le hochet ? Mieux valait éviter ces trois choses-là tant qu'elle n'en serait pas sûre.

Celle qui allait devenir Joan Frances hurla de rage et de douleur. Elle avait mal. Elle voulait que maman la soulage...

Celle qui allait devenir Missy regretta la sécurité de son berceau, orné de jolies perles dont elle percevait les différents tons sans pouvoir encore les nommer. Quand elle contemplait les jolies perles, elle se sentait en sécurité...

Les trois désirs, les trois personnalités, se complétaient tout en se livrant un combat farouche. Ce fut Missy qui l'emporta. Elle repoussa les deux autres dans un recoin de son esprit et ancra profondément dans sa mémoire le souvenir de son berceau.

Nancy remit le bébé dans son berceau en se demandant ce qu'elle avait fait au Bon Dieu pour mériter un fardeau pareil.

8

J'aidais Lynn et les autres personnalités en me rendant aux séances. En échange, Lynn m'aida en me permettant de voir ma vie sous un nouvel angle. J'avais des peurs irrationnelles. Elle me démontra que ces peurs avaient des causes, causes qui rendaient plausible le diagnostic de Personnalité Multiple qu'elle avait émis.

Par exemple, si Nancy avait réellement marché sur la main de son bébé, il n'était pas étonnant que je ressente une peur irrationnelle accompagnée de dégoût chaque fois que je voyais une paire de talons aiguilles. Je prétendais ne pas porter de talons aiguilles parce que je refusais d'ajouter quelques centimètres à mon mètre soixante-dix-huit, mais en réalité je les avais en horreur.

Si Missy avait dû se cacher dans des endroits sombres par peur de représailles, ou si on l'y avait enfermée, je comprenais mieux ma phobie des ascenseurs. J'avais beau faire, me tancer, m'encourager, je ne pouvais me résoudre à m'aventurer dans ces boîtes inquiétantes à moins qu'une autre personne ne s'y engage. J'arrivais souvent en retard à mes rendez-vous parce que j'attendais dans le hall que quelqu'un prenne l'ascenseur pour y monter moi aussi. Je ne parlais pas à ces gens ; leur présence me suffisait. Mais je paniquais totalement si ces anges gardiens descendaient avant moi.

Je n'avais jamais beaucoup réfléchi à mes phobies. Maintenant, je me faisais l'effet d'un scientifique cherchant la cause d'effets nouvellement découverts. Relier les phobies à des souvenirs de la petite enfance ne les atténuait pas, mais j'en tirais un respect accru pour Lynn. Aucun psy n'avait compris ce qu'étaient ces voix, et Lynn me démontrait leur importance. Leur influence allait bien au-delà de quelques épisodes suicidaires. Je me rendais compte qu'elles contrôlaient ma vie, même les jours où tout allait bien, et j'étais prête à exorciser ces fantômes une fois pour toutes. Mais cela m'irritait que Lynn persiste à déclarer à Jo qu'elle souffrirait bientôt moins de troubles confusionnels.

Lynn soulignait souvent devant moi les sentiments contradictoires des différentes personnalités, mais je ne pouvais m'empêcher de penser qu'elle-même se montrait illogique. Comment espérait-elle m'aider à me sentir mieux — comme elle me l'avait promis — tout en aidant Jo à se sentir plus à l'aise ? Sans doute son inexpérience dans le traitement des Multiples.

Quand les thérapeutes déclarent qu'ils ne savent pas ce qu'ils vont faire, ça veut souvent dire qu'ils ne feront rien. Nancy disait toujours : « On aide ceux qu'on peut, les autres, on ne s'en occupe pas. » Lynn avait commis une erreur en me faisant croire qu'elle s'intéressait à moi et à toutes les personnalités en moi. Maintenant, elle était coincée. Elle ne pouvait pas, du jour au lendemain, me fermer sa porte et prétendre que j'étais guérie. Sa seule issue était de consulter quelqu'un qui garantirait que je n'étais pas une Multiple. Si une autorité en la matière montrait à Lynn qu'elle s'était trompée, elle pourrait soit oublier, soit réinterpréter ce qu'elle avait entendu. Elle pourrait alors terminer la thérapie la conscience tranquille.

9

Journal — 8 juin 1981

Voilà trois mois que je suis Mrs. Casey. Je lui ai expliqué qu'il serait irresponsable de ma part, sur un plan professionnel, de ne pas chercher un avis autorisé.

Jo, qui semble être le personnage « central », ou l'« hôte », dont parle la littérature spécialisée, profite de mon ignorance déclarée des Multiples pour opposer une ferme dénégation aux mauvais traitements qu'elle a subis dans son enfance et que je lui rapporte.

Renée est plus indécise, mais elle est solidaire de son ami, Steve, qui prétend qu'elle ne souffre d'aucun trouble. Elle reconnaît qu'elle ne joue pas la comédie, mais n'aime pas s'entendre dire qu'elle souffre d'un syndrome de Personnalité Multiple.

Joan Frances trahirait sa mère en acceptant mon diagnostic. Elle va jusqu'à refuser d'en parler.

Missy se moque bien du diagnostic, du moment qu'elle se sent en sécurité et aimée.

Robin et Reagan sont certainement les seules qui accepteraient le diagnostic; or, cela fait des semaines que je ne les ai vues!

Je ne doute pas de la réalité de ces différentes personnalités; chacune possède sa propre identité et un comportement particulier, quel que soit le délai entre chaque visite. Je ne peux douter de la parole de Jo lorsqu'elle affirme qu'elle n'a aucune notion du temps qui s'écoule entre les séances. Par exemple, elle se « retrouve » dans mon cabinet, reprend la conversation où elle l'a laissée la dernière fois sans se rendre compte que plusieurs jours ont passé entre-temps. Combien de fois l'ai-je entendue reprendre une conversation vieille d'une semaine ? J'essaie d'en retrouver le fil, mais je m'embrouille et finis par renoncer. Jo est d'abord humiliée de s'apercevoir que du temps a passé dont elle ne garde aucun souvenir, ce qu'elle considère comme un échec personnel ; mais elle fournit ensuite sans se faire prier les détails qui me permettent de poursuivre la discussion où nous l'avions laissée.

Je ne sais si un avis autorisé sera bénéfique pour ma patiente, mais j'ai besoin qu'on me rassure. Personne dans la clinique n'a jamais suivi de Multiple. Je suis sûre de mon diagnostic mais incertaine quant au traitement. Gordon, mon seul soutien, n'en sait pas plus que moi. Tout le problème consiste à trouver un avis compétent.

La littérature sur le sujet manque cruellement. J'ai lu les rares articles traitant de Multiples et j'avoue qu'à ma grande surprise ma meilleure source d'informations reste le livre de Flora Schreiber, Sybil. *J'avais lu* Sybil *à sa parution et l'avais jugé peu crédible, trop romancé ; aujourd'hui, c'est ma bible. L'histoire de Sybil reflète une réalité que je vois se dérouler sous mes yeux. Il y a pourtant des différences entre Sybil et Jo. Par exemple, chez Sybil, le personnage de Vicky est décrit comme étant la mémoire du sujet, celui qui « sait tout sur tout le monde », alors que Renée (dont la fonction de « gérante » de l'ensemble paraît analogue) est authentiquement surprise des souvenirs d'enfance des autres.*

***

— Enfin, Lynn ! protestai-je alors que nous discutions encore une fois au sujet du diagnostic. Mon ami m'a encore dit la nuit dernière que s'il y avait d'autres personnages en moi, il les connaîtrait. Steve et moi vivons pratiquement ensemble, bon sang !

— Peut-être, Renée, riposta Lynn d'un air exaspéré. Mais tu m'as souvent répété que tu lui cachais tes problèmes. Avec Keith, c'était déjà pareil.

Ce genre de discussion irritait Lynn. Soudain, son regard s'affirma.

— Tu sais que je ne peux pas trouver ici d'autres thérapeutes ayant suivi des Multiples. Je vais donc téléphoner à Cornelia Wilbur !

— Le médecin de Sybil ? m'étonnai-je, mal à l'aise.

Je savais l'importance de ce livre pour Lynn. Elle commençait souvent les séances en me citant ce que pensait Sybil, ou l'une de ses personnalités. Quand je mettais en cause son diagnostic et maintenais que je n'étais pas une Multiple, Lynn me rétorquait : « C'est exactement ce que pensait Sybil. »

L'idée que Lynn allait consulter une sommité nationale à cause de moi me terrifiait. Pourquoi le Dr Wilbur accepterait-elle de parler à une obscure psychologue de Chicago ? Et si elle la recevait malgré tout, qu'arriverait-il si elle se moquait de la naïveté de Lynn et jugeait son diagnostic erroné ? J'avais vraiment l'impression que Lynn m'aimait bien. Que sa fascination des Multiples expliquât son intérêt pour moi m'importait peu, mais je craignais sa réaction lorsqu'elle apprendrait que je n'étais justement pas une Multiple.

En même temps que je m'efforçais de balayer mes craintes, je me préparais à notre rupture. J'avais reçu une bourse pour prendre part à un groupe de travail de deux semaines réservé aux enseignants qui devaient aider les lycéens à comprendre les différents systèmes politiques. Ce séminaire aurait lieu pendant les vacances de Lynn et je savais qu'elle en profiterait pour consulter le Dr Wilbur.

Nous nous quittâmes bonnes amies. Je l'embrassai et lui promis de la revoir le mois suivant. Pourtant, je savais que c'était peu probable. Un mois loin de Lynn me suffirait pour retrouver mon équilibre, et je n'aurais plus besoin d'elle à son retour. En outre, j'étais persuadée qu'après avoir consulté un « spécialiste des Multiples », Lynn n'aurait plus envie de me voir.

*
**

Journal — 13 juillet 1981

Après un entretien de deux heures avec le Dr Wilbur, je m'aperçois de l'erreur que nous avons commise, Renée et moi, en nous faisant une montagne de cette rencontre — et de Connie Wilbur. En l'entendant au téléphone, j'aurais dû comprendre qu'elle était davantage une collègue qu'une célébrité inaccessible. Bien qu'elle m'eût parlé avec simplicité, déclarant que ma possible découverte d'une autre

« Sybil » ne l'étonnait pas outre mesure, j'étais assez nerveuse à l'idée de la rencontrer. Je me demandais ce que penserait de moi une personne qui ne me connaissait pas et n'avait jamais vu ma patiente. Je craignais qu'elle fasse peu de cas de mes histoires après m'avoir entendue lui raconter comment, au cours d'une même séance, j'avais ri avec Renée, bercé une Missy terrorisée, et permis à Jo de maintenir son habituelle distance intellectuelle.

J'avais profité des deux semaines précédant le rendez-vous pour condenser nos trois mois de travail dans un résumé de vingt-cinq pages. Finalement, de peur que le Dr Wilbur ne m'accueille sur le pas de la porte en me disant : « J'ai lu vos notes, ça me suffit, vous me faites perdre mon temps », j'ai préféré lui écrire dans quel esprit je venais la voir.

Chère Dr Wilbur,

J'ai peur de venir vous voir trop tôt, avec à la fois trop et trop peu de matériel. Je voudrais pouvoir vous donner une idée précise de l'expérience que j'ai vécue avec Jo (Joan Frances, Renée, Missy, Robin et Reagan), et du caractère attachant des personnalités qui la composent.

J'ai envie de les protéger, de me protéger et de préserver notre relation. Comme Jo, Renée et Missy, j'ai peur moi aussi que vous modifiiez le déroulement du traitement. Jo craint que vous la traitiez de simulatrice. Renée est persuadée que vous jugerez qu'elle n'est pas une Multiple et que j'ai été « trop gentille » avec elles toutes. Missy croit que vous me démontrerez qu'elle est une sale petite fille et qu'ensuite je cesserai de l'aimer.

J'ai peur que vous me disiez que mes compétences sont insuffisantes, que je me suis trop investie, que je suis trop optimiste, que je ferai plus de mal que de bien, et que je ne sais pas où je mets les pieds. En même temps, je me persuade que vous penserez que je suis la mieux placée pour mener à bien cette thérapie, que je manque peut-être d'expérience mais qu'il est toujours temps d'apprendre, et qu'il est inutile de confier Jo à un autre thérapeute. Je sais que vous me direz qu'une Multiple requiert un fort investissement personnel, et que le plus important pour Jo, c'est que je m'intéresse sincèrement à elle, que j'aie envie de la voir progresser, et non que je sois savante et toute-puissante.

J'ai essayé de résumer ce cas le plus succinctement possible pour que vous puissiez vous en faire une idée sans perdre votre temps. Bien sûr, je trouve que chaque détail revêt un intérêt immense, mais je comprendrais que vous jugiez différemment. En fait, je veux vous présenter ce cas parce que je vous crois la seule personne capable de comprendre et d'aimer Jo, la seule, donc, qui puisse m'aider à lui venir en aide.

Mes craintes n'étaient pas fondées. Le Dr Wilbur profita de l'entretien pour m'aider à comprendre comment traiter un Multiple. Elle me confirma que mon désir de voir Jo mener sa thérapie à bien était ce qui comptait le plus.

Elle risqua, d'après son expérience avec Sybil et d'autres Multiples, quelques indications sur ce qui n'allait pas manquer de se passer. Elle me mit en garde contre la longueur et la difficulté du traitement, prédisant qu'il durerait entre trois et cinq ans. Elle me dit aussi qu'elle était persuadée qu'il y avait beaucoup plus de personnalités que je n'en avais rencontré. Celles que Renée disait « appartenir au passé » ou « mortes à présent » étaient, d'après le Dr Wilbur, toujours là, mais n'étaient pas encore disposées à se montrer. Elle me dit également que le refus de Missy de grandir lui laissait penser que cette patiente avait été victime de violences sexuelles. Je crois qu'il est encore trop tôt pour que j'en parle à Jo, mais je lui avais promis de l'appeler après ma visite au Dr Wilbur. Je le ferai.

*
**

Pendant que Lynn se rendait chez le Dr Wilbur, je participais à mon séminaire, et m'efforçais d'impressionner les responsables grâce à mon talent et mon énergie débordante. Ils m'avaient payé le stage, j'étais résolue à leur en donner pour leur argent.

Je me liais vite d'amitié avec les autres participants. La situation isolée au milieu des montagnes, la rigueur du stage — dix heures de travail par jour — et les veillées consacrées à d'intenses discussions favorisaient la camaraderie. J'étais experte dans l'art des relations sociales, et plus l'endroit était étrange, plus j'étais à mon avantage. J'étais sûre de laisser à mes nouveaux amis le souvenir d'une fille sociable, enjouée, toujours prête à tous les coups — que je provoquais à l'occasion —, que ce soit pour tirer sur un joint, monter une expédition tardive dans les cuisines ou participer à d'âpres discussions théoriques.

Ils n'auraient pas le temps de me connaître assez pour voir les autres personnalités noircir ce tableau flatteur.

J'utilisais ma popularité dans le groupe pour me convaincre que je n'avais plus besoin de revoir Lynn. Après tout, je ne m'en étais pas trop mal sortie avant de la rencontrer. Les quatre derniers mois représentaient la plus longue thérapie que j'eusse jamais effectuée. J'avais appris énormément de choses sur mon compte, et même si je n'avais pas l'entière maîtrise de mon être — pas autant que je l'aurais souhaité, en tout cas — ma vie s'était tout de même grandement améliorée. J'étais reconnaissante à Lynn de son aide, et contente de ne plus avoir besoin d'elle. Peu importaient les choses affreuses que le Dr Wilbur avait pu dire sur mon compte, ma thérapie était terminée.

Missy se rassura en se disant que, si elle ne devait plus revoir Lynn, elle garderait au moins le souvenir des heures passées avec elle.

Jo marchait de bon matin dans la montagne en se demandant comment elle affronterait seule ses périodes de confusion.

Joan Frances était soulagée de ne plus devoir mentir à sa mère.

Lynn m'appela après sa visite au Dr Wilbur. Ses simples mots résonnèrent comme une onde de choc dans ma tête, atteignant aussi les autres personnalités. Le message était clair : « Diagnostic confirmé. »

10

Journal — 23 juillet 1981

C'était aujourd'hui notre premier rendez-vous depuis les vacances et je me doutais que l'avis du Dr Wilbur confirmant mon diagnostic susciterait des réactions diverses chez les différentes personnalités. Je m'attendais donc à ne voir que Renée. Je pensais qu'elle viendrait évaluer discrètement la situation tout en discutant négligemment de nos vacances respectives. Je m'étais donc préparée à une reprise en douceur de notre relation thérapeutique. Depuis mon entretien avec le Dr Wilbur, mon assurance s'était renforcée et j'avais hâte de revoir Jo et les autres. J'étais donc déjà à la porte de mon cabinet quand elle entra d'un pas aérien dans la salle d'attente, accordant un sourire distrait à la réceptionniste.

Je me précipitai pour l'accueillir, mais réfrénai mon enthousiasme en regardant de plus près cette jeune femme svelte qui ressemblait vaguement à Renée. Elle avait changé : bronzée, élégante, elle portait un T-shirt et une jupe artistiquement négligés et ses cheveux étaient noués en chignon derrière sa nuque. Mais c'était surtout son expression qui était différente. Elle semblait distante, et légèrement amusée. Je me gardai de l'appeler par un nom précis en l'invitant à rejoindre mon cabinet. Je désignai un fauteuil, fermai la porte et revins m'asseoir.

— Bonjour, dit-elle d'un ton distingué. Je sais que vous vous appelez Lynn, mais nous n'avons pas encore été présentées. Mon nom est Isis.

Je me souvins que Renée m'avait parlé d'elle comme étant quelqu'un qui gardait ses distances pour éviter toute souffrance.

J'étais, une fois de plus, stupéfaite par la faculté de Jo de changer son apparence en profondeur. L'expression du visage, la tension des muscles, la voix, jusqu'au vocabulaire choisi, tout indiquait que j'avais devant moi quelqu'un que je n'avais encore jamais vu. La personnalité d'Isis était si particulière que j'étais sûre de la reconnaître la prochaine fois que je la verrais.

— Parlez-moi donc de vous, proposai-je.

Je réfrénai mon envie d'ôter mes chaussures et de me lover dans le fauteuil. C'est ce que j'aurais fait si j'avais eu Renée ou Missy en face de moi, mais je sentais qu'avec Isis une telle familiarité aurait été déplacée.

— Oh, il n'y a pas grand-chose à raconter, lâcha-t-elle négligemment. Je suis simplement là parce que les autres avaient trop peur pour se montrer.

En l'écoutant parler, mâchoire crispée, menton provocant, je pensais aux adolescentes qui cachent tant bien que mal leur angoisse profonde sous de grands airs, et dont je m'étais occupée pendant des années. Intriguée, je tendis l'oreille.

*
**

A l'abri dans mon recoin, j'observais Isis choisir ses mots avec soin. J'étais peut-être la meilleure pour faire marcher la boutique, mais je dois avouer que je connaissais mal Isis. D'ailleurs, j'avais dit à Lynn qu'Isis était l'une de celles qui avaient disparu il y a longtemps. Une heure avant le rendez-vous, ne sachant quoi mettre pour me rendre à la séance, abattue par mon indécision, j'avais compris que j'étais aussi angoissée que Jo à l'idée de revoir Lynn. C'est alors qu'Isis m'avait parlé pour la première fois depuis de longues années. « C'est moi qui vais y aller, Renée, m'avait-elle dit. J'aimerais voir à quoi ressemble cette fameuse Lynn. » C'était Isis la responsable de ma tenue sophistiquée.

J'écoutais donc Isis choisir ses mots avec parcimonie comme si chacun d'entre eux possédait une immense valeur et méritait une attention particulière.

— J'aime ce qui est beau, mais la beauté est chose rare. Dans ce groupe, j'occupe rarement le devant de la scène. La plupart du temps, je me contente de projeter mon ombre sur les actes des autres. A la rigueur, quand quelque chose m'intéresse particulièrement, je sors au grand jour. Mais c'est exceptionnel.

» Les autres ont tellement peur ! C'est ennuyeux, ça me gâche le plaisir que je pourrais prendre à partager leur vie. Sinon, elles sont sans intérêt. Moi, je serai toujours là, quoi qu'elles fassent, quoi qu'il advienne de ce corps. Je suis un pur esprit errant dans l'univers. Les autres seront mortes depuis longtemps que je continuerai d'exister.

— Toujours jeune et belle, n'est-ce pas ? souffla Lynn.

— Ou même vieille et belle. L'âge et le physique importent peu.

Je me souvins alors qu'Isis croyait avoir transcendé la mort. Elle avait un jour fasciné un groupe d'étudiantes avec ses histoires d'être cosmique. J'étais curieuse de savoir si Lynn allait l'encourager à débiter ses théories sur l'au-delà.

Mais Lynn semblait plus confiante et déterminée que jamais.

— Si vous avez toujours été là, intervint-elle, vous devez bien connaître les autres. Parlez-m'en un peu.

— J'existais auparavant sous une forme spirituelle, expliqua Isis, et je n'ai rejoint cette enveloppe corporelle que lorsque Jo avait treize ans. J'ai toujours été libre de partir quand je ne trouvais pas les choses à mon goût.

— Pourquoi avez-vous rejoint ce corps ?

Isis prit le temps de la réflexion ; je sentais que la question l'irritait.

— C'était l'été. Je me suis retrouvée devant une grande porte en verre à contempler de superbes fleurs, apaisée par la beauté de la saison. J'ai été ravie que mon habitacle physique soit grand et mince. J'ai appris à ce corps à se mouvoir avec grâce et à danser.

— Les souvenirs de Renée ne commencent qu'après sa quinzième année. Il est intéressant que vous soyez arrivée pendant l'adolescence de Jo. Savez-vous ce qui s'est passé juste avant que vous vous retrouviez dans ce corps ?

« Bien joué ! » pensai-je, émerveillée par la détermination de Lynn. Comme je ne connaissais pas la réponse moi-même, je tendis l'oreille. Je soupçonnais fort Isis d'être prise de court, ce qui était d'autant plus humiliant pour elle que ça ne lui arrivait pas souvent. Elle sauta sur un fil conducteur, le suivit en silence, puis se cabra, contrariée par ce qu'elle venait de découvrir.

— C'était lui, fit-elle d'un ton morne. C'était Rusty. Vous ne l'avez pas encore rencontré.

— Un garçon ?

— Oui, Rusty.

— Missy m'a parlé de Rusty comme de son ami, mais j'ignorais qu'il fît partie du groupe.

— Et ça ne vous semble pas logique que l'ami de Missy soit une des personnalités ? demanda Isis avec une pointe de raillerie. Oh, vous n'avez pas à vous inquiéter de Rusty, il n'est pas près d'apparaître ici. Son père lui a appris à détester les femmes... Rusty est parti quand je suis arrivée, ajouta-t-elle sans laisser à Lynn le temps de répondre. C'est aussi simple que ça.

— Oui, mais quel rapport entre Rusty et votre arrivée ? insista Lynn.

Isis frissonna, puis s'efforça de repousser l'émotion liée au souvenir qui envahissait peu à peu son esprit.

— C'est à cause du père. C'était le père qui avait créé Rusty et il n'arrivait pas à trancher entre le fils et la fille. Il était fier du fils, mais c'était la fille qu'il désirait.

Elle avait égrené les derniers mots dans un filet de voix ; elle se tut, interloquée.

— Il la désirait ? l'encouragea Lynn. C'est-à-dire ?

Isis avait enfin réussi à chasser toute émotion.

— Il la désirait sexuellement, précisa-t-elle d'une voix plate, l'œil sec. Le père a eu une érection pendant qu'il tenait Rusty sur ses genoux. Rusty était gêné, il avait peur. Je suis arrivée. J'ai repoussé le père, poursuivit-elle d'un ton dur, et je ne l'ai plus jamais laissé me toucher. Je hais les hommes ! Évidemment, ajouta-t-elle, à nouveau distante, ça ne me concerne pas vraiment. Il se trouve que je suis arrivée dans ce corps à ce moment-là, c'est tout. D'ailleurs, je vais bientôt le quitter pour toujours.

— Pauvre enfant, dit Lynn en se penchant pour tapoter la main d'Isis comme elle l'aurait fait avec Missy. Cela a dû vous bouleverser !

Surprise, Isis esquissa un sourire et retira vivement sa main.

— Me bouleverser ? Oh, non, pas le moins du monde. J'aime la majesté des émotions violentes. Il y a une sorte de beauté dans la haine... des rouges vifs, des mauves éclatants. Mais depuis ce jour-là, j'ai toujours quitté le corps dès qu'un homme l'approchait. Je les hais, mais à distance. Trop d'hommes tournent autour de ce corps, ajouta-t-elle négligemment. Renée adore ça.

— Oui, Renée m'a parlé d'une période de promiscuité.

— Je suis différente, dit Isis avec fierté. J'aime les femmes. J'aime voir un corps de femme, ses gestes gracieux, sa langueur. Mes amantes m'inspirent; j'ai écrit sur leur corps, j'ai fait leur portrait; j'aime danser avec elles.

Ses préférences sexuelles ainsi affirmées, Isis sembla s'évanouir lentement.

— Isis, dit vivement Lynn. Votre importance ne m'a pas échappé et j'espère que nous aurons souvent l'occasion de nous revoir pour discuter.

Mais, avant que Lynn n'ait terminé sa phrase, Isis s'était déjà évaporée. Tendue, les mains nouées, Jo reprit conscience. Le changement n'échappa pas à Lynn.

— Bonjour, Jo, lança-t-elle avec chaleur en observant celle-ci émerger d'un brouillard amnésique. Contente que tu sois de retour.

Jo, qui redoutait une éventuelle détérioration de sa relation avec Lynn, l'écouta attentivement relater son entrevue avec le Dr Wilbur. N'entendant rien de menaçant, et comprenant que rien n'avait changé entre elles, Jo revint à l'essentiel.

— Le Dr Wilbur a-t-elle précisé quand j'irais mieux?

Aller mieux, pour Jo, signifiait la fin de l'amnésie. Les trente minutes de conversation entre Lynn et Isis n'avaient pas effleuré sa conscience.

Combien de temps avant que sa vie ne devienne normale? Le Dr Wilbur n'avait pas de réponse à cette question.

Jo expliqua qu'au cours de ses marches dans la montagne, elle s'était rendu compte de l'importance de son amnésie. Pendant ces promenades, en essayant de reconstruire son passé, elle avait découvert des vides de plusieurs mois et ne serait pas surprise d'avoir manqué des années entières. Elle possédait maintenant l'explication de sa nullité en maths : elle ne se souvenait d'aucun cours de maths postérieur à la sixième.

Elle insista pour obtenir une réponse précise de Lynn.

— Alors, comment faisons-nous? Le Dr Wilbur vous a-t-elle expliqué comment procéder pour que j'aille mieux?

— Non. Le Dr Wilbur m'a dit que nous nous débrouillons très bien, que nous devons continuer, mais que cela prendra du temps.

Jo fut déçue. Elle se considérait comme une « bonne

patiente » qui avait accepté sans broncher la confirmation du diagnostic. Pourtant, Lynn semblait lui cacher quelque chose, la manipuler. Or Jo, ayant besoin de Lynn, devait ravaler sa colère. Il est dangereux de se fâcher contre ceux dont on dépend ; elle avait appris cela de ses parents.

11

Vers la mi-août, Lynn nous recevait tous les jours de la semaine. Les séances prirent alors un rythme de croisière. J'entrais, bavardais quelques instants, puis je m'effaçais pour que Lynn puisse travailler avec les personnalités qui en avaient vraiment besoin. A la fin de l'entretien, je réapparaissais afin de reconduire le corps dans le quotidien.

Ça ne me dérangeait pas de donner de mon temps pour que les autres profitent de la thérapie. En fait, quand elles pouvaient s'entretenir avec Lynn, ma journée en était facilitée d'autant. J'avais le sentiment de faire œuvre utile en structurant mon temps en fonction des séances, mais Lynn s'efforçait toujours de m'impliquer davantage.

— Renée, demandait-elle, combien êtes-vous exactement ?

Je n'en étais pas sûre et cela me déplaisait. Je croyais que ma seule chance de survie consistait à faire comprendre à Lynn que j'étais la personnalité la plus importante du groupe, sinon elle aiderait plutôt Jo ou une autre, jusqu'à me faire perdre le contrôle de ma vie.

Pourtant, à mesure que le temps passait et que j'enregistrais ce que disaient les autres pendant les séances, je ne laissais pas d'être surprise par les informations obtenues. J'étais réellement intéressée par ce que j'apprenais, mais je craignais surtout que Lynn ne sous-estime mon rôle. Je parlai donc avec une assurance que j'étais loin de ressentir.

— Il y a une époque où elles étaient plus nombreuses, expliquai-je d'une voix que j'aurais voulu plus assurée, mais elles ont rempli leur contrat, comme Robin et Reagan, et elles ont disparu. Certaines ne sont que des réminiscences du passé ; elles ont disparu à jamais, j'en suis sûre. De celles qui restent, vous en avez déjà rencontré cinq : Jo, Missy, Joan Frances, Isis et moi. Je crois qu'il n'y en a pas d'autres.

Mais Lynn n'était pas satisfaite. Elle voulait connaître les noms et les rôles de toutes celles qui avaient existé. Je répondais à ses questions, écoutais attentivement les informations délivrées par les autres, consentais de la meilleure grâce à reconnaître mes trous de mémoire. Je m'aperçus ainsi que le groupe était moins chaotique que je ne le pensais. Il donnait l'impression d'avoir une structure bien à lui. Il était composé de plusieurs personnalités, à l'identité clairement affirmée. Joan Frances, Isis, Jo et Missy s'imaginaient toutes assez évoluées pour mener une existence autonome, autonomie battue en brèche, tout comme la mienne, par l'interférence des autres. Déjà, je devinais mieux comment chacune d'elles mènerait sa vie si elle se retrouvait seule dans le corps.

Joan Frances serait une névrosée, dépendante de l'approbation de sa mère, ce qui la pousserait à réussir. Joan Frances serait ainsi aussi productive et malheureuse que toutes celles qui, avides de réussite, ne trouvent pourtant aucun plaisir dans leur succès.

Isis serait une danseuse. Bien qu'elle n'ait commencé la danse qu'à sa création, à l'âge de treize ans, Isis donnait déjà des cours de danse et se produisait sur des scènes locales un an seulement après avoir pris des leçons de ballet. Sans les autres pour l'entraver, elle deviendrait une artiste consacrée, bohème, inaccessible, mais respectée de ses pairs.

Si Jo restait seule dans le corps, elle vivrait en recluse, perdue dans ses livres, ses rêves, ses idées, mal à l'aise dans la société. Elle mènerait une vie étriquée mais productive dans un quelconque cocon universitaire. Elle ferait partie de ces intellectuels bardés de diplômes incapables d'une vie sociale normale.

Même Missy, si elle se décidait à grandir, pourrait mener une vie autonome. Elle possédait assez de caractère pour prétendre être une personne à part entière.

Si je n'avais plus à partager le corps, j'aurais des amis et ma vie serait satisfaisante aussi longtemps que je me sentirais indispensable à autrui. Si j'étais seule dans ce corps, je serais heureuse.

J'avais commencé cette thérapie avec Lynn afin de parvenir à une bonne maîtrise de moi-même. Après six mois de traitement, je commençais à douter d'atteindre jamais cet objectif. Les autres personnalités se renforçaient en même temps que je prenais conscience de mes faiblesses, et je n'étais plus si sûre qu'elles disparaîtraient un jour de ma vie. Pourtant, je continuais à coopérer avec Lynn. Je voulais qu'elle m'aime et, bien qu'en faisant ce qu'elle me demandait j'hypothéquais mon avenir, je réprimais mes craintes comme je l'avais déjà fait dans mes relations précédentes.

Lynn voulait en savoir toujours plus sur notre enfance, mais nous étions incapables de lui fournir des informations détaillées.

Missy lui présentait le point de vue d'une enfant de cinq ans.

Jo avait davantage de lacunes que de souvenirs.

Joan Frances ne connaissait ni trous de mémoire ni multiplicité mais énonçait surtout de vagues affirmations sur l'enfance idéale que sa mère prétendait qu'elle avait eue. Robin et Reagan avaient disparu depuis des mois, après avoir gentiment affirmé à Lynn qu'elles n'avaient plus aucune information à lui communiquer.

Isis s'en contrefichait éperdument.

Quant à moi, je n'avais aucun souvenir antérieur à ma quinzième année. Lynn soupçonnait comme moi que mon manque de souvenirs d'enfance était dû à mon arrivée tardive plutôt qu'à l'usage de la drogue.

J'eus alors une idée.

— Lynn, demandai-je un jour, pourquoi ne pas consulter mon dossier médical ?

Un tel dossier indiquerait avec précision les pérégrinations de la famille et à quelles écoles nous avions été inscrites. Les rapports des Urgences et les éventuelles hospitalisations pourraient même corroborer les histoires de mauvais traitements.

Il y avait pourtant un obstacle de taille : Nancy travaillait dans le service où Jo avait été soignée. Comme je ne pouvais pas obtenir le dossier sans qu'elle l'apprenne, je décidai donc de demander son assistance.

J'appelai Nancy le soir même et lui annonçai que mon médecin avait réclamé mon dossier médical. Nancy prétendit qu'elle n'en voyait pas l'intérêt. Comme j'avais deviné qu'elle aurait cette réaction, j'affirmai que la demande avait déjà été postée. Nancy promit alors de s'en occuper.

Un mois plus tard, le dossier n'étant toujours pas arrivé, je m'en inquiétai auprès de Nancy.

— Ah bon ? Ton médecin ne l'a pas reçu ? s'étonna-t-elle. La poste a dû l'égarer.

Je suggérai qu'elle envoie les photocopies.

— Nous n'avons pas fait de photocopies.

— Tiens ! fis-je remarquer d'une voix acide. Je croyais qu'on en faisait toujours avant d'expédier un dossier par la poste.

En effet, l'usage voulait qu'on fasse des photocopies, mais cette fois-ci Nancy avait dit à la secrétaire que c'était inutile. Enfin, perdu ou détruit, il n'y avait plus de dossier. Sa disparition m'angoissa, angoisse que partageaient les autres personnalités. Même Joan Frances, pourtant si dépendante de sa mère, eut du mal à accepter ce qu'elle appela une négligence. Les autres étaient persuadées que Nancy avait détruit le dossier compromettant. Lynn n'était pas surprise. Elle n'avait jamais mis en doute les histoires de mauvais traitements et, à son avis, la disparition du dossier prouvait que Nancy avait peur que des événements anciens ressurgissent.

Du coup, mon absence de souvenirs me travaillait encore plus qu'avant. J'acceptais que les autres aient vécu quinze ans sans moi mais je n'avais pas confiance dans leurs souvenirs. J'avais besoin de vérifier la véracité de leurs dires. Ray et Nancy nous avaient-ils réellement battues ainsi qu'elles le prétendaient ? Ou des actes innocents avaient-ils été mal interprétés par un esprit immature ? Le dossier médical m'aurait sans doute aidée à répondre.

Jo aussi fut troublée par la disparition du dossier. Elle refusait de croire que son père l'eût jamais battue, ou qu'il ait laissé Nancy la battre. Elle pensait donc que Missy et les autres mentaient. Elle avait espéré que le dossier médical confirmerait ses dires.

Lynn, elle, n'en démordait pas : Jo avait été torturée physiquement et psychologiquement. Quant à Jo, elle n'avait plus la possibilité de prouver le contraire. Plus que jamais, elle voulait que les autres personnalités s'en aillent. Elle voulait rester seule.

***

Journal — 16 août 1981

J'ai essayé d'encourager les différentes personnalités à communiquer. Je m'aperçois avec inquiétude qu'elles s'éloignent les unes des autres et je crains que mes efforts n'aient accentué la résistance. En outre, je n'arrive pas à trouver la « trace mnésique » ou l'« allié intérieur » dont parle le Dr Wilbur. Renée a l'air de se sentir menacée par les lacunes qu'elle découvre dans sa mémoire ; elle a peur que je sous-estime son rôle dans le groupe si je m'en aperçois. Jo, elle, est absolument incapable de m'aider dans l'anamnèse.

Il est clair que, depuis mon entrevue avec le Dr Wilbur, ma patiente interprète toute modification de la thérapie comme une menace.

D'une certaine manière, les erreurs que je commets à cause de mon inexpérience l'inquiètent moins que celles que je pourrais faire en suivant les conseils d'un spécialiste ! Certains facteurs semblent contribuer à son angoisse.

Jo se sent isolée à cause de la rareté de son symptôme. Peu de gens connaissent l'existence des Personnalités Multiples. Elle ne peut donc parler de ses problèmes ni du traitement avec des collègues ou des amis sans rencontrer soit l'incrédulité, soit un manque total de compréhension. De sorte qu'elle se trouve encore plus dépendante de moi et de mes interprétations. Cela la rend extrêmement vulnérable.

Le fait que la mère de Jo travaille dans le milieu médical ne facilite pas la confiance, pourtant l'une des clés de toute thérapie. Mon entrevue avec le Dr Wilbur n'a fait qu'amplifier cette difficulté parce que les entretiens qu'avait la mère de Jo avec des médecins ont toujours été associés par l'enfant à de graves ennuis. Tous les médecins ont trahi sa confiance en répétant à sa mère ce que la petite fille leur disait.

De plus, Jo sait que je n'ai jamais soigné de Multiple et s'inquiète doublement : d'un côté, je ne sais pas où je vais ; de l'autre, le Dr Wilbur m'a fourni une méthode infaillible avec laquelle je vais la manipuler.

Il faut que je batte en retraite, que j'abandonne la confrontation et que j'instaure un climat de confiance avec les différentes personnalités.

12

Journal — 28 août 1981

Je me fie de plus en plus à mon instinct pour mener la thérapie. Avec Jo, comme avec mes autres patients, je m'aperçois que mon approche thérapeutique est d'autant plus efficace que je crois à ce que je fais.

J'éprouve une réelle sympathie pour les différentes personnalités de Jo que j'ai eu l'occasion de rencontrer. Je les traite comme des individus à part entière. En même temps, j'ai bien conscience de la lutte intérieure que se livre chaque personnalité pour s'efforcer de me faire confiance.

Lorsque je la prends dans mes bras, la petite Missy me murmure parfois : « Tu aimes ta nouvelle amie » (elle refuse toujours de parler d'elle à la première personne), mais elle a encore peur que je livre ses secrets à sa mère.

Avec Renée, j'ai développé une sorte d'entente amicale. Elle se protège d'un investissement plus profond en se polarisant sur le côté thérapeutique de la relation.

— Quand tu penseras avoir terminé ton travail, me dit-elle, tu poursuivras ta vie et tu m'oublieras. C'est normal, c'est la règle du jeu.

Coincée dans son désir de plaire à sa mère, Joan Frances refuse d'envisager le fait qu'elle puisse être une Multiple.

C'est Jo qui me donne le plus de difficultés. Malgré sa dépendance grandissante à mon égard, elle résiste toujours, de peur d'admettre qu'elle tient un tant soit peu à moi.

Comme d'habitude, je confie mes problèmes à mon meilleur

collègue : Gordon écoute patiemment mes hésitations sur la manière de faire comprendre aux personnalités l'authenticité de mes sentiments à leur égard.

Le week-end dernier, dans notre maison de campagne, je lui ai confié : « Elles aimeraient venir ici. C'est si beau, si paisible. » Puis je me suis mise à couper des fleurs séchées et des herbes que j'ai arrangées en bouquet dans une vieille bouteille.

Lors de la séance suivante, j'ai offert les fleurs à Missy. Je lui ai expliqué que, si elle avait peur la nuit, elle pourrait regarder les fleurs en pensant à moi. Quand elle a compris que j'étais toujours disposée à la recevoir, elle a accepté mon cadeau avec un grand plaisir. Jo et Renée ont toutes deux été stupéfaites de mon geste. Le lendemain, j'ai même reçu un mot de remerciement prudent de Joan Frances.

Après déjà cinq mois de traitement, je n'en suis encore qu'à tenter d'instaurer un climat de confiance. Or, la vie comme la thérapie poursuivent leur cours pour les différentes personnalités. La semaine dernière, le rêve de Renée s'est réalisé : après avoir attendu un an l'ouverture d'un poste d'enseignant dans un collège de banlieue, elle vient enfin d'être nommée professeur en sciences humaines. Nous pensons toutes les deux que ce nouveau travail lui permettra d'acquérir une meilleure image d'elle-même. Je suis sûre qu'elle fera un excellent professeur. Et pourtant, je la sais très malade.

Je n'ai jamais eu de patient qui allie une si grande capacité professionnelle et un tel besoin de prise en charge. Le jour même où Missy passe la moitié de la séance recroquevillée dans un fauteuil à pleurer, Renée assure son enseignement à plein temps et Jo suit un cours pour sa licence en sciences politiques. Après la séance, l'une d'elles devra préparer le dîner et satisfaire le désir de son amant, Steve. Je suis décidée à préserver la capacité de ma patiente à mener sa vie, tout en l'incitant à se concentrer sur la thérapie, mais je redoute le moment où ces deux objectifs entreront en conflit. Renée est tout à fait capable d'entretenir d'excellentes relations — même si elles restent superficielles — avec ses élèves, mais, Steve mis à part, elle ne peut maintenir une relation durable avec un adulte. Et encore, sa liaison amoureuse ne semble perdurer que grâce à la capacité de Steve à nier la réalité de sa pathologie.

Les autres personnalités semblent moins concernées par les relations interpersonnelles. Par exemple, Jo, grâce à ses hautes qualités intellectuelles, peut se plonger dans ses études sans ressentir le besoin de se lier avec ses camarades de cours.

Dans l'ensemble, elle est tout à fait capable de donner, mais en même temps elle n'arrive pas à imaginer sans un sentiment de malaise qu'on puisse lui donner en retour; j'ai donc bien l'intention de lui faire des cadeaux qu'elle ne puisse ressentir comme une menace. Je vais lui préparer un gâteau pour célébrer son anniversaire qui tombe dans quelques jours.

*
**

Le 1er septembre 1981, jour du vingt-sixième anniversaire de Jo, j'avais encore passé une excellente journée à l'école. Je n'arrivais toujours pas à croire que j'aie pu décrocher un poste dans le meilleur collège de la banlieue de Chicago. Depuis que j'avais travaillé tout un été auprès d'un juge pour enfants, j'avais compris que j'étais faite pour m'occuper d'enfants, défendre leurs droits et me battre à leurs côtés. J'avais obtenu mon diplôme d'enseignante en suivant les cours du soir l'année précédant ma rencontre avec Lynn, mais je n'avais jamais imaginé obtenir un poste.

Quelle ne fut pas ma surprise de découvrir qu'on m'en accordait un alors que les professeurs en sciences humaines encombraient le marché du travail. Mais je savais me mettre en valeur lors des entretiens d'embauche et, en tant que novice, je n'étais pas chère.

Mes qualités de séductrice me prédisposaient à me rendre aux entretiens préliminaires. Les autres personnalités me laissaient volontiers ce privilège et cela me convenait parfaitement. Le métier de professeur me plaisait et j'éprouvais la satisfaction d'avoir trouvé ma vocation. Jo potassait sa licence aux cours du soir à l'université de Chicago, et elle se réservait un peu de temps durant la semaine pour la lecture et le travail personnel. Quiconque le désirait pouvait assister aux séances avec Lynn, mais j'assurais seule l'enseignement. Cela nous faisait des journées mouvementées, mais je n'avais jamais été si heureuse.

J'adorais sincèrement mes élèves et je ne m'en cachais pas. « Dans ma classe, leur avais-je promis, vous allez apprendre à penser en citoyen. » Et c'est exactement ce qu'ils firent. J'étais particulièrement fière des progrès accomplis par les élèves de ma classe de « rattrapage ».

Pendant ma première semaine de cours, je m'étais efforcée de convaincre mes élèves, cyniques et désabusés, que le système scolaire avait tort de les considérer comme des attardés. Leur problème, leur avais-je expliqué, venait de leur propre conviction d'être nuls. J'avais essayé de leur démontrer comment la société persuadait certains groupes (les enfants, les Noirs, les femmes) qu'ils n'avaient rien à lui apporter. Je leur avais certifié au contraire qu'ils avaient des choses importantes à dire et à faire. Je leur avais dit combien j'avais confiance en eux et combien je les respectais. Je leur avais promis qu'ils retrouveraient bientôt leur confiance en eux.

On ne se passionne pas pour la guerre de Sécession à huit heures du matin, m'étais-je dit un jour. Le mieux était de trouver un sujet capable de les enthousiasmer, puis d'organiser des discussions de groupe. Pourtant, malgré les distributions de jus d'orange en début de cours, et mes déclarations volontairement provocatrices sur l'esclavage, vingt-deux élèves assistaient d'un œil morne à mes tentatives infructueuses pour éveiller leur curiosité.

J'avais battu en retraite et, après mûre réflexion, je m'étais perchée sur le rebord de mon bureau.

— Bon, c'est l'heure des confidences, avais-je alors déclaré, arrachant une lueur d'intérêt chez quelques-uns. (Sans doute étaient-ils soulagés que j'abandonne un sujet aussi obsolète qu'une guerre civile oubliée depuis longtemps.) L'autre jour, si vous vous souvenez bien, je vous ai dit que notre classe devait former une communauté solidaire. Ça veut dire que, dès que la confiance s'est instaurée, on peut se risquer à dire des choses qu'on n'avouerait jamais ailleurs. C'est précisément le risque que je vais prendre devant vous.

J'avais réussi à capter leur attention ; je pouvais poursuivre.

— Je crois avoir deviné pourquoi nos discussions sont tout sauf captivantes, et je voudrais vérifier si je ne me suis pas trompée. Que ceux qui ont fumé de la dope depuis hier soir dix heures lèvent la main.

Comme je m'y étais attendue, personne n'avait bronché. Je les avais alors observés d'un œil amusé. Certains s'étaient renfrognés, croyant que j'avais l'intention de les dénoncer, d'autres avaient ricané, persuadés que j'avais goûté moi-même aux drogues.

— Très bien, avais-je déclaré d'un ton que j'avais voulu le plus neutre possible. Vous n'êtes pas obligés de me répondre tout de suite. Je vais vous livrer le fond de ma pensée. Je crois que vous êtes nombreux à débarquer ici défoncés. Je me fie aux joints que je vois passer, mais surtout à votre incapacité à mener une discussion soutenue. Nous savons tous que le haschisch inhibe la faculté de penser en termes de logique, mais je me demande si vous savez que l'effet du THC* se prolonge encore pendant huit heures après l'inhalation. Ne vous inquiétez pas, je ne balancerai personne, je veux seulement vérifier une théorie — à propos, vérifier les théories, c'est exactement le but de l'enseignement. Alors, combien d'entre vous ont-ils fumé ce matin ?

Une main s'était levée ; puis une autre ; un élève avait ricané, puis avait poussé son voisin du coude, l'entraînant à acquiescer à son tour ; et ainsi de suite jusqu'à ce que dix adolescents me fixent en souriant d'un air incertain.

A la question « et hier soir ? », la plupart s'étaient joints aux intrépides. Je les avais regardés d'un air faussement étonné, me délectant de leurs aveux complices et de la confiance qu'ils me témoignaient.

— Voilà où je voulais en venir, avais-je repris plus sérieusement. Si, lorsque vous venez en classe, vous êtes encore sous l'effet du THC, vous ne pourrez jamais participer à des discussions, ni apprendre, ni trouver du plaisir à l'école. Si vous continuez comme ça, dans un mois, je m'échinerai à vous expliquer le cours et vous m'écouterez d'une oreille, sans comprendre un traître mot de ce que je vous dis. En plus, vous vous ennuierez mortellement.

» Je ne vais pas vous raconter des sornettes, ni vous faire la morale ; je vous demande seulement de vous abstenir de fumer huit heures avant mon cours. Prenez note du devoir pour la prochaine fois : rester à jeun à partir de la veille au soir. Et comptez sur moi pour vérifier que les devoirs sont faits.

La cloche avait retenti fort à propos, laissant mes élèves hilares et déconcertés par la nature inhabituelle d'un tel devoir, et je les avais entendus murmurer entre eux sur la conduite bizarre de ce drôle de professeur. Je savais qu'ils se posaient des questions à mon sujet, mais j'étais sûre d'avoir le lendemain un groupe plus éveillé. J'avais attendu que le dernier ait quitté la classe pour jeter dans le cendrier un joint que quelqu'un avait déposé sur mon bureau. Personne ne saurait ce qu'il était devenu, et je n'avais pas besoin de connaître l'identité du

---

* Tetra-hydro-cannabidal : principe actif du cannabis.

donateur pour deviner l'intention de son geste. Quelqu'un avait apprécié que je leur accorde ma confiance, ma compréhension et mon respect, et j'avais accepté son cadeau comme une sorte d'accord tacite. Mon superviseur n'aurait certainement pas interprété de la même manière ce geste anonyme.

J'avais hâte de raconter ma dernière victoire à Lynn. Depuis que je travaillais avec des adolescents, je me sentais en accord avec moi-même, et je partageais avec elle le fruit de ma nouvelle activité. Elle appréciait mes motivations, applaudissait à mes méthodes et suggérait parfois des solutions aux problèmes sur lesquels je butais. Surtout, elle aussi était d'avis que l'adolescent le plus blasé ou le plus déficient n'attend qu'une chose : que quelqu'un devine l'être authentique sous son vernis défensif et s'occupe enfin de lui. Je me sentais éducatrice dans l'âme, j'étais anxieuse de prouver mon savoir-faire et Lynn m'encourageait dans cette voie.

Je me dirigeai d'un pas alerte vers le centre d'hygiène mentale. Je parlerais à Lynn de mon travail; ensuite, ce n'était plus mon affaire. L'heure de la séance appartenait aux autres. Je pensais surtout au restaurant où Steve et moi fêterions l'anniversaire. J'échangeai des adresses de restaurants avec la réceptionniste en attendant que Lynn en finisse avec le patient précédent.

— Bon anniversaire! s'écria-t-elle en m'embrassant.

Je lui rendis son étreinte et la remerciai, mais lui rappelai néanmoins que ce n'était pas *mon* anniversaire. C'était celui de Jo, qui venait d'avoir vingt-six ans. Moi, j'avais toujours dix-neuf ou vingt ans; je n'avais pas l'intention que cela change, merci. C'est l'avantage d'avoir plusieurs personnalités, pensai-je : personne, à l'intérieur, ne se soucie de l'âge. Missy aurait toujours cinq ans, même si le corps vieillissait, et je continuais à flirter avec la vingtaine.

Je pénétrai dans le cabinet de Lynn, et mon sourire s'effaça. Lynn avait déposé un gâteau d'anniversaire sur la petite table, à côté du fauteuil réservé au patient. Comme pour le bouquet de fleurs séchées qu'elle avait offert à Missy, elle avait cru faire plaisir et je ne voulais pas la blesser, mais je savais que Jo aurait du mal à accepter le gâteau.

— Lynn, dis-je, je ne voudrais pas paraître ingrate. C'est très gentil à toi d'avoir fait un gâteau, mais Jo déteste les anniversaires. Cela fait des années que je les fête à sa place.

Là-dessus, je m'esquivai pour que Jo reçoive son cadeau. Elle émergea au bout de quelques secondes, reconnut l'endroit où elle se trouvait, vit le gâteau, comprit que Lynn l'avait préparé pour elle, rougit et se réfugia illico dans notre âme collective. Je refis surface en lâchant un « je te l'avais bien dit », et acceptai le gâteau ainsi qu'une tasse de thé.

Comme de bien entendu, Lynn dirigea l'entretien sur les problèmes de Jo avec les anniversaires.

— Eh bien, commençai-je, tu sais à quel point Jo a horreur d'être le centre d'attention. Mais il y a autre chose. Elle a toujours considéré que ses parents ne l'aimaient que par devoir. Ils s'étaient retrouvés avec une fille sur les bras et devaient s'en accommoder. Quand on est gentil avec elle, Jo se sent coupable, persuadée d'avoir obtenu de l'affection grâce à ses manipulations. Elle n'arrive pas à imaginer qu'on puisse lui offrir un cadeau, de l'amour, ou de l'amitié de manière désintéressée.

Lynn parut réfléchir.

— Les fleurs séchées ne marquaient aucun événement particulier; elles témoignaient d'un élan spontané que Jo n'avait pas pu provoquer, proposa-t-elle. Un anniversaire, c'est différent. Jo croit que les gens sont obligés de faire des cadeaux pour un anniversaire.

— En plein dans le mille!

— Oh, Renée, soupira Lynn, comment faire pour passer outre les défenses de Jo?

— Ne t'inquiète pas de ça pour le moment, la rassurai-je. Jo ne reviendra pas de l'après-midi. Il faut que je te raconte ce que j'ai fait au collège aujourd'hui!

Jo ne reparut pas pendant la séance, mais Missy pointa son nez, comme elle le faisait souvent, pour passer quelques minutes avec son amie. Dès qu'elle aperçut le gâteau et qu'elle comprit que c'était son anniversaire, Missy fila se réfugier dans un coin du cabinet, hors de portée de Lynn, et là, elle se balança en suçant son pouce.

Les anniversaires nous mettaient toutes mal à l'aise et je ne continuais de les fêter que par égard pour mon entourage, sachant qu'il m'aurait été plus difficile d'expliquer mon indifférence à un tel événement que de prétendre me réjouir des cadeaux et des vœux de mes proches.

Quand Jo reparut, à la séance suivante, je m'aperçus tout de suite que Lynn n'était pas disposée à considérer sa fuite de la veille comme un simple faux pas.

— Il faut que nous en parlions, Jo, déclara Lynn d'une voix ferme, et Jo ne put que l'approuver. Raconte-moi les anniversaires dont tu te souviens.

Jo poussa un soupir de soulagement. Parler des anniversaires passés serait sans doute plus facile que d'essayer de comprendre comment elle avait manipulé Lynn pour la forcer à être gentille avec elle.

— Plus petite, commença Jo, ce qui me plaisait dans mes anniversaires, c'était que chacun d'eux me rapprochait de l'âge adulte. Il faut dire que j'étais une enfant ratée. Je n'ai jamais réussi à répondre aux attentes des adultes. J'étais toujours trop ceci, trop cela, trop sensible, trop maligne, que sais-je encore? Alors, je me disais que je m'améliorerais en grandissant.

— Te rappelles-tu un anniversaire en particulier?

Jo acquiesça mais garda le silence.

— Jo? dit doucement mais fermement Lynn.

Souvent, quand ses souvenirs étaient trop douloureux pour en parler, Jo s'éclipsait, remplacée aussitôt par une autre personnalité.

— Je suis toujours là, affirma Jo. J'ai peur que vous vous moquiez de moi si je vous dis la vérité.

— Quelle idée!

— Parfois... commença Jo avant de s'interrompre et de se mordre les lèvres. Parfois, mes souvenirs sont trop précis. Je n'y peux rien, c'est peut-être à cause de tout ce temps qui m'a échappé. En tout cas, j'ai des souvenirs très, très anciens. Si, je vous assure.

— Je te promets que je ne me moquerai pas, déclara Lynn. Quel est le premier anniversaire dont tu te souviennes?

Elle ne parut pas étonnée d'entendre Jo lui répondre :

— Le premier, justement.

Jo se rappelait que sa mère l'avait habillée avec une robe qui la grattait et l'avait chaussée de souliers blancs. Elle se rappelait tous ces gens qui la regardaient, les oncles, les tantes, les cousins, les amis de la famille.

— Ma mère, qui avait de longs cheveux châtains à l'époque, m'a présenté un gâteau planté d'une bougie. Elle souriait mais ses yeux me conseillaient de bien me tenir. Je hurlais, pleurais et m'agitais dans ma chaise haute. Je voulais m'enfuir, me cacher.

— Te cacher ? Mais pourquoi, mon lapin ?

— Les gens, tous ces gens, murmura Jo, perdue dans ses souvenirs. Voyez-vous, reprit-elle en regardant Lynn, quand je suis parmi la foule, je n'arrive jamais à filtrer les émotions qu'elle dégage. Plus il y a de monde, plus je reçois d'images et de vibrations. Le jour de mon premier anniversaire, je voulais fuir tous ces gens, et comme ma mère ne supportait pas mes scènes, j'ai vite obtenu gain de cause.

— Continue, l'encouragea Lynn.

— Eh bien, je me souviens de mon deuxième anniversaire — pas la fête, mais l'accident. Vous avez peut-être remarqué ma cicatrice ? s'enquit Jo en caressant une mince trace blanchâtre qui zébrait son sourcil gauche. Je me suis fait ça le jour de mes deux ans. C'était à cause de ces horribles clochettes en plastique qu'on attache sur les chaussures des bébés. Je ne savais pas comment ça s'appelait, bien sûr, mais je détestais le bruit qu'elles faisaient quand je marchais.

» Ma mère avait mis ces clochettes à mes souliers, puis était allée s'accroupir à l'autre bout de la pièce et m'avait appelée. Quand je bougeais les pieds, les clochettes tintaient. J'ai tapé des pieds, juste pour voir, puis pour faire cesser le bruit. Je me rappelle que ça amusait beaucoup ma mère et ma sœur, mais j'étais si occupée à marcher tout en essayant de faire cesser le bruit que j'ai perdu l'équilibre et que je me suis violemment cognée contre le pied d'une chaise. J'ai passé mon deuxième anniversaire avec des points de suture au front.

» Je ne me souviens pas du troisième, ajouta Jo avec un faible sourire. Ah, ma mémoire n'est pas parfaite, c'est sûr ! En revanche, je me rappelle bien le quatrième.

Lynn, que l'autodérision de Jo amusait manifestement, déclara avec emphase :

— Dans ce cas, je suis tout ouïe.

— Pour mon quatrième anniversaire, mes parents nous avaient emmenées au restaurant, ma sœur et moi. Ils m'avaient dit que je pourrais choisir ce que je voulais puisque c'était mon anniversaire. Justement, je voulais un hot-dog. Or, pour des raisons que j'ignore, le restaurant n'en avait pas. Je me suis sentie trompée et j'ai fait une scène infernale.

» En voiture, sur le chemin du retour, ma mère a passé son temps à m'expliquer que j'étais une sale petite égoïste, une affreuse gourmande, et que j'avais gâché la soirée de tout le monde. Les hurlements de ma mère m'importaient peu, mais je voulais comprendre ce qui avait mal tourné.

» J'ai repassé tous les événements de la soirée dans ma tête et j'en ai conclu qu'il y avait des limites aux désirs. On m'avait promis que je pouvais avoir tout ce dont j'avais envie, mais c'était faux. Tous les restaurants ne servaient pas des hot-dog. Ça me soulageait d'avoir découvert l'explication, mais je ne savais toujours pas comment faisaient les gens pour deviner ce qu'on pouvait désirer sans risque. Aux cris de ma mère, j'avais compris que « désirer » posait problème. Si le désir ne pouvait pas être satisfait, alors j'étais une sale égoïste et une affreuse gourmande. Comme je ne n'arrivais pas à évaluer la possibilité de satisfaction d'un désir, je décidai, le jour de mon quatrième anniversaire, que dorénavant je m'efforcerais de ne plus rien désirer. Vous savez, reprit-elle après une pause, je regrette de ne pas avoir été assez futée. Enfin, à quatre ans, je lisais déjà depuis un an ! J'aurais dû comprendre que les menus sont faits pour expliquer ce que l'on peut manger dans les restaurants.

» Mon sixième anniversaire marque une date importante parce que c'est ce jour-là que je me suis rendu compte que ma mère avait aussi ses cadeaux. Son anniversaire tombe le même jour que le mien.

» Une semaine avant ce fameux anniversaire, mon père m'avait montré le cadeau que j'étais censée offrir à ma mère. C'était nouveau pour moi et j'avais l'impression d'être une grande. Je l'avais regardé emballer le paquet, puis ça m'étais sorti de la tête, jusqu'au moment où ma mère et moi avons ouvert nos cadeaux.

» Mon père a tendu le paquet à ma mère en disant : « C'est de la part de Jo. » Je souriais, fière comme un paon. Le fait de connaître le secret du cadeau faisait que c'était vraiment moi qui l'offrais.

» Ma mère a défait l'emballage en déclarant : « Je parie que je sais ce que c'est. Je parie que c'est un disque. » J'ai alors acquiescé, contente qu'elle ait deviné *mon* cadeau.

» Ma sœur, qui avait quatorze ans à l'époque, avait été scandalisée : « Tu lui as dit ! avait-elle hurlé. Fallait pas lui dire, imbécile ! » Et là-dessus, elle était sortie de la pièce en courant. « Regarde ce que tu as fait », avait râlé ma mère, puis elle s'était précipitée pour consoler ma sœur, abandonnant le disque sur le sol. J'avais regardé mon père, les larmes aux yeux. « Tu lui as gâché sa surprise », avait-il soupiré en m'enlaçant. Lui non plus ne savait pas comment lui faire plaisir, ajouta Jo en aparté.

» Mon septième anniversaire marque une date importante dans ma vie, poursuivit-elle. Mais je commence seulement à comprendre son importance. Je ne l'avais pas interprété correctement à l'époque, mais c'est ce jour-là que je me suis aperçue que le temps avait changé.

— Le temps? s'étonna Lynn. Qu'est-ce que tu veux dire?

— Cela faisait deux ans que j'avais envie d'une montre, mais mon père prétendait que j'étais encore trop petite. Les montres ne sont pas des jouets. Comme si je ne le savais pas! s'offusqua Jo avec une moue enfantine. Je croyais que mon père se moquait de moi. Je savais parfaitement que les montres et les horloges étaient des objets importants et très puissants. C'est bien pour ça que je voulais une montre.

» Mon père avait raison : à cinq ans, je ne savais pas lire l'heure. J'ai donc appris. Et, une fois que j'ai su, les montres m'ont indiqué combien d'heures passaient sans que je m'en aperçoive. Elles comptaient aussi les minutes interminables qui me séparaient du retour de mon père. Et puis, deux ans plus tard, il m'offrit une montre, pour mon septième anniversaire.

» Je me souviens que j'étais stupéfaite, écrasée par le pouvoir que j'avais enfin en main. C'est ridicule, mais j'avais complètement compris de travers le concept de temps. A sept ans, je me figurais qu'avec une montre je pourrais ralentir ou accélérer le temps à volonté.

— Attends, Jo, l'interrompit Lynn. Je ne te suis pas.

— Bon, je vais essayer de vous expliquer.

Elle voulait s'exprimer avec calme pour bien faire comprendre son propos à Lynn, mais elle était emportée par son souvenir d'enfance et ne tenait pas en place.

— Supposons que vous travaillez à la chaîne. La vitesse de progression de la chaîne vous oblige à agir à vitesse égale. Bon, maintenant, si vous aviez la commande à portée de main, vous pourriez accélérer ou ralentir l'allure. Vous suivez?

— Oui, continue.

— Eh bien, avec une montre, je croyais pouvoir contrôler la vitesse du temps qui passe. Pour la ralentir, je n'aurais qu'à retarder l'heure et, pour l'accélérer, il me suffirait de l'avancer.

Lynn garda le silence et Jo retourna à ses souvenirs.

— J'exerçais mon nouveau pouvoir avec prudence. Quand j'en avais assez d'attendre que mon père rentre à la maison, j'avançais la montre, mais pas de beaucoup : jamais plus d'un quart d'heure. Et quand j'avais besoin de temps pour lire avant d'aller au lit, je la retardais d'autant. Comme ça, je n'avais pas à m'inquiéter de la mauvaise humeur de mes parents quand ils s'apercevaient que je ne dormais pas encore. Quand ils me faisaient des reproches, je leur annonçais l'heure que marquait ma montre.

» Mon père mit des semaines avant de se rendre compte que ma montre n'avançait ni ne retardait toute seule, poursuivit Jo d'un air moqueur. Il me la confisqua, furieux que je m'en serve comme d'un jouet. J'essayai de lui expliquer avec quelles précautions je contrôlais le temps — je ne le modifiais jamais sans raison — mais ça le rendit encore plus furieux. Finalement, je compris mon erreur, et j'en ressentis une immense humiliation.

Déconcertée, Lynn attendait que Jo poursuive.

— Bien sûr, maintenant je sais que ça ne marche pas comme ça, reprit Jo. C'est pendant cette discussion avec mon père que j'ai réalisé que les gens ne contrôlaient pas le temps. On ne contrôlait pas le temps en possédant une montre, pas plus qu'on ne contrôlait la pousse des feuilles en possédant un arbre. Je venais de me rendre compte que j'avais tout compris de travers.

» J'ai donc changé d'optique et je me suis dit que c'était le temps qui contrôlait les gens. Je voyais le temps comme un cheval sauvage qui galopait au gré de son désir, ou s'arrêtait pour brouter quand bon lui semblait. Il filait parfois comme un fou, ou se traînait avec une langueur désespérante. J'avais désiré si fort une montre parce que je pensais qu'elle faisait office de bride. Ensuite, j'ai cru que les montres, comme des diablotins sur le dos du temps, enregistraient simplement ses mouvements désordonnés.

Surprise de la cohérence de son discours et assez fière que sa compréhension du phénomène précédât celle de sa thérapeute, Jo adressa à Lynn un sourire amusé.

— Je me doutais déjà que j'avais encore mal compris, reprit-elle. D'ailleurs, je suis encore troublée par l'apparente relativité du temps. Quand on y songe, le temps est plus long pour un enfant que pour un adulte, vous ne trouvez pas?

— Pas si vite, intervint Lynn. Je n'arrive pas à te suivre.

— C'est simple : une journée représente un pourcentage bien plus grand de la vie d'un enfant, expliqua Jo sous le regard approbateur de Lynn. Notre perception du temps dépend de l'expérience que nous en avons, elle est donc relative à l'individu.

Elle s'interrompit, triomphante, amusée par l'air désarçonné de Lynn.

— Je crois que je vais m'inscrire en philosophie ou en physique, et approfondir le concept du temps.

— Tu me tiendras au courant de tes conclusions, répondit Lynn. Je n'avais jamais envisagé le temps en termes si complexes.

— Et ce n'est pas tout, dit Jo, de plus en plus excitée. Je ne me souviens que d'un autre anniversaire, mais je crois qu'il démontre que j'avais déjà des pertes de mémoire dans mon enfance.

— Raconte-moi, dit Lynn avec un intérêt accru.

— Le jour de mon dixième anniversaire, je me « réveillai » soudain dans le salon familial. Il y avait plein de filles, des filles de ma classe, des filles qui me détestaient. Elles se moquaient de moi, me menaçaient et me faisaient même chanter : si je leur cédais l'argent de mon goûter, elle ne me dénonceraient pas à la maîtresse pour avoir parlé en classe en son absence, par exemple. Elles me terrorisaient tellement que je leur donnais mon argent, même si je n'avais rien fait de mal.

» C'étaient les filles qui me bombardaient méchamment avec le ballon pendant la récréation si jamais j'osais jouer avec elles. Les mêmes qui m'injuriaient si je refusais de jouer. Courtney Myers, la meneuse, était là, elle aussi.

Jo était plongée dans ses souvenirs et son visage reflétait la surprise et la souffrance.

— Quand je compris finalement que je n'étais pas victime d'une hallucination, j'allai dans la cuisine où je trouvai ma mère. « Que font-elles ici ? » lui demandai-je. « Tu le sais très bien. Elles sont là pour ton anniversaire. » Alors tout s'éclaira : elles étaient venues pour aggraver une expérience déjà pénible. Pourtant, poursuivit Jo, soudain rassérénée, cet anniversaire est aussi associé à un certain plaisir. Plus tard, quand je fus seule, je me rendis compte que j'avais franchi un cap : dix ans ! Une décade me semblait un laps de temps significatif. J'avais donc déjà atteint la moitié de mon supplice. Encore une autre décade et j'en aurais fini avec l'enfance. Je rêvais d'être une adulte, pour pouvoir tout comprendre et m'affranchir de tous ces gens.

» Les anniversaires m'ont toujours laissé un goût d'amertume, principalement à cause de ma mère. Je souffrais quand je voyais mon père s'échiner année après année pour lui trouver un cadeau qui lui fasse plaisir. L'année où il lui acheta un manteau de fourrure, nous crûmes l'un comme l'autre que cette fois il avait gagné. Mais ma mère éclata en sanglots en ouvrant le cadeau : elle n'aimait pas le vison.

— Pas étonnant que tu détestes les anniversaires, commença Lynn, mais Jo la coupa.

— Je les déteste surtout parce que je sais que j'étais destinée à être le cadeau d'anniversaire de ma mère. C'est elle qui me l'a dit ! Carol, qui est née le 22 décembre, a été son cadeau de Noël, moi, j'étais son cadeau d'anniversaire. J'ai toujours pensé que j'avais été le pire cadeau qu'elle eût jamais reçu. Pire que le manteau de vison. Elle a retourné le manteau ; moi, elle n'a pas pu. Elle n'a jamais réussi à se remettre de sa déception, conclut Jo avec une grimace amère.

Puis, pour la première fois devant Lynn, elle se laissa aller à pleurer. Elle pleura des larmes de culpabilité et de dépit. Dire qu'elle n'avait jamais pu fêter sa propre naissance ! Quelle injustice ! Et pour la première fois, elle laissa Lynn la consoler.

Quand je repris le contrôle du corps, je remarquai que Lynn semblait accuser le coup.

— En bien, fit-elle d'un air las. Le gâteau n'a rien donné, mais inciter Jo à se souvenir de ses anniversaires a marché au-delà de toute espérance.

Comment aurais-je pu ne pas être d'accord ?

⁂

Quelques mois plus tard, Missy, Isis et moi-même tinrent une discussion interne inhabituelle pour savoir quoi offrir à Lynn pour Noël. Jo n'avait pas vraiment conscience de notre existence ; Joan Frances nous avait tourné le dos ; mais Missy, Isis et moi avions le loisir de nous réunir. Il y avait un écueil : Jo et les autres fuyaient tout autant Noël que les anniversaires.

Bien qu'elle ne pût en parler avec nous, nous savions que Jo se torturait les méninges pour trouver le cadeau idéal pour Lynn. Joan Frances, quant à elle, refusait d'aborder la question. Nous décidâmes donc de suivre les idées de Jo et d'y ajouter une petite touche personnelle.

« Quelque chose de vivant, pensait Jo. Quelque chose qui grandirait. »

— Son cabinet est encombré de plantes, marmonnai-je, mais je ne fis pas un geste pour l'empêcher d'entrer dans une pépinière et d'y prendre un petit sapin.

— Tu peux faire des choses pour mettre dessus, s'écria Missy, enthousiaste. Le décorer comme un arbre de Noël, un vrai.

— Oui, mais il faut que les décorations représentent quelque chose de précis, ajouta Isis.

La semaine suivante, avec beaucoup de patience, Missy découpa, de sa main gauche, des flocons de neige en papier. Isis l'aida à les façonner pour que chaque minuscule flocon ait son originalité. Quant à moi, je les attachai aux branches avec des mèches de rubans rouges. Lorsque les décorations furent achevées, Jo contempla, gênée mais ravie, les améliorations que d'invisibles elfes avaient apporté à son sapin.

Lynn admira la beauté et le sens profond du cadeau.

— Venez toutes que je vous embrasse ! s'exclama-t-elle, mais elle s'arrêta en voyant le corps se contracter. Oh, je ne veux surtout effrayer personne, se ravisa-t-elle.

Elle contempla de nouveau le sapin, puis déclara :

— Oh, Renée, il y a vraiment beaucoup de flocons !

C'était Isis qui avait décidé du nombre. (J'avais pris la responsabilité d'offrir le cadeau à Lynn parce que les autres n'auraient jamais osé se montrer pour une telle occasion.) Lynn avait raison : il y avait vingt-quatre flocons. Le message d'Isis était on ne peut plus clair. Il y avait autant de personnalités, chacune unique et également indispensable à l'ensemble.

Bien qu'elle ne pût en parler avec nous, nous savions que Jo se torturait les méninges pour trouver le cadeau idéal pour Lynn. Jean Prentice, quant à elle, refusait d'aborder la question. Nous décidâmes donc de suivre les idées de Jean et d'y ajouter une petite touche personnelle.

— Quelque chose de vivant, demanda Jo. Quelque chose qui grandirait ?

— Son cabinet est encombré de plantes, commentai-je, mais je ne vois pas un [illegible] pour l'empêcher d'entrer dans une boutique et d'y prendre un petit sapin.

— On peut faire des choses pour mettre dessus, s'écria Nancy, enthousiaste. Le décorer comme un arbre de Noël, un vrai.

— Oui, mais il faut que les décorations représentent quelque chose de précis, ajouta Iris.

La semaine suivante, avec beaucoup de patience, Missy découpa de sa main gauche des fleurs de neige en papier. Iris l'aida à les façonner pour que chaque minuscule flocon ait son originalité. Quant à moi, je les attachai aux branches avec des mèches de rubans rouges. Lorsque les décorations furent achevées, Jo contempla, songeuse mais ravie, les améliorations que d'invisibles elfes avaient apportées à son sapin.

Lynn admira la beauté et le sens profond du cadeau.

— Venez toutes que je vous embrasse ! s'exclama-t-elle, mais elle s'arrêta en voyant le corps se contracter. Oh, je ne veux aucun effort de personne, se ravisa-t-elle.

Elle contempla de nouveau le sapin, puis déclara :

— Oh, Renée, il y a vraiment beaucoup de flocons !

C'était Iris qui avait décidé du nombre. (J'avais pris la responsabilité d'offrir le cadeau à Lynn parce que les autres n'auraient jamais osé se montrer pour une telle occasion.) Lynn avait raison : il y avait vingt-quatre flocons. Le message d'Iris était on ne peut plus clair. Il y avait autant de personnalités, chacune unique et également indispensable à l'ensemble.

LIVRE DEUXIÈME

13

Journal — 14 janvier 1982

Depuis la fin des vacances, je rencontre et j'entends parler de nouvelles personnalités. Le degré de confiance qui s'est instauré permet l'émergence de plusieurs qui sommeillaient depuis quelques années.

Chez Renée, qui ignorait l'existence de certaines d'entre elles, c'est maintenant la curiosité qui l'emporte sur la peur. Elle y pense de manière positive et utilise son esprit d'analyse pour trouver un sens à un système qu'elle a d'abord nié et qui lui a ensuite semblé terrifiant et chaotique.

Dans le premier groupe, je rangerais celles que Renée appelle les personnalités autonomes : Jo, Missy, Joan Frances, Isis et Renée, qui sont vraiment bien identifiées et fonctionnent effectivement de façon autonome. Chacune d'elles possède une palette de capacités et de dispositions comme n'importe quel individu. Il me semble aussi qu'elles sont en compétition les unes avec les autres. Chacune s'inquiète qu'elles (ou moi !) finissent par décider laquelle obtiendra la « maîtrise absolue du corps ».

Il y a ensuite les « utilitaires » ou personnalités à « usage unique » dont le but est clairement défini — par exemple : la cuisine, le ménage, la comptabilité — et qui, leur tâche accomplie, ne s'intéressent pas à la réalité extérieure. Elles n'ont d'ailleurs pas la capacité de grandir et de changer que possèdent les personnalités autonomes.

Dans le troisième groupe, je rangerais les personnalités que Renée décrit comme les « gardiens du passé », et qui conservent précisément la mémoire d'événements anciens. D'après Renée, leur rôle consiste à cacher les souvenirs qui risqueraient d'empêcher les personnalités autonomes de fonctionner normalement. Robin et Reagan, qui me renseignent sur l'histoire familiale et les événements de la petite enfance, ont été les précurseurs des nombreux gardiens du passé que j'ai eu la chance de rencontrer ces dernières semaines. La singularité de Robin et Reagan provient de ce qu'elles ne datent pas leur création d'une expérience traumatisante, mais du besoin du groupe de maintenir une trace mnésique non conflictuelle, non abréactive.

Les autres gardiens du passé apparaissent dans mon cabinet pour me délivrer des informations dont le groupe imagine qu'elles me seront utiles, ou encore lorsque je touche un nerf sensible chez Jo, Missy, Joan Frances ou Renée. Renée m'affirme qu'ils apparaissent également hors du cabinet quand un fait particulier déclenche le retour d'un souvenir douloureux.

Les gardiens du passé semblent « pétrifiés dans le temps ». Quand l'un d'eux émerge, il revit en fait, ou abréagit, une situation précise devant mes yeux. Lorsque je n'arrive pas à démêler les faits des émotions qui l'accompagnent, Renée, qui assiste à l'entretien à distance respectable, m'explique à son retour le contenu.

C'est comme si je voyais un film se dérouler sous mes yeux, assure-t-elle.

Elle reparaît invariablement après chacune de ces scènes éprouvantes et me décrit en détail ce que le gardien du passé revivait. Il est intéressant de constater que Renée livre maintenant spontanément ses analyses. Elle continue toutefois à se protéger derrière sa position « extérieure ». Je considère comme un premier succès le fait de l'entendre formuler avec compassion des « Pauvre gosse », ou « Pas étonnant qu'elle se sente si mal ».

Certaines personnalités sont difficiles à cataloguer. Petit Joe, par exemple. Renée prétend que c'est un gardien du passé, mais il n'a pas l'air de vouloir partager ses souvenirs. Je l'ai rencontré la semaine dernière pour la première fois.

Missy était présente et, plutôt que d'engager la conversation, elle m'a annoncé : « Tu veux aller dans ton coin. » Je lui ai rappelé qu'elle était aussi en sécurité dehors, mais je l'ai laissée retourner dans ce qu'elle appelle son « abri intérieur ».

Je lui ai caressé le dos pendant qu'elle se retranchait en elle-même, puis après quelques minutes j'ai remarqué qu'elle fixait intensément mes cheveux.

— Qu'y a-t-il, mon poussin? ai-je demandé.

— Cheveux, a dit une voix qui n'était pas celle de Missy.

C'était Petit Joe, deux ans, et il a joué avec mes cheveux, que je porte jusqu'à la taille, comme mes propres bébés aimaient le faire il y a bien des années.

J'avais vraiment l'impression d'être en présence d'un bébé, et j'en ai été positivement bouleversée.

Petit Joe ne m'a rien confié, et ne m'a rien demandé non plus. En réponse au « cracteur? » plaintif qu'il a émis, j'ai acheté un tracteur rouge et jaune qui reste sur une étagère à attendre ses visites.

Avec des gestes mal coordonnés, Petit Joe joue avec le tracteur, ou passe ses doigts dans mes cheveux en me dévisageant de ses yeux ronds. Renée m'explique que Petit Joe me prend pour sa maman, qui, il y a vingt-cinq ans de cela, avait elle aussi de longs cheveux. J'offre de bon cœur le maternage dont ce petit garçon a besoin.

***

Jo n'avait aucun souvenir d'enfance de sa mère, mais se rappelait les heures heureuses passées avec son père lorsqu'elle était très jeune. Ray l'avait entourée d'une affection sincère qu'elle avait acceptée avec reconnaissance.

La dépendance de la petite fille envers ce père adoré avait rendu plus insidieux les abus auxquels il s'était livré. Dès qu'elle eut trois ans, il l'emmena avec lui en vadrouille. Un jour, il la prit sur ses genoux pour qu'elle puisse tenir le volant et « conduire la voiture ». Le membre gonflé de papa sous ses fesses et la dureté du volant dans ses petites mains faisaient partie intégrante de l'expérience.

Malgré cela, Ray lui procurait sécurité et stabilité. Les personnalités connaissaient les opinions de papa et pouvaient d'habitude prédire ses réactions. Maman, elle, ne délivrait jamais d'ordres clairs et on ne pouvait pas deviner ce qu'elle attendait de sa cadette. Plus d'un personnage fut créé dans l'espoir de devenir la fille que Nancy puisse aimer sincèrement; d'autres le furent en réponse à des colères inexpliquées de maman.

Après la dissociation originelle à l'âge de six mois, Missy perdit le goût de satisfaire maman. Quand elle ne faisait pas ce qu'elle aimait — dessiner, jouer dehors ou rester avec son papa —, Missy se retirait dans son « abri intérieur » et laissait la place aux « autres filles », ainsi qu'elle appelait les différentes personnalités.

Jo non plus ne se souciait pas de plaire à maman. Ray parlait de Nancy avec dédain et Jo apprit à considérer sa mère avec pitié ; elle était fière de ne pas « ressembler pour deux sous à sa mère ni à personne du côté maternel », selon les propres termes de son père. Joan Frances, elle, s'efforçait désespérément de gagner l'amour de maman et se sentait toujours coupable de ne pas en être digne.

Nancy encensait sa cadette autant qu'elle la critiquait. Elle racontait avec fierté les exploits du bébé qui avait prononcé sa première phrase à sept mois et marché à dix. Elle se vantait que Joan Frances avait appris à lire toute seule à l'âge de trois ans et commencé le piano à cinq. Malheureusement, Jo, celle qui avait accompli ces exploits, ne l'avait fait que pour son propre plaisir, et elle s'éclipsait chaque fois que sa mère voulait la produire en spectacle devant ses amis.

De son côté, Joan Frances endurait le martyre quand sa mère lui ordonnait de faire ce dont elle était incapable. Joan Frances n'avait pas accès aux connaissances que Jo avait acquises dans ses premières années, et toute la fureur de maman n'y changeait rien. La seule solution fut de créer encore un autre personnage qui aimerait se produire devant les amis de maman et qui pourrait s'approprier les talents de Jo.

La première fois qu'elle parut dans le cabinet de Lynn, Chère, l'enfant prodige, se tint bien droite dans le fauteuil, mains sur les genoux. Ses jambes parurent rétrécir et elle ne toucha bientôt le sol que de la pointe des pieds. Elle se lança dans un récit tellement vivant de ses performances que Lynn avoua plus tard qu'elle pouvait quasiment la visualiser en socquettes blanches et souliers vernis.

— Je sais me conduire en dame, expliqua Chère avec toute la confiance d'une enfant de cinq ans. J'aime faire ce qu'on me demande pour que maman soit fière.

Joan Frances, qui entendait souvent Nancy exalter les vertus des nonnes, aurait voulu avoir la vocation car, alors, maman l'aurait aimée. C'est ainsi qu'arriva Thérésa, celle qui rêvait d'entrer au couvent.

Chaque fois qu'elle pénétrait dans la chambre de sa fille et la trouvait en train de prier à genoux, les yeux clos, Nancy s'illuminait d'une fierté révérencieuse. Toutefois, Jo tempêtait quand elle s'apercevait que son argent de poche avait été dilapidé en images saintes ou en statuettes religieuses qui allaient garnir l'autel installé, prétendument par ses soins, dans un coin de sa chambre. Même à cet âge précoce, le dogme de l'Église catholique et la stricte discipline de l'école paroissiale lui tapaient sur les nerfs. Jo trouvait ridicule qu'une religion s'imagine que porter un chapeau à l'église prédisposait au paradis. La ferveur religieuse ne dura qu'un temps, mais Thérésa demeura, pleine de culpabilité pour ses nombreux péchés.

Karen vit le jour quand Jo avait neuf ans et que sa mère lui reprocha une fois de trop de ne pas « être comme ta cousine Karen ». La Karen interne de Jo était la parfaite réplique de sa cousine et put ainsi combler Nancy qui voulait une fille soignée et ordonnée. Contrairement à des gardiens du passé comme Petit Joe et Chère, qui restèrent pétrifiés dans le temps avec leurs parcelles de savoir, Karen grandit et devint une personnalité « utilitaire ». Son sens de l'organisation était indispensable au groupe.

On ne pouvait jamais combler maman. Tracy apparut à l'âge de dix ans pour apaiser Nancy qui voulait toujours garder l'œil sur ses filles. Contrairement à Jo et à Missy, qui aimaient se retrancher à l'abri des regards, Tracy était heureuse de lire ou de jouer en silence en présence de maman.

Tracy n'était pas gênée qu'on l'observe parce qu'elle était entourée d'une invisible bulle protectrice. En réalité, quand Nancy s'approchait d'assez près pour la toucher, Tracy disparaissait illico et une autre personnalité était forcée d'affronter maman.

Certains gardiens du passé étaient loin d'être aussi gentils que Petit Joe, Chère, Thérésa ou Tracy : ils étaient même le contraire de ce que maman voulait, mais c'était sa fureur effrayante qui les avait créés.

Un jour, quand Nancy s'emporta en hurlant de rage contre sa fille de deux ans, Josie se retrouva projetée contre un mur. Josie, qui naquit avec la certitude qu'elle allait mourir aussitôt, se souvint d'un instant de terreur, suivi par un merveilleux et apaisant trou noir. Jo se réveilla aux Urgences où elle dut passer une radio parce qu'elle était « tombée du lit », mais une nouvelle personnalité existait qui serait réquisitionnée chaque fois qu'une panique incontrôlable envahirait le système. Quand Josie apparut au cours de la thérapie, Lynn la considéra comme une enfant terrorisée aux impulsions autodestructrices. Pourtant, Josie aimait la paix par-dessus tout, la paix que lui procurait le rassurant trou noir dans lequel elle sombrait après s'être frappée avec assez de force la tête contre un mur.

Sissy aussi dut sa création à la terreur et à la rage, mais, contrairement à Josie, sombrer dans l'inconscience ne l'intéressait pas : elle cherchait désespérément l'aide des autres. Elle voulait qu'on sache sa souffrance et sa colère. Elle apparut un jour où la petite Missy s'essayait à dessiner, à l'âge de trois ans. Missy adorait que sa grande sœur Carol lui donne des cours de dessin. Mais ce samedi matin, comme Carol jouait avec ses amies et que papa était à son travail, Missy commença un dessin pour le montrer plus tard à sa sœur.

Elle dessina un chat en s'appliquant. Carol plaçait toujours le crayon dans sa main droite, mais Missy savait bien que sa gauche était plus habile pour un travail de cette précision. Elle était tellement concentrée sur son chat qu'elle n'entendit pas Nancy arriver.

Soudain maman agrippa la main gauche de Missy et un long trait barra le dessin presque achevé.

— Combien de fois faut-il te répéter de te servir de ta main droite? hurla maman. La gauche, c'est pas bien.

Missy fila se cacher dans son abri intérieur.

— Je commence à en avoir assez! brailla Nancy en voyant le regard vide de sa fille.

Elle sortit de la pièce comme une furie et revint avec un broc d'eau froide qu'elle jeta au visage toujours inexpressif de la fillette.

Et pour marcher, ça marcha. Sa fille ouvrit grand les yeux et lui jeta un regard chargé de haine.

— Dehors! hurla l'enfant en fonçant vers la fenêtre qu'elle essaya de briser en la martelant de ses petits poings serrés. Je veux du monde! Du monde!

Nancy saisit le bras de sa fille, le lui retourna derrière le dos et l'entraîna loin de la fenêtre pendant que la petite lui donnait des coups de pied en poussant des cris déchirants. La colère retomba, mais Sissy resta, persuadée qu'un jour les autres comprendraient les causes de sa rage.

***

Nous apprîmes, Lynn et moi, que l'école était un refuge pour Jo et, au début, une expérience agréable. A cinq ans, elle entra en cours préparatoire avec un an d'avance. Comme elle savait déjà lire, elle suivait facilement. Elle était si sage et si polie qu'elle ne se fit jamais remarquer par la sœur qui faisait la classe pour quarante enfants. En fait, vu le nombre d'élèves, Jo fut livrée à elle-même.

Jo, la personnalité qui entra à l'école, était la meilleure élève de sa classe. Comme elle terminait ses exercices avant tout le monde, la sœur institutrice lui donnait des devoirs supplémentaires : Jo résolvait tranquillement des problèmes du cours élémentaire et des exercices de grammaire du cours moyen.

Un jour, des inconnus vinrent tester le QI des enfants. Jo écouta attentivement les instructions, les suivit à la lettre et s'amusa à faire les exercices, qu'elle trouvait très faciles. Elle remarqua alors que les examinateurs se poussaient du coude et montraient du doigt cette petite fille qui remplissait page après page deux fois plus vite que les autres. Inquiète de cette attention excessive, elle calqua son allure sur celle de son voisin. Par la suite, elle apprit qu'on se faisait encore moins remarquer en faisant quelques fautes exprès.

Dans cette école catholique aux principes rigides, où on apprenait aux enfants à utiliser exclusivement leur main droite, Jo, en tant que gauchère, connut quelques problèmes d'adaptation. Elle se soumit docilement aux règles, même si elle les trouvait stupides, et pendant les exercices d'écriture s'appliquait à former ses lettres de la main droite. Son écriture était plus médiocre que celle des autres enfants, ce qui ne la surprenait pas, et ses mauvaises notes dans cette discipline ne l'affligeaient pas davantage; elle obtenait d'excellentes notes dans les autres matières et les sœurs remplissaient son livret scolaire de commentaires élogieux.

Mais quand arrivaient les cours d'expression artistique, Missy prenait la place. C'était son activité favorite, même si maman disait qu'elle n'était pas aussi douée que sa grande sœur Carol. Missy ne faisait confiance qu'à sa main gauche pour dessiner, colorier, faire des découpages, exercices qui exigeaient une adresse que ne possédait pas sa main droite. Pourquoi les sœurs l'empêcheraient-elles d'utiliser sa meilleure main puisqu'elle faisait des si beaux dessins ? Mais les sœurs ne l'entendaient pas de cette oreille et, après que Missy eut reçu des coups de règle sur les doigts, elle emporta son talent avec elle dans son abri intérieur, où elle savait que sa main gauche ne serait ni frappée ni critiquée.

A la maison, ce genre de torture aurait conduit Sissy à se précipiter vers une fenêtre, ou Josie à se cogner la tête contre un mur, mais les sœurs, avec leurs longues robes noires et leur lourde croix, impressionnaient trop les personnalités pour qu'elles apparaissent. C'est ainsi qu'une nouvelle personnalité naquit, une petite fille appelée Véronica, qui avait la particularité de pouvoir exprimer sa rage sans se faire remarquer. Prenant soin de n'utiliser que sa main droite, Véronica dessinait un contour sinueux sur une feuille de papier, chaque boucle ou zigzag représentant les détours que faisait son esprit dans sa fuite, puis elle remplissait le centre de la page de « cours et cours et cours et cours et cours et cours... » jusqu'à ce qu'elle ait passé sa rage et qu'un autre personnage puisse revenir prendre le relais.

***

Il n'y avait pas que de mauvais souvenirs. Jo reçut beaucoup d'amour de la part de sa famille paternelle.

Marie et Christine, les deux sœurs de Ray (qui les adorait et ne manquait pas une occasion de leur rendre visite), habitaient dans les environs. Les samedis ou les dimanches, Jo passait des journées entières avec ses cousins, journées qui se prolongeaient tard dans la soirée pendant que les grandes personnes jouaient aux cartes. Ses cousins étaient les seuls enfants que Jo fréquentât avec plaisir. Des neuf cousins qui se réunissaient durant ces week-ends, elle se sentait particulièrement proche de Matthew, le fils de Christine, qui n'avait que dix jours de plus qu'elle, et de Karen, la fille de Marie, de six mois son aînée.

Après une journée avec ses oncles, tantes, cousins et cousines, Jo s'imaginait parfois qu'un appel de l'hôpital où elle avait vu le jour lui apprendrait qu'une erreur avait été commise : Matthew serait rendu à Nancy, qui désirait ardemment un fils, et elle pourrait retourner auprès de Tante Christine, sa véritable mère, qui se moquait pas mal que les enfants soient bruyants et chahuteurs.

Jo et Karen se voyaient plus souvent qu'au cours des réunions familiales. A cinq ans, les deux fillettes firent le vœu d'être amies à vie. De ce jour, et jusqu'à la fin de leurs études, elles se téléphonèrent deux à trois fois par semaine, dormaient souvent dans le même lit et passaient la plupart des vacances ensemble.

Karen restait parfois dormir chez Jo, mais les deux filles n'aimaient pas beaucoup cela. Karen ne se sentait pas à l'aise avec Tante Nancy et Oncle Ray, qui insistaient pour qu'elle les appelle « mon oncle » ou « ma tante » et qui étaient d'une exigence exaspérante avec les enfants. Elle n'aimait pas non plus que sa tante la donne en exemple à Jo. Elle trouvait Jo très bien telle qu'elle était et ne supportait pas qu'elle l'imite pour faire plaisir à sa mère. Au début, elle avait trouvé cela drôle, mais elle avait été désagréablement surprise de voir Jo continuer à l'imiter une fois sa mère partie.

On s'amusait bien plus chez Tante Marie ; l'atmosphère y était plus détendue. Chez Oncle Jack et Tante Marie, Jo avait le sentiment de faire partie d'une vraie famille, ce qu'elle ne ressentait jamais chez elle. Papa, maman et Carol étaient simplement trois personnes que le hasard avait jetées ensemble, et il y avait toujours de la tension dans l'air quand ils se retrouvaient à plus de deux dans la même pièce.

Chez Tante Marie, c'était différent. Bien sûr, ses cousins Ann, Karen et Bob se disputaient parfois, et il leur arrivait même de pester contre leurs parents, mais on sentait qu'ils s'aimaient.

Chez Tante Marie, on distribuait des corvées à tous les enfants et Jo était ravie de voir son nom figurer sur la liste à côté de ceux de ses cousins, preuve qu'elle était des leurs. Ces corvées étaient amusantes. Il y avait parfois beaucoup de travail : désherber le jardin, cueillir des fruits aux arbres, mais tout le monde mettait la main à la pâte. Surtout, les enfants savaient qu'une fois leur corvée accomplie, il n'y en aurait pas d'autres. Chez Jo, on était toujours à la merci d'une exigence des parents et il fallait interrompre ses jeux séance tenante pour obéir aux ordres.

Tante Marie ne se mettait pas en colère si tout n'était pas parfait. Contrairement à la mère de Jo, Tante Marie ne disait jamais : « Vous avez laissé de la poussière sur le pied de la table. Pour la peine, vous recommencerez tout. » Tante Marie n'interdisait pas à Jo de lire pendant une semaine sous prétexte qu'elle avait oublié de sortir les poubelles. Elle disait simplement : « Essayons de ne pas faire de cette maison un dépotoir », et tout le monde coopérait dans la bonne humeur, sans craindre les punitions.

Jo pouvait rester chez Tante Marie et Oncle Jack le temps qu'elle voulait, on ne lui reprochait jamais sa présence. Elle en profitait, sachant que sa mère était bien contente d'être débarrassée d'elle. Mais quand elle demanda un jour à son père si elle pouvait habiter chez Karen pour toujours, ou peut-être pour un an ou deux seulement, il lui répondit d'un air accablé : « Tu me manquerais trop, mon trésor. J'ai besoin de toi. Comment peux-tu vouloir abandonner ton pauvre père ? » Depuis ce jour, la tristesse des adieux chez Tante Marie fut contrebalancée par la certitude de compter dans le cœur de son père.

***

Chaque personnage ajoutait ses bribes de souvenirs pour que se tisse peu à peu le patchwork de l'enfance. Tracy, Véronica, Chère et les autres firent de riches descriptions d'événements agréables ou douloureux, mais je n'avais rien à apporter à ce travail.

Je pouvais retracer ce qui s'était passé plus tard, mais je ne possédais aucun souvenir antérieur à mes quinze ans. J'appris donc ce qu'avait été la vie de Jo et des autres à mesure qu'elles racontaient leurs anecdotes à Lynn, et je me sentais parfois coupable de ne pas participer à cette importante reconstruction. A part cela, j'étais contente que Lynn soit là pour nous aider.

Je m'étais vraiment bien débrouillée depuis dix ans, mais les observations de Lynn me furent très utiles. Elle m'aida à accepter mon divorce. Quand Keith déménagea en Californie, je dus abandonner l'espoir de revivre un jour avec lui, mais Lynn m'aida à voir que mon mari me rejetait aussi à cause de ses propres problèmes et non par ma seule faute. C'était une idée nouvelle pour moi et pour les autres personnalités qui partageaient mon corps.

Jamais Nancy ni Ray n'avaient admis qu'ils pussent avoir le moindre problème ; s'ils étaient de mauvaise humeur, ou en colère, ou déprimés, c'était la faute de Carol, de Jo ou de leur patron. Je n'avais jamais imaginé qu'un de mes proches pût avoir un problème que je n'aurais pas causé. J'avais été créée pour satisfaire ces gens-là, et s'ils n'étaient pas heureux je devais donc être fautive. Lynn m'aida à accepter l'idée que je n'étais pas toute-puissante.

Le travail d'introspection m'intéressait et les analyses judicieuses de Lynn me plaisaient, mais j'avais aussi besoin de ne pas penser tout le temps à cela. Steve, qui niait la réalité de mon syndrome, m'apportait un espace de liberté rafraîchissant. Sortie du cabinet de Lynn, je ne voulais pas me compliquer la vie, et je voulais éviter que Steve me considère comme folle. Les autres personnalités n'intervenaient pas. Chacune d'elles était habituée à être considérée comme une personne autonome.

Nous acceptâmes le verdict de Steve qui disait que Jo avait ses « humeurs », de même qu'il acceptait les amnésies. Il nous appelait toutes Jo, mais c'est moi qu'il préférait parce que j'étais la plus sociable et la plus attentive. Il servait aussi de mentor à Jo dans ses études et faisait preuve de tolérance à l'égard de Joan Frances qui ne cessait de téléphoner à sa mère et était prête à ramper pour obtenir son approbation.

14

Jo n'avait pas plus de deux ou trois heures de conscience par jour, qu'elle occupait à préparer sa licence, ou à réfléchir et à écrire sur sa guérison. Son but était de retrouver sa mémoire. Elle escomptait que lui soit restitué le temps dans son intégralité.

Jo n'avait pas la faculté d'enregistrer ce qui se passait quand elle était à l'« intérieur ». Sa vie n'était qu'une suite de plans fugitifs. Elle ignorait ce qu'elle ferait si elle s'appropriait ses vingt-quatre heures, mais elle ne les gâcherait certainement pas, comme Missy, à colorier des pages tout l'après-midi. Elle ne passerait pas non plus de précieuses minutes à jouer avec un tracteur en plastique dans le cabinet de Lynn, comme Petit Joe. « Je laisserai probablement tomber le poste d'enseignement de Renée », confia-t-elle un jour à Lynn.

Jo voulait aller mieux, ne savait pas comment s'y prendre, mais était sûre d'une chose : le processus demandait beaucoup de travail et une attention soutenue. Elle fut assez déçue quand Lynn lui dit d'un ton compatissant : « J'aimerais bien te guérir d'un coup de baguette magique, mais c'est pas comme ça que fonctionne une thérapie. » Jo le savait très bien, mais elle n'arrivait pas à imaginer comment « fonctionnait » une thérapie, et son incapacité à comprendre, rare chez elle, la mettait dans un état de frustration accablant.

S'étant toujours considérée comme capable de résoudre brillamment n'importe quelle énigme intellectuelle, elle se sentait trahie par son esprit et par ses extraordinaires facultés analytiques.

Confrontée à quelque chose qu'elle ne comprenait pas, Jo dévorait tous les livres qui traitaient du sujet. Sa bibliothèque comportait plusieurs centaines de volumes et couvrait tout un éventail de thèmes. « Ma bibliothèque est tout ce qui me reste de mon éducation catholique », aimait-elle à plaisanter. Pourtant, elle évitait la littérature psychiatrique.

Jo se savait influençable, ses parents le lui avaient sans cesse répété, et, après tout, elle savait aussi qu'elle avait inconsciemment créé toutes ces personnalités. En lisant des rapports cliniques dans les revues médicales, elle craignait d'affecter le déroulement normal de la thérapie. D'ailleurs, Lynn la découragea de s'adonner à ce genre de lecture, préférant, disait-elle, laisser le traitement suivre son cours. Mais une année avait passé depuis leur accord sur ce point : Jo se sentait piégée par son ignorance et elle soupçonnait Lynn de refuser de lui expliquer comment améliorer son état. La seule chose que Lynn lui proposa était précisément celle que Jo ne pouvait accepter. Lynn enregistrait les séances depuis six mois et quand Jo la supplia de l'aider, elle désigna les cassettes qui s'empilaient sur son bureau.

Jo résista. Elle refusait de les écouter. A cause de certaines remarques de sa famille ou de ses amis, elle soupçonnait qu'une des personnalités ressemblait trop à sa sœur aînée et une autre à sa mère. Lynn lui avait appris qu'une fillette et un petit garçon faisaient partie des personnalités ; elle ne comprenait pas pourquoi Lynn cherchait à l'humilier en lui faisant écouter leurs voix.

Jo craignait que, même si elle prenait son courage à deux mains et tentait l'expérience, cela se solde par un désastre. Chaque fois qu'elle s'était vue en vidéo ou en photo, chaque fois qu'elle avait écouté sa voix sur bande magnétique, elle avait perdu le contrôle. Quelle serait la réaction de Lynn si Jo disparaissait en écoutant les cassettes ? Peut-être lui reprocherait-elle son manque de coopération. Jo imaginait que Lynn arrêterait de s'occuper d'elle si elle s'apercevait qu'elle ne faisait pas assez d'efforts pour guérir.

« D'ailleurs, décida Jo, Lynn m'a déjà dit ce que les autres personnalités lui avaient raconté. Alors pourquoi voudrais-je entendre leurs mensonges une seconde fois ? »

***

Journal — 8 mars 1982 (un an de thérapie)

J'ai fait quelques progrès, c'est indéniable : je possède un tableau assez complet des sévices que Jo a subis, j'ai rencontré dix-sept personnalités différentes (bien que certains des « gardiens du passé » soient davantage des fragments que des personnalités à part entière), et j'ai commencé à conceptualiser la structure de cette Personnalité Multiple. Pourtant, le traitement semble piétiner. Je pense toutefois que les personnalités ont appris à me faire confiance et je ne crois pas qu'elles interrompraient prématurément la thérapie ; je ressens quand même le besoin de pousser l'analyse au-delà du seuil que nous avons atteint.

Il est clair que Renée attache une grande importance à notre relation mais elle évite prudement de le reconnaître et s'efforce de rester à l'écart de ce qu'elle considère comme « la thérapie ». Cela dit, elle a appris à m'utiliser habilement pour régler les problèmes relationnels qu'elle rencontre chez elle ou à son travail.

Missy, la personnalité enfantine la plus complète, a réussi à établir avec moi une relation non conflictuelle. Elle aime les heures qu'elle passe dans mes bras à discuter, peu lui importe qu'il s'agisse de « thérapie ». Elle sait que je l'écoute et que je m'intéresse à elle. Elle se laisse materner sans scrupule. C'est sans risque parce qu'elle sait que je l'aime, bien que je sache que son père a abusé d'elle. Même à un âge précoce, les personnalités ressentaient une culpabilité trop grande pour se confier à Nancy.

Jo, qui a, davantage que les autres, conscience d'être engagée dans une thérapie, est celle qui présente à la fois les défenses intellectuelles les plus fortes et la personnalité la plus immature du groupe. Elle est complètement incapable de moduler ses émotions. Elle éprouve un désir intense de maîtriser le processus thérapeutique mais n'arrive pas à s'engager émotionnellement. Résultat, elle se sent frustrée et croit que je possède des réponses que je refuse de partager avec elle.

Jo est si intelligente, si obstinée, et elle souffre tellement que mon insistance à provoquer chez elle une réaction émotionnelle — à laquelle elle s'oppose en intellectualisant — nous laisse toutes deux dans un état d'épuisement. Essayer d'introduire chez un être aussi brillant et si bien défendu des émotions pourtant nécessaires est un travail d'une lenteur désespérante. Je lui rapporte sans cesse les récits des autres personnalités sur les sévices qu'elle a subis, et elle persiste à nier l'évidence. Elle m'écoute poliment, se cabre quand je lui fais part d'une accusation grave portée contre son père, puis m'explique calmement pourquoi les choses n'ont pas pu se passer comme je le raconte. Elle préférerait de beaucoup que je m'aperçoive à quel point les personnalités m'ont menti plutôt que d'accepter qu'on ait abusé d'elle.

En écrivant ces lignes, je me rends compte que c'est avec Jo que le travail achoppe. C'est comme si j'étais enfermée dans un cercle vicieux. Bien que le Dr Wilbur m'ait assuré que la réticence de Jo à lire des ouvrages traitant de psychothérapie se justifiait en me mettant en garde contre la forte suggestibilité des Multiples, elle m'a aussi confié que de nombreux thérapeutes avaient utilisé avec succès le livre Sybil *dans leur traitement.*

A mon avis, Jo risque d'être troublée par les dissemblances entre Sybil et elle, mais la lecture du livre présenterait l'avantage de relancer le dialogue. Les témoignages des autres personnalités sont trop chargés émotionnellement pour que Jo utilise les enregistrements ; avec Sybil, elle peut garder une distance qui lui permettra de profiter de sa lecture.

***

Quand Lynn évoqua la lecture de *Sybil*, l'idée intrigua un certain nombre de personnalités. Des années auparavant, Carol avait fait l'éloge du livre et j'avais essayé de le lire, mais à l'époque l'histoire ne m'avait pas intéressée et j'en avais abandonné la lecture. Il m'avait mise mal à l'aise.

Je m'étais arrangée pour ne pas voir le film qu'on avait tiré du livre. Pendant que j'étais assistante, un an avant que je rencontre Lynn, on montrait souvent le film aux étudiants en psychologie ; je n'enseignais pas la psycho mais la salle de projection était à côté de mon bureau. La musique obsédante et l'écho des dialogues m'empêchaient de travailler. J'évitais ce film comme j'évitais d'affronter mes phobies et mes peurs « irrationnelles ». Comme je ne pouvais pas empêcher la projection, je travaillais dans d'autres bureaux chaque fois qu'on projetait *Sybil*.

Jo releva le défi. Elle décida d'aborder le livre sous un angle analytique sans se laisser prendre par l'histoire. Elle n'en retiendrait que le côté purement pratique : comprendre comment une autre Multiple avait été soignée lui permettrait de trouver des solutions à son problème.

Chaque soir, Jo s'absorbait dans le livre comme elle l'aurait fait avec n'importe quel puzzle cérébral. Elle reprenait les pages qu'elle avait lues la veille pour éviter toute erreur d'interprétation et s'assurer de n'oublier aucun aspect du processus thérapeutique. Et chaque soir elle refermait le livre, submergée par la douleur, la rage et le désespoir. Cette lecture lui faisait mal et lui laissait une impression de vide insupportable ; Jo sentait confusément qu'une chose lui manquait, une chose qu'elle ne pouvait nommer. Elle décida de cacher à Lynn ce qu'elle ressentait ; elle ne savait pas comment parler de ses sentiments.

Pendant les séances, elle s'évertuait plutôt à expliquer en quoi elle ressemblait à Sybil et en quoi elles étaient différentes.

— Je suis, comme Sybil, la personnalité centrale du groupe, disait-elle. Renée est comme la Vicky de Sybil, celle qui sait tout sur tout le monde.

Lynn n'était pas convaincue par la comparaison. Il lui semblait difficile d'affirmer qu'une personnalité occupait une place plus centrale que les autres.

— En plus, précisa Lynn, Renée est loin de « tout savoir sur tout le monde », même si elle joue un rôle important dans l'organisation de votre vie quotidienne. J'entretiens de véritables relations avec de nombreuses personnalités de ton groupe, Jo, conclut Lynn, et je ne peux accorder davantage d'importance à l'une plus qu'à l'autre. Je préfère aider chacune à se fortifier et à mûrir, plutôt que de perdre mon temps à chercher des favoris.

Jo préféra changer de sujet.

— Dans le traitement de Sybil, le Dr Wilbur a beaucoup utilisé l'hypnose, remarqua-t-elle. Vous comptez toujours prendre des cours d'hypnose ?

Oui, Lynn étudiait l'hypnose, mais son professeur ignorait les résultats de cette technique appliquée aux Multiples.

— Je ne pense pas m'en servir pour l'instant, déclara Lynn.

Jo fut soulagée. Elle avait une peur bleue de l'hypnose et craignait que Lynn interprète sa peur comme la preuve qu'elle ne voulait pas guérir.

A court de sujet de discussion, Jo en vint finalement à ce qu'elle avait sur le cœur.

— Sybil et le Dr Wilbur avaient l'air de s'entendre comme des amies, avança-t-elle.

— Je m'intéresse beaucoup à toi, s'empressa de dire Lynn pour la rassurer.

Jo soupira, puis aborda le sujet sous un autre angle.

— Je sais que vous vous intéressez plus à moi qu'à vos autres patients : vous me laissez téléphoner chez vous, on dépasse parfois l'heure de la séance...

Lynn acquiesça en silence. Jo hésita, baissa la tête et se lança :

— Le Dr Wilbur voyait Sybil hors de son cabinet. Leur relation était... euh... enfin, ce n'était pas seulement par conscience professionnelle.

Journal — 1er mai 1982

Après que Jo a lu le livre, j'ai eu la confirmation de ma théorie : Jo ne s'identifie pas à Sybil. Ce que je n'avais pas prévu, c'est qu'elle veut absolument que j'imite le Dr Wilbur et que je la voie moi aussi hors de mon cabinet.

J'avais demandé des précisions sur cette question à Connie Wilbur quand elle m'avait reçue, et elle m'avait affirmé qu'on en avait exagéré l'importance dans le livre. En fait, il n'y avait eu que très peu de rendez-vous hors du cabinet. Mais lorsque j'en ai parlé à Jo, elle a eu l'impression que je cherchais à la manipuler et que j'utilisais le livre à ses dépens.

Il m'est déjà arrivé de voir mes patients à l'extérieur, surtout quand je travaillais avec des délinquants mineurs. Mais là, c'est différent.

D'abord, je travaille dans un service d'hygiène mentale et non plus sur le terrain, ce qui implique un autre type d'approche.

Ensuite, je prends déjà assez de libertés avec Jo. Comme elle me l'a fait remarquer, je passe davantage de temps avec elle qu'avec aucun de mes autres patients. Qu'arrivera-t-il si je la reçois en plus hors de mes heures de travail? J'essuie déjà les regards lourds de reproche de mes collègues à cause de l'attention, excessive selon eux, que je porte à Jo. Que diraient-ils d'un investissement accru?

En outre, Jo a été maintes fois trompée par les psys. Certains répétaient à sa mère ce qu'elle leur confiait; d'autres ont précipitamment abandonné la prise en charge après lui avoir trop promis. Je dois impérativement éviter de me mettre dans une situation où je promettrais plus que je ne peux donner.

***

Jo était convaincue que Lynn ne voulait pas la voir hors de son cabinet parce qu'elle ne l'aimait pas comme le Dr Wilbur aimait Sybil. « Lorsque le travail thérapeutique sera terminé, lui promit Lynn, nous resterons amies, si tu le désires encore. » Jo vit là une tactique destinée à gagner du temps. Elle pensait qu'elle ne méritait l'affection de personne et maintenant, Lynn avait beau l'assurer de sa sympathie sincère, elle ne la croyait plus.

— Je préférerais que vous ne parliez pas comme ça, disait-elle à Lynn. Ça vous serait égal que je ne revienne plus, j'en suis sûre. Au contraire, cela vous permettrait de voir d'autres patients plus faciles à traiter.

Si elle interrompait la thérapie, Jo était persuadée que Lynn prendrait cela comme un banal échec professionnel et poursuivrait sa vie sans remords.

Jo avait violemment combattu son désir, qu'elle découvrait en lisant *Sybil*, que Lynn se comportât en mère aimante avec elle. Elle se savait trop vieille pour être traitée comme une enfant et n'avait pas osé en parler à sa thérapeute. Mais la plaie oubliée s'était rouverte et la torturait. Elle fit de son mieux pour accepter intellectuellement les raisons objectives de Lynn, mais souffrait de ce qu'elle ressentait comme un rejet.

Lynn avait beau parler de ses « merveilleuses capacités » et de « tout ce qu'elle pouvait offrir aux autres », Jo savait qu'elle n'intéressait pas Lynn le moins du monde.

« A quoi ça sert ? pensait Jo. La seule personne qui m'aimait est morte ; mieux vaut en finir. »

Accablée, elle ne pouvait plus penser ni travailler ; elle voulait mourir.

Elle devait bientôt aller à Richmond voir sa famille et se recueillir sur la tombe de son père. Elle décida qu'elle se taillerait les veines dans le cimetière afin de rejoindre la seule personne qui l'eût jamais aimée.

*
**

Journal — 10 mai 1982

Cela fait un mois que je m'interroge sur l'opportunité de voir Jo en dehors de mes heures de travail. Elle est blessée, je m'en aperçois, accepte difficilement son impuissance et refuse toutes mes explica-

tions. J'ai peut-être mal évalué les conséquences de mon refus. En tout cas, l'angoisse de Jo est bien réelle et j'ai l'impression qu'une crise va se déclencher.

Jo doit aller à Richmond vendredi. Avant son départ, j'essaierai une dernière fois d'analyser le problème. Aujourd'hui, Renée m'a déclaré : « Il n'y a pas de quoi en faire un plat. On dirait que Jo te demande de vivre avec elle, ma parole ! Tout ce qu'elle veut, c'est te voir une heure à l'extérieur, c'est tout ! »

Renée a peut-être raison. Si un rendez-vous à l'extérieur peut la soulager, pourquoi pas ? Il sera toujours temps d'affronter les autres problèmes à mesure qu'ils se présenteront.

*
**

— Jo, commença Lynn au début de la séance suivante, explique-moi encore une fois pourquoi tu veux me voir hors de mon cabinet.

Jo reprit son souffle. Elle avait horreur de parler de ses sentiments, mais comme ce week-end devait être le dernier...

— Si vous acceptiez de me voir à l'extérieur, expliqua-t-elle, ça voudrait dire que vous tenez vraiment à moi, que vous me considérez comme autre chose qu'un cas intéressant. Voilà un an que vous essayez de me persuader que je devrais avoir davantage confiance en moi. Mais comment croirais-je qu'on puisse avoir envie de me fréquenter si vous-même refusez de le faire ?

— Parfait, alors viens donc prendre le thé chez moi lundi prochain.

Jo n'en avait pas espéré tant. Son espoir le plus fou était que Lynn accepte de prendre un verre avec elle à la cafétéria du campus. Mais Lynn l'invitait chez elle !

— Oh, non, Lynn ! vous n'êtes pas obligée d'aller jusque-là, déclara vivement Jo, plus coupable que jamais. Je ne veux pas m'immiscer dans votre vie privée.

— Si, j'y tiens. Si nous devons nous rencontrer dehors, je préfère que tu me voies dans mon environnement habituel. Viens, et tu sauras comment je vis.

La volte-face de Lynn troubla profondément Jo. « J'ai réussi à la faire changer d'avis », se disait-elle avec un frisson de plaisir. Pendant son séjour à Richmond, elle rumina ses vieilles peurs et son sentiment de puissance nouvellement acquis. Son projet de suicide était oublié.

*
**

Jo arriva en avance chez Lynn et patienta dans la voiture en se demandant si une autre personnalité n'allait pas lui voler ce moment tant attendu. Cinq minutes plus tard, comme elle était toujours là, elle comprit qu'elle avait à demi espéré qu'une personnalité moins timide aurait pris le relais. Il n'en était pas question.

Nous étions nombreuses à assister à ses tergiversations, mais nous étions décidées à la laisser agir. C'était Jo que Lynn avait invitée. Nous nous étonnions que quelqu'un puisse avoir envie de fréquenter une personne aussi peu sociable que Jo, mais nous avions décidé de lui laisser le champ libre.

Lynn parut deviner la gêne de Jo.

— Entre, entre donc, s'empressa-t-elle en ouvrant la porte. Installe-toi où tu veux, dit-elle en désignant le salon, puis elle alla dans la cuisine préparer le thé.

Légèrement angoissée, Jo examina la pièce, caressa le chien hirsute, puis s'assit sur le canapé, apaisée par le doux murmure du carillon éolien. Elle avait déjà entendu ce bruit au téléphone. A l'avenir, elle pourrait visualiser le carillon quand elle l'entendrait au bout du fil.

Elle remarqua alors un curieux dessin encadré sur une table et eut la bizarre impression de l'avoir déjà vu. Il représentait des fleurs aux couleurs vives jaillissant d'une boîte sombre. Lynn revint avec le thé et prit le dessin qui intriguait tant Jo, puis elle s'assit près d'elle, le cadre sur ses genoux.

— Ah, je ne crois pas que tu l'aies déjà vu, dit-elle. Missy me l'a offert pour la fête des Mères. En réalité, c'est Renée qui me l'a donné parce que Missy a eu le courage de le dessiner mais pas de me l'offrir elle-même.

Jo devint écarlate. Ce n'était pas la première fois qu'elle était confrontée aux activités des autres et, comme d'habitude, elle s'excusa.

— Oh, je suis désolée que tu aies dû supporter ça ! Je suis sincèrement désolée. J'ignorais.

— Désolée ? s'exclama Lynn, avant de s'adoucir en voyant Jo tressaillir. Il n'y a pas de quoi. C'est un joli dessin, très expressif. Missy essaie de m'expliquer que je suis comme une mère pour elle, et elle me montre qu'elle se sent assez libre pour exprimer tout son talent. Ne vois-tu pas le sens de ce dessin ? Vos secrets sont restés cachés dans la boîte pendant des années ; à présent la beauté qu'elle recèle peut enfin sortir au grand jour.

Jo approuva l'interprétation de Lynn, mais ne s'en sentit pas moins honteuse.

— Tu sais, reprit Lynn, la partie de toi qui se nomme Missy possède un vrai talent artistique. Bien sûr, elle n'a pas encore eu le temps de le développer.

Jo, que les compliments avaient toujours embarrassée, se trémoussa, mal à l'aise. Comment devait-elle réagir quand quelqu'un adressait des compliments aux personnalités qui lui volaient son temps ?

— J'aime beaucoup cette pièce, déclara-t-elle pour changer de sujet. Elle est si paisible !

Elle examina de nouveau les tons pastel, les tissus artisanaux, et les grava dans sa mémoire.

— Je n'avais pas le droit de m'asseoir dans le salon quand j'étais petite, reprit-elle. D'ailleurs, je n'en avais pas envie. C'était une pièce austère et guindée. Ici, c'est différent. J'aime ton salon ; il te ressemble.

***

Journal — 20 mai 1982

Première séance depuis que Jo est venue prendre le thé à la maison. Tout le monde est plus décontracté et Jo s'est même mise à me tutoyer.

Jo a évacué la terrible tension de ces derniers mois, et Renée m'a appris dans quel désespoir Jo s'était débattue. Avant que je capitule, elle avait projeté de se suicider.

— Heureusement que tu as changé d'avis, m'avoua Renée en riant. Mon séjour à Richmond aurait été assez pénible si elle avait mis ses menaces à exécution.

J'ai eu un coup au cœur en apprenant les intentions de Jo, mais cela a renforcé le bien-fondé de ma décision : aucune des personnalités n'a tenté de me manipuler en me révélant à l'avance les projets de Jo.

Ce moment a été à coup sûr déterminant pour elle. Dans un ultime sursaut, elle a plaidé sa cause et elle a gagné, montrant par là même plus de confiance en elle ainsi qu'en moi qu'elle ne s'en rend compte encore. Quant à moi, je m'aperçois que j'ai répondu à une vraie demande et j'en retire une confiance accrue en Jo comme en moi-même. Maintenant, nous pouvons passer au cap suivant. Que nous poursuivions ou non ces rendez-vous extérieurs est secondaire. Pourtant, je ne peux m'empêcher de songer aux avantages d'un week-end « thérapeutique » dans ma maison de campagne.

15

La visite de Jo chez Lynn eut un impact sur toutes les personnalités, et celles qui pouvaient se rencontrer à l'intérieur furent d'accord pour collaborer avec Lynn afin d'aider Jo.

Aucune ne croyait que Lynn renouvellerait son expérience. Même Jo et Missy comprirent que leur désir de la voir plus fréquemment et plus longtemps n'était pas très raisonnable. Il était impossible de rattraper vingt-six ans de manque affectif. Et chacune d'entre nous avait appris à ses dépens qu'il était moins douloureux de s'imposer des limites que de voir quelqu'un d'autre le faire pour nous. Non, nous n'essayerions pas d'en obtenir davantage de Lynn.

Un mois plus tard, les séances dans le cabinet de Lynn furent perturbées par le chahut des étudiants en psychologie qui sillonnaient les couloirs en criant leur joie à l'approche des vacances. Leurs cris et leurs chants terrifiaient Missy, et même Lynn ne parvint pas à la rassurer. Je m'en excusai.

— Je sais que c'est idiot, confiai-je à Lynn, mais Missy croit toujours que sa mère risque de pénétrer brusquement dans ton cabinet. Chaque fois qu'un étudiant entre pour te faire ses adieux malgré le signe « ne pas déranger », ça la fait flipper.

— J'ai une idée, annonça soudain Lynn. Pourquoi n'emmènerais-je pas Missy au parc demain ?

J'étais stupéfaite. Non seulement Lynn était prête à nous revoir à l'extérieur, mais elle n'avait pas l'air gênée de sortir avec Missy.

Missy prit un grand plaisir à se promener avec son amie et ne fit rien qui pût embarrasser le reste du groupe. Elle explora joyeusement le grand parc, donna à manger aux canards, puis elles allèrent contempler les bateaux de marchandises qui manœuvraient dans le port.

— Ton papa conduisait des gros bateaux comme ça, dit-elle.

Ça faisait longtemps qu'elle n'avait pas vu son père et elle l'imaginait toujours sur le pont d'un navire, revenant la chercher. Elle examina un bateau d'un air songeur, puis reporta son regard sur Lynn. Pour la première fois, elle n'était pas impatiente que papa vienne la chercher ; maintenant, Lynn et les « autres filles » prenaient soin d'elle.

Un souvenir la submergea : un grand cercueil en bois recouvert de gardénias, les fleurs préférées de son père. « Il est mort », déclara-t-elle d'une voix douce pendant que des larmes coulaient le long de ses joues. Elle posa sa tête sur l'épaule de Lynn et regarda les canards. Elle était triste mais elle se sentait en sécurité.

***

Jo s'était rendu compte que Lynn voyait ses progrès et s'en réjouissait. Maintenant, quand elle « émergeait » dans le cabinet de Lynn, elle était contente d'être là et ne s'inquiétait plus de ce que les autres avaient pu faire en son absence. Elle avait admis que Lynn continuerait à la recevoir et à l'aimer telle qu'elle était.

Elle s'efforçait de coopérer avec une bonne volonté accrue. C'est ainsi qu'elle accepta de se laisser hypnotiser, bien qu'elle ne fût pas sûre d'y être prête. L'idée même la faisait frémir. Néanmoins, elle était décidée à faire abstraction de ses angoisses, du moins en théorie. Elle avait confiance en Lynn.

Lynn applaudit à sa courageuse décision, mais insista pour analyser d'abord ses réticences. Elle fit un tableau enthousiaste de ce qu'elle avait ressenti pendant ses propres stages d'hypnose.

— C'était super, avant et après, déclara-t-elle. J'étais calme, détendue, et les suggestions m'ont aidée à perdre un peu de poids.

Jo tenait le raisonnement suivant : l'hypnose permettra à Lynn de communiquer avec le « moi » inconscient qui était au cœur de toutes les personnalités ; plus tôt Lynn lui affirmerait qu'il n'a pas besoin d'elles, mieux cela vaudrait. Et pourtant, l'hypnose l'effrayait.

Comme d'habitude, l'angoisse de Jo se répercuta dans tout le système et affecta les autres personnalités. Je ne parvenais pas à comprendre pourquoi nous étions toutes si inquiètes.

— Est-ce que l'une d'entre vous a déjà été hypnotisée? demanda Lynn.

— Pas à ma connaissance, assurai-je. C'est peut-être la maîtrise du corps qui est en jeu. D'habitude, je peux émerger quand je veux. J'ai peut-être peur d'être bloquée à l'intérieur après la séance d'hypnose... Oh, j'ai confiance en toi, ajoutai-je, souriante. Mais il faut me comprendre. C'est moi qui mène la baraque depuis si longtemps!

J'expliquai aussi que certaines personnalités pouvaient craindre que Lynn ne les détruise pendant qu'elles seraient sous hypnose, et donc hors d'état de se défendre.

Lynn me rappela qu'il n'était pas dans ses intentions de se débarrasser de qui que ce soit. L'intégration, si elle devait avoir lieu, serait le fruit d'une décision commune de fusionner. Aucune personnalité ne serait sacrifiée.

— Jo s'imagine que nous partirons toutes un jour, déclarai-je, et qu'elle sera la seule à rester.

— Jo a encore beaucoup à apprendre.

Je promis à Lynn que nous ferions notre maximum.

A la séance suivante, Jo s'allongea sur le tapis, résolue mais tremblante. Lynn commença à lui parler doucement, modulant sa voix sur la respiration de Jo qui se mit alors à pouffer nerveusement.

— Je ne peux pas, gémit-elle en s'asseyant. Tu ne parles pas normalement. D'habitude, ton débit saccadé me fait presque peur; là, tu es ridicule.

— Résistance! s'exclama Lynn, ce qui eut le don de faire taire les sarcasmes de Jo.

Après plusieurs tentatives, Jo finit par se calmer. Paupières closes, elle réussit à visualiser la scène paisible que Lynn lui suggérait.

— Tu es au bord de l'océan, décrivit Lynn, et Jo imagina le bruit des vagues léchant le rivage.

» Tu marches pieds nus dans le sable et l'eau te chatouille les orteils.

Jo sentit le soleil lui caresser le dos et le doux contact de la mer sur ses pieds.

« C'est vrai ! songeait-elle, incrédule. Ça marche ! »

Et elle se laissa bercer par la scène enchanteresse. Elle n'avait plus besoin de se concentrer sur les indications de Lynn, elle flottait sur un nuage, et la voix s'estompait, paisible.

Soudain, une vague glacée la fouetta. Elle lutta pour garder son équilibre, mais la panique l'emporta et elle se sentit entraînée par un courant violent.

« Au secours ! songeait-elle. Je me noie. Mon esprit se noie. »

Josie jaillit, tendue et prête à bondir. La terreur la submergea et elle chercha le seul salut qu'elle connaissait : LE MUR ! Elle se rua à travers la pièce et se cognait déjà la tête contre le mur avant que Lynn n'ait pu réagir.

— Renée ! Jo ! appela Lynn, dans l'espoir que le système était assez hypnotisé pour lui obéir.

Mais tandis que Lynn écartait Josie de son mur, elle s'aperçut que la panique avait comme d'habitude figé les autres personnalités. Josie lutta contre l'étreinte de Lynn jusqu'à ce que la frayeur s'estompe et que Missy, épuisée, se détende dans les bras de sa thérapeute.

Jo savait qu'elle avait coopéré de son mieux à l'expérience et Lynn lui assura que ce qui s'était passé n'avait rien à voir avec une quelconque résistance.

— Il faut absolument comprendre les causes de cette panique, dit-elle. Commençons par le commencement. As-tu déjà été hypnotisée ?

— Non, jamais, affirma Jo.

— Qu'as-tu éprouvé quand tu t'es sentie partir ?

— Je me sentais bien, calme, paisible, et au début j'étais légèrement surprise que le bord de mer paraisse si réel. Ensuite, il y a eu cette peur épouvantable et j'ai perdu conscience.

— De quoi avais-tu peur ?

Jo se perdit dans ses réflexions.

— Je sais que c'est ridicule, mais j'avais peur que tu me fasses du mal.

— Non, ce n'est pas ridicule, assura Lynn. Explique-moi comment tu croyais que j'allais te faire du mal.

— Je sais très bien que tu ne me feras jamais de mal, protesta Jo, troublée.

Mais Lynn n'était pas disposée à abandonner si facilement.

— Tu n'as pas besoin de me rassurer, déclara-t-elle. Je sais que tu sais que tu es en sécurité avec moi, mais je veux que tu me dises comment tu fantasmais mon agression.

Jo était au supplice mais se doutait que Lynn ne la lâcherait pas.

— Essayons les associations libres, proposa Lynn. Qu'est-ce que l'hypnose t'évoque?

Jo se détendit et laissa sortir les réponses sans les censurer.

— Ça me fait penser à l'océan; j'adore la mer, tu sais.

— Écoute bien mes mots, ordonna Lynn et elle répéta les phrases clés qu'elle avait énoncées pendant l'hypnose : « Écoute ma voix. Tu es en sécurité. »

Jo se raidit soudain.

— Larry! s'exclama-t-elle, contente qu'un souvenir ait ressurgi, mais plus perplexe que jamais. (Qu'est-ce que son prof de psycho, son professeur préféré, venait faire là-dedans?)

— Quand Larry t'a-t-il parlé comme cela?

Quelque chose dans la voix de Lynn indiquait que la thérapeute avait son idée sur la réponse, mais Jo ne s'y arrêta pas sur le moment. Découvrir la trace d'un souvenir enfoui et essayer de le mettre à jour était une expérience nouvelle pour elle, et elle ne voulait pas perdre le fil.

Elle examina les différentes possibilités à voix haute.

— En classe? Non, Larry n'aurait pas tenté une expérience d'hypnose en classe.

Lynn hocha la tête d'un air approbateur, mais n'intervint pas.

— Pourtant, reprit Jo, il devait connaître l'hypnose. Il m'a appris qu'il avait travaillé comme thérapeute en Suède.

— Quand t'a-t-il parlé comme ça? insista Lynn.

— Euh... en tout cas, je suis sûre qu'il n'a pas essayé de m'hypnotiser.

— Quand, Jo?

— Euh... fit Jo, les lèvres sèches. Je crois que c'était dans son appartement. J'étais allée chez lui, une fois. Mais il essayait simplement de me détendre.

Elle s'interrompit, lutta contre un frisson inopiné, surprise de prendre la défense de Larry et consciente du côté irrationnel de la chose.

— C'était à l'époque où mes parents s'étaient séparés et ils étaient accaparés par leurs propres problèmes. J'étais perdue et j'avais un peu peur. Larry était la seule personne à qui je pouvais me fier. J'avais été chez lui.

— Que t'a dit Larry dans son appartement ?

— Oh… commença Jo en s'efforçant de maîtriser son tremblement. Il m'a juste recommandé de me détendre et d'écouter le son de sa voix. Il disait que ça m'aiderait à me sentir mieux.

Lynn la poussa dans ses derniers retranchements, mais Jo résista, essayant de refouler le souvenir qui la perturbait tant. Lynn n'insista pas et la séance s'acheva. En quittant le centre, Jo s'aperçut que, contrairement à son habitude, Lynn ne lui avait pas rapporté d'informations émanant des autres personnalités, et ne lui avait pas fait part de ses interprétations.

Peu importait, d'ailleurs. Ce que Lynn lui dirait n'intéressait absolument pas Jo.

⁂

Journal — 2 juin 1982

La construction psychique est stupéfiante. Tout se passe comme si le fait d'avoir été violée par son père avait condamné Jo à devenir une victime permanente, prête à être séduite et abusée par le premier psychopathe venu. D'après ce que m'ont appris les autres personnalités, tout porte à croire que Jo a été violée par son professeur et qu'il s'est servi de l'hypnose pour parvenir à ses fins.

Chaque personnalité me délivre une parcelle de l'histoire de Jo, et, en réunissant les pièces du puzzle, je découvre qu'elle a vécu une adolescence particulièrement dévastatrice. Les abus sexuels me sont parfois présentés froidement, comme lorsque Isis me décrit l'excitation qui s'empare de Ray quand il étreint sa fille de treize ans. Le plus souvent, la vérité apparaît dans le transfert, comme la réaction de Jo à mon « professionnalisme » ou à mes tentatives d'hypnose. Parfois, des bribes d'histoires me sont livrées mine de rien et il me revient de distinguer l'important de l'accessoire.

Il est grand temps que Jo m'aide à assembler toutes les pièces du puzzle.

16

La séance suivante, Lynn avait un plan.

— Renée, m'annonça-t-elle. Que dirais-tu de jouer au détective pour moi ? Je veux essayer de reconstituer l'histoire de Jo.

Ça paraissait intéressant. Je n'avais pas vécu les expériences dont parlait Lynn, mais j'avais enregistré ce que les autres personnalités lui avaient raconté et je trouvais moi aussi que le puzzle était un peu trop embrouillé.

Lynn m'indiqua sur quelle période portait sa curiosité.

— Bon, me dit-elle, nous savons quand tu as vu le jour, n'est-ce pas ?

— Oui, approuvai-je. Je suis devenue une personnalité autonome quand Jo a couché avec son professeur de psychologie. Mais je viens seulement d'apprendre qu'il l'avait hypnotisée.

— Ça a dû être une expérience horrible pour Jo, dit Lynn.

— Je n'y avais jamais pensé, commençai-je avant d'éclater de rire. En tout cas, j'ai beaucoup aimé.

— Nous verrons cela plus tard. Pour le moment, essayons de comprendre comment tout cela s'est mis en place. Quand les parents de Jo se sont-ils séparés ?

— Oh, elle devait avoir douze ou treize ans, mais personne n'a grand-chose à raconter là-dessus.

— Nous entendrons les autres quand elles seront prêtes. Remontons un peu plus tôt, à son entrée au collège.

***

Jo appuya sa tête contre le mur des toilettes et, ne trouvant pas de support, ouvrit les yeux et s'aperçut avec stupeur qu'elle n'était pas dans les lavabos du collège. Elle était assise à un pupitre, dans une salle de classe.

Elle agrippa le livre étalé devant ses yeux, essayant désespérément de se raccrocher à la réalité. C'était un livre de psychologie ouvert à la page 72 sur une illustration du cerveau humain.

D'autres élèves peuplaient la classe et, sur l'estrade, un homme proche de la quarantaine l'observait avec curiosité derrière ses lunettes d'écaille tout en énonçant les différentes fonctions du cerveau, qu'il désignait sur un modèle en plastique multicolore trônant sur son bureau. Sur la droite de Jo, un laboratoire avec des tables entourées de hauts tabourets; sur sa gauche, d'autres élèves la séparaient d'un mur en parpaing. Certains fixaient le professeur d'un air attentif; d'autres semblaient s'ennuyer. Une porte s'ouvrait sur la gauche de Jo.

Fuir! songea-t-elle. Fuir au plus vite! Oui, mais où? La salle était dépourvue de fenêtre, comment deviner où aller? Elle essaya de se rappeler quel jour on était, mais dut y renoncer, incapable de s'en souvenir.

Elle avait l'impression d'être engloutie par des sables mouvants : plus la panique gagnait, plus elle s'enfonçait. Dans un ultime effort, elle examina une dernière fois la salle à la recherche d'une issue. Elle remarqua une pancarte au-dessus du professeur : Mr. Dunlap. « Mr. Dunlap », songea-t-elle, testant la résonance du nom.

Elle étudia de nouveau la salle, chercha des visages familiers, n'en trouva pas parmi les élèves, qui avaient toutes l'air plus âgées qu'elle et plus féminines. On aurait dit des lycéennes.

Déroutée, Jo reporta son regard sur son livre de classe. En retrouvant le fil de la lecture, peut-être la mémoire lui reviendrait-elle?

Des feuilles volantes attirèrent son attention. La date s'étalait en lettres rondes et bien formées qui ne ressemblaient pas à ses gribouillis habituels : « 24 octobre 1971. »

« Octobre 1971! » Une sueur glaciale perla sur son front. « Impossible! Nous sommes en avril. »

Elle s'efforça de rester calme malgré la panique qui montait. « Souviens-toi! Ne sois donc pas stupide et essaie de te souvenir. »

En regardant par terre, elle aperçut un sac à ses pieds. Ah, elle trouverait certainement de quoi se rafraîchir la mémoire. De son air le plus naturel, elle brisa la mine de son crayon, jeta un œil vers le professeur, mais il ne semblait pas se soucier d'elle. Elle fouilla frénétiquement dans son sac, comme si elle y cherchait un autre crayon, pensant y trouver un objet familier qui lui ferait retrouver le fil de sa vie.

Incrédule, elle pêcha un petit sachet en plastique contenant de la marijuana. D'où sortait cette chose ? Elle ne se droguait pas. Elle laissa retomber le sachet et s'effondra sur son pupitre, la tête dans les mains.

Elle se concentra sur ses souvenirs les plus récents. « Qu'est-ce que je faisais il y a une minute ? Qu'est-ce que je faisais hier ? »

Hier, Jo était en troisième. C'était un matin d'avril et le premier cours était délivré par Mr. Hahn, le professeur d'espagnol. Assise au premier rang, elle s'agitait sur sa chaise pendant que les autres élèves récitaient ensemble leur leçon. Excellente élève, Jo n'arrivait pourtant pas à suivre les instructions en espagnol de Mr. Hahn. « Pourquoi est-ce que je n'arrive pas à suivre ? » se demanda-t-elle, paniquée. Sur un coup de tête, elle se précipita hors de la classe.

Et maintenant ? Elle se glissa dans les toilettes et s'aspergea le visage d'eau froide. Elle dut se tenir les mains pour les empêcher de trembler.

Que faire ? Elle ne pouvait pas rester trop longtemps dans les toilettes. Un surveillant risquait de s'en apercevoir. « Je lui expliquerai que je suis malade », se dit Jo en s'adossant au carrelage mural qui la rafraîchit. La tête lui tournait. « Je suis peut-être malade, se dit-elle. Je devrais aller à l'infirmerie. »

Elle aimait bien l'infirmière qui l'avait maintes fois consolée cette année quand Jo se confiait à elle, en pleurs, maudissant son père qui les quittait, maudissant sa mère qui ne voulait plus vivre avec lui. « Mon pauvre petit poussin », murmurait l'infirmière en lui tapotant la tête. Mais la semaine dernière, quand elle était entrée en larmes dans l'infirmerie, l'infirmière l'avait adressée au psychologue scolaire.

Le psychologue, qui disparaissait derrière une pile de dossiers, lui avait demandé si c'était urgent. Jo avait répondu que tout allait bien et il n'avait pas insisté.

A présent, elle craignait de se rendre à l'infirmerie, où on la renverrait certainement chez le psychologue. Ne sachant où aller, Jo appuya sa tête contre le carrelage froid.

Une sonnette la fit sursauter et la ramena dans la classe de Mr. Dunlap. « Je ne bougerai pas, décida Jo. Je ferai semblant de dormir. »

La salle se vida dans un brouhaha de rires et de conversations enfiévrées, puis un silence paisible s'installa. Jo sentit qu'on lui touchait le bras et se retourna vivement, terrifiée. Le professeur de psychologie la dévisageait, un sourire aux lèvres.

— Je n'ai pas cours pour l'instant, dit-il. Suivez-moi dans mon bureau, Jo.

Elle ramassa ses livres et le suivit. Mr. Dunlap s'assit à son bureau et lui désigna une chaise à côté de lui. Il se renversa dans son fauteuil, joua avec son stylo d'un air songeur sans quitter Jo des yeux, puis se pencha vers elle.

— Alors, miss Casey, j'attends vos explications.

— Je... je ne comprends pas.

— Et la marijuana ?

— Je... ce n'est pas à moi.

— Donnez-moi votre sac, ordonna-t-il.

Elle se cramponna à son sac, inquiète de ce qu'il pourrait encore y trouver. Finalement, elle prit le sachet de plastique et le lui tendit.

— Bon, et que devrais-je faire de ces dix grammes d'herbe, à votre avis ?

— Gardez-les, dit Jo, soulagée d'avoir une réponse sensée à proposer. Je n'en veux pas.

Indécis, le professeur l'étudia un instant.

— Vous étiez bien pâle en classe, déclara-t-il après un long silence. Vous aviez l'air désemparée. Des ennuis à la maison ?

Jo ne sut que répondre. Elle ignorait ce qui se passait chez elle en ce moment.

— Vous vous êtes disputée avec votre mère ? Avec votre père, peut-être ? Avez-vous d'autres frères et sœurs ?

Jo se détendit légèrement.

— J'ai une sœur aînée, mais elle est fâchée avec ma mère et ne veut pas nous donner son adresse. Mon père ne veut pas non plus me dire où il habite, mais il me téléphone et vient me voir de temps en temps.

Elle s'interrompit, ne sachant pas si ce qu'elle disait était toujours vrai. C'était vrai pour avril, mais on était en octobre.

Le professeur l'observa pensivement.

— Vous n'avez personne à qui parler, est-ce que je me trompe ? demanda-t-il d'une voix très douce.

Jo se renfrogna, sachant qu'il était dangereux de parler de ses problèmes. On répétait toujours à sa mère ce qu'elle racontait, on lui posait des questions auxquelles elle ne pouvait pas répondre ou on la congédiait, tout bonnement.

Mr. Dunlap inscrivit quelque chose sur un bout de papier et le lui tendit. Elle put lire « Larry Dunlap », suivi d'un numéro de téléphone.

— Ne dites pas à vos camarades que je vous l'ai donné, mais appelez-moi si vous avez besoin de parler. D'accord ?

Jo accepta le papier. Elle ne songeait pas à l'utiliser ; elle voulait simplement s'enfuir avant qu'il ne se rende compte qu'elle avait perdu la mémoire.

— Attendez, reprit-il, je vous fais un mot d'excuse pour retourner dans votre classe. Laquelle est-ce ?

— C'est pas la peine, assura Jo en se dirigeant vers la porte. Je n'en ai pas besoin.

— Ne vous inquiétez pas, déclara le professeur en la rassurant d'un sourire. La marijuana sera notre petit secret. Si, je vous assure, vous pouvez me faire confiance. Ici, vous êtes en sécurité.

Jo sortit et se retrouva dans un grand hall qu'elle ne connaissait pas, bien différent de celui du collège. La psychologie ne s'enseignait qu'à partir du lycée et la date qu'elle avait vue indiquait qu'on était le 24 octobre 1971. Elle devait donc être en seconde, et le lycée était certainement le John F. Kennedy. Logique !

« Sommes-nous vraiment en octobre ? » se demanda-t-elle.

Le hall qu'elle empruntait se terminait par une porte à double battant trouée de fenêtres. Elle risqua un œil par le carreau. La couleur des arbres, la magnifique forêt qui s'étendait devant le bâtiment lui confirmèrent qu'elle était bien en octobre.

Elle se glissa dehors et s'assit sur les marches, respirant à pleins poumons l'air chargé des senteurs de l'automne.

Elle chercha dans son classeur un indice susceptible de lui rendre sa mémoire, trouva son emploi du temps et lut. Anglais : Mr. Smith. Espagnol : Mr. Walker. Géométrie : Miss Hernandez. Journalisme : Mrs. Adams. Psychologie : Mr. Dunlap. Gym : Miss Maloney. Une liste de salles était inscrite sur un côté de la feuille. Jo présuma qu'elle avait copié son emploi du temps en prévision d'absences comme celle qu'elle était en train de vivre.

Donc, elle était supposée être en classe de gym. Elle détestait la gymnastique. Elle n'était pas adroite — « gauche » disait sa mère — et on la choisissait toujours en dernier quand on formait les équipes. En outre, elle devait affronter les vestiaires et les quolibets des autres filles sur son corps encore impubère.

« J'ai bien envie d'attendre la fin de la journée ici », se dit-elle.

Il faisait frais près des arbres, et c'était si paisible. Jo commençait à se remettre de ses émotions. Bientôt, sans doute, la mémoire lui reviendrait.

Une femme apparut brusquement à l'angle du bâtiment.

— Hé, vous là-bas ! Que faites-vous là ?

Terrifiée, Jo se figea et elle sentit l'obscurité l'envelopper à nouveau. Une autre personnalité prit immédiatement le relais.

— J'allais justement rejoindre ma classe, déclara Isis en se relevant avec grâce. Mon professeur de psycho m'a retenue après le cours et je suis sortie prendre un peu l'air. Ça va, j'y vais, j'y vais.

Elle était déjà dans le bâtiment avant que la surveillante ait le temps de protester.

Isis avait été l'une des personnalités agissantes pendant les six mois d'absence de Jo. C'était elle qui fumait de la marijuana, dont elle regrettait d'ailleurs la perte. Elle ne craignait pas que Larry la dénonce ; il garderait plutôt l'herbe pour son usage personnel. Tiens, elle trouverait peut-être même un moyen de la récupérer ! Mais, pour l'instant, elle se hâta de rejoindre son cours préféré.

Elle pénétra dans le gymnase, certaine que miss Maloney ne la gronderait pas pour son retard. Le professeur écouta ses explications — « Mr. Dunlap m'a encore fait la morale » — tout en continuant à arbitrer le match de basket.

— Il est trop tard pour que tu te joignes à la partie, dit enfin miss Maloney. Va donc m'attendre dans mon bureau.

Isis s'exécuta en repensant à ce qui s'était passé une heure auparavant, quand Jo s'était réveillée d'un sommeil de six mois. « La cage de verre ! » songea-t-elle.

Isis se retrouvait parfois bloquée à l'intérieur, regardant à travers une paroi de verre son corps échapper à son contrôle. D'autres fois, elle pouvait comme maintenant faire ce qu'elle désirait.

Ce qu'elle désirait par-dessus tout, c'était de se mouvoir avec grâce. Elle représentait un atout pour ceux qui la comptaient dans leurs rangs quand on divisait la classe en équipes, mais les capitaines ne la choisissaient jamais sans réserve. Avec Jo Casey, on n'était sûr de rien : un jour, c'était la meilleure joueuse sur le terrain; le lendemain, elle se mélangeait les pinceaux et faisait perdre l'équipe. Quand ça arrivait, Isis rougissait de honte, mais qu'y pouvait-elle?

De sa cage de verre, elle assistait, impuissante, au spectacle de son corps noué qui trébuchait maladroitement. Mais quand elle était de sortie, elle s'en donnait à cœur joie. Elle adorait la danse classique, et elle travaillait depuis quelque temps les exercices difficiles qui feraient d'elle une gymnaste de haut niveau. Grâce aux leçons particulières de miss Maloney, elle espérait rejoindre l'équipe de gymnastique au printemps.

On disait qu'elle était un médium. C'est vrai qu'elle excellait à lire dans les pensées, et elle pouvait même parfois deviner ce que les gens allaient dire ou faire. Elle se nourrissait de littérature ésotérique et se prenait pour une sorte d'esprit errant. Elle considérait ses périodes dans la cage de verre comme une preuve qu'elle ne faisait que passer dans ce corps qui ne lui appartenait pas.

Néanmoins, Isis ne regrettait pas son incarnation actuelle, et s'amusait qu'un esprit aussi élevé se retrouve dans le corps de cette godiche de lycéenne. Elle composait des poèmes mélodieux pour le plus grand plaisir de ses professeurs d'anglais et possédait des admirateurs jusque chez les élèves. Certaines de ses camarades de classe la craignaient, ce qui ne dérangeait d'ailleurs pas Isis qui préférait garder une certaine distance.

Le cours touchait à sa fin; miss Maloney entra dans son bureau pendant que les lycéennes se précipitaient dans les douches.

— Allez, mon petit, déclara-t-elle. Je n'ai pas grand-chose à faire ici; on partira à la cloche.

Comme chaque fois, miss Maloney la raccompagnait. C'était un fait établi dont Isis se réjouissait.

— Quand vous voudrez, acquiesça-t-elle.

Quand Nancy et Ray s'étaient séparés, Jo et sa mère avaient emménagé dans l'immeuble où habitait miss Maloney. Celle-ci faisait profiter miss Casey de sa voiture et semblait apprécier sa compagnie, ou du moins celle d'Isis, laquelle adorait être avec miss Maloney.

Quand miss Maloney conduisait sa voiture de sport, Isis avait tout le loisir de l'observer sans se cacher. Elle savait intuitivement que miss Maloney était lesbienne, et se rendait bien compte qu'elle-même préférait les femmes. Elle brûlait de se confier à son professeur, mais n'osait pas. Isis n'était pas attirée par n'importe quelle femme ; c'était miss Maloney qu'elle voulait, et aucune autre. Elle devinait à certains regards que cette attirance était réciproque.

⁂

Le lendemain matin, Jo se dépêcha de s'habiller pour le lycée et fit rapidement le tour de l'appartement. Elle essayait toujours de retrouver les souvenirs des six derniers mois et se sentait flotter précairement entre deux niveaux de conscience. La réalité extérieure semblait chaotique, mais il était moins effrayant de reconstituer ce qui avait pu se passer cet été que de s'inquiéter de savoir ce qu'elle avait fait la nuit dernière. « J'ai encore rêvassé, se reprocha-t-elle. Il faut que cela cesse ! » Elle constata avec un sentiment de rage et de dégoût que les plantes avaient poussé, et que certains meubles avaient changé de place.

Au moins, sa manie de rêvasser avait-elle aiguisé ses qualités d'observation et elle était passée maître dans l'art de poser les questions inoffensives qui lui permettaient de rattraper le temps perdu.

Soulagée de ne pas avoir manqué l'automne, elle s'émerveillait du changement spectaculaire qui habillait la nature de couleurs fauves, lorsque Nancy surgit.

— Oh, Joan Frances, qu'est-ce que tu fais en jean ? Tu t'habillais si bien depuis ton entrée au lycée !

Jo l'ignora. Elle se moquait pas mal de son accoutrement ; elle avait d'autres chats à fouetter. A commencer par les parents.

— Crois-tu que papa va venir bientôt ? s'enquit-elle.

Sa mère sauta sur l'occasion.

— Tu veux parler à ton père ? Pourquoi ne l'appellerais-tu pas à son travail pour lui demander de passer ?

— Euh... non, répondit vivement Jo, comprenant que sa mère poursuivait toujours Ray. Non, je demandais juste ça comme ça.

Nancy empoigna néanmoins le téléphone.

— Ça n'a pas l'air d'aller, susurra-t-elle en composant le numéro. Il vaut mieux appeler ton père.

Jo était contente de pouvoir parler à son père mais aurait préféré que sa mère n'assiste pas à leur conversation.

— Ta fille veut te parler, annonça Nancy après avoir obtenu la communication, et elle tendit aussitôt le combiné à Jo.

— Allô, papa?

— Oui, ma chérie, qu'est-ce qu'il y a? s'inquiéta Ray.

Jo entendait les machines de l'usine à l'arrière-plan.

— Oh, rien... je... comment ça va?

— Dépêche-toi, trésor, je travaille, bon sang!

Jo aurait voulu rentrer sous terre. Son père était fâché et il refuserait de la voir, maintenant. Elle perdit immédiatement le contrôle.

Rusty, le jeune adolescent, prit le relais.

— Alors, p'pa! s'écria-t-il gaiement. Quand est-ce qu'on se voit? Tu ne peux pas venir à Norfolk ce week-end?

— Ah, voilà qui est mieux, déclara Ray, ravi du changement de comportement de sa fille.

— Dis-lui que tu as des ennuis au lycée, souffla Nancy, et Rusty, qui avait horreur d'avoir cette bonne femme derrière son dos, s'éclipsa.

Joan Frances parut, un sourire complice aux lèvres. Elle ne comprenait pas ce que sa mère trouvait à ce pauvre type, mais avait deviné qu'elle comptait sur Joan Frances pour le convaincre de passer à l'appartement.

— Tu pourrais peut-être venir m'aider à faire mes maths, ce soir? proposa-t-elle. Je n'y arrive pas, et maman me dit qu'elle préparera à dîner.

Nancy l'écoutait en hochant vigoureusement la tête et se disait que la petite n'était pas si bête, après tout. Nancy était prête pour une réconciliation avec Ray. Deux ans auparavant, elle avait rencontré de nouveaux amis et pris un amant, mais c'était fini depuis longtemps. Elle se sentait seule, à présent, et l'éducation de sa plus jeune fille lui pesait.

***

Dans le mois qui suivit le brusque réveil de Jo en plein cours, diverses personnalités se partagèrent les journées. Joan Frances complotait avec sa mère pour récupérer Ray ; Rusty appréciait les rares moments passés avec son père et il fut très déçu de l'entendre déclarer un jour : « Tu ne peux pas habiter avec moi. Ta place est auprès de ta mère. » Rusty avait horreur de vivre avec Nancy, qu'il refusait de considérer comme sa mère. Isis était toujours amoureuse de miss Maloney, et Jo découvrait en Mr. Dunlap un ami sincère à qui elle pouvait se confier.

Bientôt, Jo fut assez consciente chaque jour pour profiter de cinq de ses cours. Mrs. Adams, qui enseignait le journalisme, l'encouragea à écrire pour le journal du lycée. Jo réussit même à se faire un ami en la personne de Brian O'Neil, un élève de première très brillant qui ne détestait pas l'étiquette de type bizarre qu'on lui avait collée sur le dos. Jo, à travers lui, en vint à fréquenter les « hippies » du lycée.

Elle suivait mal en géométrie, mais s'asseyait au fond de la classe à côté de Sam, un ami de Brian. Le professeur de géométrie, miss Hernandez, était gentille avec elle malgré ses mauvaises notes.

Jo détestait l'espagnol. Elle n'y comprenait rien. Elle oubliait tout au fur et à mesure. Mr. Walker ne l'aimait pas et ne s'en cachait pas. Il s'amusait à la ridiculiser devant les élèves, ravis d'avoir un bouc émissaire.

Jo ne gardait aucun souvenir des cours de gym, ce dont elle ne se plaignait pas, au contraire. Elle était sûre d'être encore plus ridicule en gym qu'en espagnol.

Malgré sa hantise de la gymnastique et de l'espagnol, elle trouvait une sorte d'équilibre au lycée. Le bureau de Mr. Dunlap représentait pour elle un havre de paix, et elle s'y rendait chaque jour en arrivant.

Il y avait parfois d'autres étudiants dans le bureau, et souvent Mr. Dunlap n'avait pas le temps de lui parler, mais Jo ne s'en formalisait pas. Elle lisait, révisait ses cours, ou faisait ses devoirs. Il lui suffisait d'être près de Mr. Dunlap pour se sentir moins seule.

Jo était déçue que son père ne veuille pas lui donner son numéro de téléphone personnel. « Ta mère se débrouillera pour te l'arracher, disait-il, et je ne veux pas qu'elle me relance. »

Ne pouvant pas joindre son père quand elle le voulait, il lui restait Mr. Dunlap, qui l'autorisait à l'appeler le soir ou les week-ends et lui faisait confiance pour ne révéler à personne son numéro de téléphone. Il lui prodiguait ses conseils et savait l'apaiser rien qu'en l'écoutant. Bien qu'elle n'osât pas lui parler de ses absences, les longues explications de son professeur et sa façon de lui relater ce qui s'était passé au lycée lui laissaient penser qu'il avait deviné ses importants trous de mémoire.

Miss Maloney donnait des leçons particulières de gymnastique à Isis quelques après-midi par semaine et Isis trouvait toujours un prétexte pour venir la voir chez elle. Elle lui apportait souvent des gâteaux que Nancy avait préparés en l'honneur de Ray.

Un jour de décembre, miss Maloney lui annonça qu'elle devrait prendre dorénavant l'autobus et cesser de venir chez elle. Elle avait une colocataire qui ne supportait pas d'être dérangée continuellement. Jalouse, Isis savait qu'elle récupérerait l'affection de miss Maloney dès qu'elle en aurait l'occasion. Elle la guettait de sa fenêtre et voyait souvent les deux femmes marcher jusqu'au parking main dans la main ou s'effleurer discrètement d'un geste amoureux.

Isis ravala sa rancune, cacha sa tristesse, et chercha les mots justes qui empêcheraient son professeur de la rejeter. En attendant, elle fit mine de se désintéresser de miss Maloney et se défonça pour oublier son sentiment de rejet. Brian, Sam, la came et la musique lui procurèrent des distractions salutaires.

Vers la fin janvier, une nuit, Isis fumait du hasch dans l'appartement de Sam éclairé aux chandelles. Elle passa le joint à son voisin, Brian, ignorant le reste des participants. D'ailleurs, la compagnie importait peu : la musique à plein volume empêchait toute conversation.

Le rythme effréné du rock la faisait planer et elle se laissa aller à son phantasme favori : miss Maloney la caressait et l'embrassait. Elle était allongée sur la moquette, les sens en éveil, quand elle s'aperçut avec horreur qu'elle ne rêvait pas : Brian était vautré sur elle et l'embrassait à pleine bouche en la maintenant solidement au sol.

— Non! hurla-t-elle, puis elle le repoussa violemment et bondit hors de la pièce.

— Mauvais trip, décréta quelqu'un en la voyant passer.

Seule dans la nuit, elle eut envie de quitter ce corps dégoûtant, et elle jura que jamais plus aucun homme ne la toucherait. Ah, non, jamais plus !

Elle rentra chez elle et grava avec un rasoir un symbole de mort sur son sein gauche. Puis elle alluma des bougies et de l'encens et pria intensément afin de quitter ce corps terrestre. Elle s'endormit en espérant que la magie agirait.

Le lendemain matin, Isis se défoula en gym, furieuse d'être encore en vie. « C'est la faute de miss Maloney », décida-t-elle. Elle ne perdait rien pour attendre !

Elle s'escrima sur les barres asymétriques au-dessus du sol nu. Elle savait que c'était rigoureusement interdit de ne pas utiliser le tapis de sol, mais s'en fichait pas mal. Quand miss Maloney parut, Isis, survoltée, prépara sa sortie. Là, le professeur serait bien obligé de la remarquer.

Miss Maloney tourna les talons et rentra dans son bureau. C'était trop ! Isis fit le saut de l'ange depuis la barre supérieure et Josie se retrouva, comme ça lui arrivait souvent, précipitée dans les airs. Elle accepta la panique et anticipa avec joie le futur évanouissement que ne manquerait pas de provoquer l'impact.

Jo se releva avec la conscience confuse que son professeur de gymnastique l'appelait par son nom.

— Je vais bien, dit-elle machinalement.

Elle examina la salle puis reporta son attention sur sa tenue. Qu'était-elle en train de faire ? Elle se dirigea en titubant vers les vestiaires pour récupérer ses habits.

— Mais oui, je vais très bien, assura-t-elle à miss Maloney qui l'avait suivie.

Jo attendit patiemment que le professeur s'en aille.

Elle se sentit bizarre, ce jour-là ; légèrement désorientée, les gestes mal coordonnés. Marcher, se tenir debout, bouger ses bras nécessitait un effort de concentration. Et elle avait un épouvantable mal de tête.

***

Journal — 1er juillet 1982

Je suis arrivée à un tableau plus complet de l'adolescence de Jo Casey. Il est clair qu'elle a dû se débattre avec un nombre considérable de problèmes, dont le moindre n'était sans doute pas sa multiplicité bien établie. Il est clair également que sa maladie était alors une arme à double tranchant. Elle la protégeait en lui fournissant un système de survie, mais elle lui créait en même temps d'autres problèmes. Le comportement des deux parents, qui utilisaient leur fille comme confidente, a envenimé une situation familiale déjà pathologique.

« Ton père ne vient que pour mon cul », disait Nancy à sa fille, et Joan Frances ne comprenait pas pourquoi sa mère acceptait de subir les assauts d'un tel goujat.

« Chaque fois que je regarde ta mère, disait son père, je la revois en train de se faire baiser par l'autre porc », et Jo ne comprenait pas pourquoi, dans ce cas, il restait toute la nuit.

Finalement, le groupe a cherché attention et amour ailleurs. Il s'est tourné vers les professeurs de gymnastique et de psychologie, ou a comblé son besoin d'affection par la drogue.

Jusqu'à présent, le travail de détective amuse beaucoup Renée, mais elle évite de s'impliquer elle-même. Comme elle n'a pas le sentiment d'avoir des droits, elle ne parvient pas à concevoir qu'elle a été créée en réponse à un abus. J'ai l'impression qu'elle court au-devant de graves ennuis. Le jour où elle acceptera de s'estimer, elle risque de décompenser. Les vacances qui approchent lui permettront de retarder l'échéance.

Je crois qu'il est temps de prendre un peu de recul. Le travail m'a épuisée et je pense qu'il est trop tôt pour que Renée s'implique. La séparation nous fera le plus grand bien et nous permettra à chacune de reprendre des forces. Du fait que Renée passera une partie de ses vacances à Richmond, elle espère découvrir, à l'école ou à l'hôpital, des preuves pour corroborer ce que les autres personnalités ont raconté du passé de Jo.

17

Journal — 10 août 1982

Les séances ont recommencé, après cinq longues semaines de vacances. Malgré un « syndrome de reprise », les personnalités se sentent aussi à l'aise avec moi qu'avant l'interruption. Elles semblent calmes et, après quelques minutes passées à câliner Missy à chaque début de séance, elles nous laissent, Renée et moi, reconstruire ensemble leur adolescence. Nous examinons de près les mois qui ont précédé sa venue au monde.

Renée a profité de son séjour à Richmond pour se livrer à certaines recherches. Comme il fallait s'y attendre, elle a eu du mal à fouiner dans les dossiers scolaires et médicaux, et elle n'est pas peu fière d'avoir vu sa ténacité récompensée. Elle a découvert une preuve de l'admission en urgence de Joan Casey pour fracture du crâne, ce qui corrobore l'histoire de Missy remontant à la période pré-scolaire et disant que « cette fille, Josie, a été cognée contre un mur ». Elle a aussi retrouvé une trace d'hospitalisation datant de l'adolescence.

Renée triomphait quand elle m'a montré ces preuves, et je crois qu'elles lui sont plus indispensables qu'à moi.

J'ai toujours ignoré les cliniciens qui doutent de l'existence des Multiples ou qui suggèrent que ces symptômes se manifestent uniquement pour satisfaire un besoin pathologique du thérapeute, mais, comme Renée avec les dossiers médicaux, j'ai le sentiment enivrant que je possède maintenant une preuve indéniable pour faire taire les sceptiques. Renée m'a apporté deux rapports — l'un d'un neurologue, l'autre d'un psychologue — qui confirment que la Personnalité Multiple de Jo aurait déjà pu être diagnostiquée quand elle était au collège si son médecin traitant avait eu assez de connaissance du syndrome pour poser les bonnes questions.

Je serais tentée de m'extasier de ma perspicacité si je ne savais que trop combien ma compréhension des personnalités de Jo m'a été facilitée par la confiance qu'elle a bien voulu m'accorder, ce qu'elle n'avait fait auparavant avec aucun autre clinicien. Quand je l'ai rencontrée, elle ne dépendait plus de ses parents, et elle était prête à se faire soigner. Je n'en suis pas moins peinée que le syndrome de Personnalité Multiple soit si décrié au sein de la communauté médicale.

***

— Reprenons au moment où Isis saute de la barre, demanda Lynn.

Une semaine après la chute de Jo, Nancy remarqua que sa fille avait un comportement bizarre. Elle voyait bien que Jo devait faire des efforts pour ne pas tituber, et pour beurrer ses tartines, par exemple, elle tenait le couteau comme s'il était trop lourd et difficile à maîtriser.

— Qu'est-ce qui t'arrive, Joan Frances ? s'étonna-t-elle.

— Rien, maman, répondit vivement sa fille, persuadée que sa mère se fâcherait si elle découvrait qu'elle était malade.

— Alors, comment se fait-il que tu n'arrives même pas à tenir convenablement ton couteau ?

Joan Frances regarda ses mains. Elles lui parurent étranges ; on aurait dit celles d'un pantin désarticulé et elle avait l'impression de les manipuler à distance.

— Je ne sais pas, maman, avoua-t-elle finalement.

— Lève-toi, ordonna Nancy, et tiens-toi les pieds joints.

Joan Frances obéit en s'efforçant de ne pas perdre l'équilibre. Elle dut néanmoins s'appuyer au mur pour ne pas tomber.

— Tu es sûre que tu te sens bien ?

Cette fois, Joan Frances prit le temps de la réflexion.

— J'ai un peu mal à la tête, concéda-t-elle.

Elle s'était tellement habituée au violent battement qui lui déchirait la tempe gauche qu'elle n'avait pas pensé à le signaler plus tôt.

— Il vaut mieux que tu n'ailles pas à l'école aujourd'hui, conseilla Nancy. Viens à la clinique cet après-midi et tu verras le Dr Roger.

Joan Frances acquiesça, comme toujours, mais ce fut Jo qui profita de son jour de repos. Elle était contente de rester seule dans l'appartement ; elle pouvait lire, ou réfléchir tout simplement, sans que Nancy se lamente sans cesse parce qu'elle restait à « rien faire ». En fin d'après-midi, Jo se rendit en titubant à la clinique où travaillait sa mère.

Le Dr Roger Schuler, qui était aussi le patron de Nancy, lui fit effectuer un certain nombre de choses simples qu'elle trouva étonnamment difficiles.

— Suis cette lumière des yeux, lui demanda-t-il par exemple.

Et Jo découvrit que la douleur l'empêchait de regarder latéralement.

— Marche sans t'écarter de cette ligne droite.

Elle se leva et dut se retenir au mur.

— Je ne suis pourtant pas saoule, plaisanta-t-elle malgré l'angoisse qui l'étreignait.

Le Dr Schuler vérifia ensuite ses réflexes avec son marteau. La jambe gauche réagit bien mais la droite bougea à peine.

— Attends-moi, il faut que je parle avec ta mère.

Jo s'adossa au mur ; le sang dans sa tête battait au rythme de son cœur. L'angoisse que lui procurait son manque de coordination et d'équilibre n'était rien à côté de sa crainte de la colère de sa mère, qu'elle anticipait déjà. Jo était persuadée que le Dr Schuler était en train d'expliquer à Nancy que sa fille jouait la comédie, et Jo savait que sa mère le lui ferait payer cher en rentrant à la maison. « Je lui jurerai que je ne recommencerai plus », décida-t-elle.

Le médecin exposa les faits à Nancy mais lui cacha sa propre inquiétude.

— Je vais l'hospitaliser, déclara-t-il. Je n'ai pas encore trouvé ce qu'elle a et j'aimerais qu'on lui fasse un examen neurologique complet.

***

Jo subit la première de ses trois hospitalisations d'une semaine. Un neurologue, un neurochirurgien et un O.R.L se penchèrent sur son cas et transmirent leurs conclusions à son médecin traitant. Le Dr Schuler la renvoya chez elle sans avoir réussi à établir un diagnostic. Il se borna à conseiller à ses parents de rester vigilants.

La démarche de Jo se fit rapidement plus chancelante et elle fut bientôt incapable de se déplacer toute seule. Elle tombait trop souvent pour retourner au lycée et le proviseur lui adjoignit un tuteur qui lui donna des cours de rattrapage chez elle et à l'hôpital. Il lui donna surtout le goût des mathématiques, ce qui lui permit enfin d'apprécier la beauté et la logique de la géométrie et de l'algèbre.

Ses problèmes d'équilibre s'atténuèrent ; les hospitalisations la protégeaient des aspects les plus pénibles de la séparation de ses parents. Chez elle, Jo restait parfois éveillée des heures entières à penser à sa mère qui dormait dans la chambre voisine. Elle n'aimait pas savoir Nancy seule et amère, mais c'était pire quand son père venait passer la nuit. Puisqu'il ne pardonnait toujours pas l'infidélité de Nancy, pourquoi couchait-il avec elle ? A l'hôpital, Jo ne se posait pas ce genre de questions ; peu lui importait que sa mère dorme seule, avec Ray ou avec un autre. Elle était soulagée d'être loin de chez elle.

La maladie de Jo continuait à dérouter le corps médical. Le premier neurologue consulté émit des doutes sur les symptômes. Les radios, l'électro-encéphalogramme et la ponction lombaire étaient normaux. Les soudains changements de comportement et les périodes de vide décrites par Nancy, ajoutés à l'indifférence de Jo pour ses troubles physiques, l'amenèrent à soupçonner la présence d'un facteur hystérique.

Le psychologue, qui examina Jo sur les recommandations du neurologue, la définit comme « une enfant hystérique, déprimée et refoulée » qui supportait mal la séparation de ses parents. Il n'évacua pas entièrement l'éventualité d'un problème neurologique, mais conseilla une psychothérapie de soutien pour aider Jo à surmonter ses sentiments négatifs à l'égard de ses parents. Ce conseil resta lettre morte.

Le neurochirurgien soupçonna Jo de souffrir d'une tumeur au cerveau ou d'une encéphalite allergique. On l'hospitalisa de nouveau et elle fut à deux doigts de subir une intervention chirurgicale en avril, après qu'elle fut surprise « en train d'errer dans un couloir en présentant les signes d'une grande confusion ». Nancy et Ray s'opposèrent à l'opération. Le neurochirurgien n'apporta aucune preuve de lésion cérébrale justifiant une intervention.

Fin mai, l'ataxie et les maux de tête diminuèrent, puis

cessèrent. Jo retourna sans plaisir au lycée pour les deux dernières semaines du trimestre, mais la perspective de revoir Mr. Dunlap sans avoir sa mère sur le dos la réconforta.

Mr. Dunlap lui avait rendu visite à l'hôpital et chez elle, mais Jo l'avait soupçonné de venir aussi pour Nancy et s'était inquiétée de leur rapprochement grandissant.

Répétait-il à Nancy ce que Jo lui confiait ? Couchait-il avec sa mère ? Nancy essaierait-elle de s'approprier le temps que Larry passait avec elle, comme cela s'était déjà passé avec son père ? Au moins, au lycée, Jo n'entrerait pas en compétition avec sa mère. Elle reprit ses escales matinales dans le bureau de Larry.

Elle commença aussi à voir Carla Hernandez, sa professeur de géométrie, en dehors des cours. Miss Hernandez lui avait témoigné beaucoup de sympathie pendant sa maladie, et elle lui avait parfois rendu visite chez elle ou à l'hôpital.

Maintenant, Jo passait tous les jours chez miss Hernandez après le lycée. Elle aimait l'aider, ou simplement discuter avec cette femme qui semblait apprécier sa compagnie.

Miss Hernandez n'avait que cinq ou six ans de plus qu'elle, et elle se conduisait avec Jo comme celle-ci aurait aimé que sa sœur Carol le fît. Les week-ends, miss Hernandez invitait parfois Jo dans ses balades en ville et, contrairement à sa grande sœur Carol, Carla Hernandez ne cherchait jamais à la ridiculiser.

La veille des vacances, Jo aida miss Hernandez à recopier les notes de fin d'année. Elle croyait fermement que son professeur lui proposerait de la voir pendant l'été.

— Nous avons vécu de bons moments ensemble, déclara-t-elle, et Jo attendit avec impatience la suite.

Son professeur lui apprit alors qu'elle ne retournerait pas au lycée Kennedy à la rentrée. Elle allait se marier dans quelques semaines et comptait s'installer au Mexique avec son futur époux.

Jo fut trop blessée pour lui demander si elles pourraient correspondre.

*
**

Nancy et Ray lui réservaient eux aussi une surprise de taille. Ils avaient décidé de reprendre leur vie commune.

Plutôt que d'être contente, Jo se sentit coupable quand son

père la prit à part pour lui confier : « Je veux que tu sois heureuse, mon lapin, et je vois bien que tu ne peux pas te passer de ton vieux père. » Jo, qui avait été profondément troublée par sa mystérieuse maladie, en déduisit que son père revenait sur sa décision à cause d'elle. Infidélité ou pas, il consentait à vivre avec Nancy pour que Jo soit heureuse.

Elle se demanda alors ce qu'il adviendrait de l'amitié de Larry après la réconciliation de ses parents. Elle récupérait son père, certes, mais elle ne voulait pas perdre l'homme qui l'avait soutenue pendant l'absence de Ray.

Quelques semaines avant la fête des Pères, Jo écrivit une longue lettre à Larry, lui expliquant qu'il était devenu comme un père pour elle. Elle avait peur d'exprimer aussi clairement ses sentiments, mais la crainte de le perdre comme elle avait perdu miss Hernandez l'emporta. Il fallait qu'il sache à quel point il comptait pour elle, même s'il devait la rejeter pour son attachement excessif.

Après avoir posté la lettre, Jo n'osa plus appeler Larry. Elle calcula quel jour il la recevrait et envisagea ses différentes réponses possibles.

Des jours passèrent, puis une semaine, sans appel de Larry. La veille de la fête des Pères, Jo reçut un télégramme — le premier qu'on lui adressait. Elle le décacheta d'une main tremblante sous le regard de sa mère, et lut : « Je ne t'abandonnerai jamais. Amitiés. Larry. »

— Tu veux vraiment faire de la peine à ton père ! s'écria Nancy, furieuse. Il serait malade s'il apprenait ça.

Bouleversée par le message de Larry, Jo osa affronter la colère de sa mère.

— T'as qu'à pas lui dire ! rétorqua-t-elle d'un ton ferme.

Elle cacha le télégramme pour empêcher sa mère de le détruire.

Deux jours plus tard, Nancy rentra de son travail, se versa à boire, puis appela sa fille. A la voix difficilement maîtrisée de sa mère, Jo comprit que de gros ennuis se préparaient.

— Je suis allée voir quelqu'un à l'hôpital, aujourd'hui, commença Nancy.

Et Jo écouta, impassible, sa mère lui raconter d'un air narquois comment elle était tombée sur « ton père putatif, ce cher Larry », qu'on avait interné en psychiatrie.

— Larry m'a supplié de ne pas te le dire, poursuivit Nancy avec un plaisir sadique, mais il voulait aussi que je m'arrange pour tu ne te sentes pas abandonnée du fait de son silence. Il se trouve que ce n'est pas la première fois qu'il se fait boucler. J'ai pensé que ça te ferait du bien d'apprendre quel genre d'ami tu t'es choisi. Ce type m'a toujours fait une drôle d'impression; maintenant, je comprends pourquoi. (Elle s'esclaffa, oubliant opportunément que « ce type » avait aussi été son ami.) Je t'interdis de le revoir, t'as compris?

— Je serai bien obligée de le croiser au lycée, objecta Jo.

— Non. Il ne retournera pas au lycée. J'ai parlé au proviseur. Il se trouve qu'il ignorait pas mal de choses sur Larry quand il l'a engagé. Depuis, il a décidé qu'il était préférable que Larry soit tenu à l'écart des jeunes filles.

Jo appela Larry tous les jours. Nancy lui avait déjà menti, il n'y avait pas de raisons qu'elle ne lui ait pas menti aussi cette fois-ci. Après deux semaines de tentatives infructueuses, elle finit par tomber sur une femme.

— Je suis une élève de Mr. Dunlap, expliqua Jo. Pourrais-je lui parler, s'il vous plaît?

Long silence, puis la femme lui déclara avec un fort accent :

— Je suis sa sœur. Larry dort pour le moment. Je ne veux pas le déranger.

Jo raccrocha. Le même après-midi, elle rappela, et cette fois ce fut Larry qui répondit.

— Larry! Euh... Mr. Dunlap? C'est moi, Jo.

Soulagée d'entendre sa voix, elle avait fondu en larmes.

— Jo?

La voix de Larry semblait distante et pâteuse.

— Vous allez bien? s'inquiéta Jo.

— Oui, oui, très bien. J'ai pris un peu de vacances, c'est tout, affirma Larry dont la voix était redevenue presque normale. Je t'ai manqué?

— Oh, Larry, je me suis tellement fait du souci pour vous!

A présent, Jo était convaincue que sa mère lui avait menti. Larry ne parlait pas du tout comme quelqu'un de fou.

— Il faut que je vous voie, Larry.

Il ne répondit pas. Jo serra fort le combiné en se demandant si sa mère n'avait pas réussi à joindre Larry avant elle. Elle l'avait peut-être informé qu'elle avait interdit à Jo de le voir.

— Peux-tu venir chez moi sans que ta mère l'apprenne? demanda-t-il enfin.

Jo se détendit et fut ravie de cette proposition, qui lui rappelait sa complicité avec son père, quand ils partageaient tous les deux des secrets dans le dos de sa mère.

— Oh, oui! s'exclama-t-elle, et elle tendit l'oreille pour noter l'itinéraire. J'arrive dès que je peux, promit-elle.

Larry habitait un immeuble qui jouxtait le centre commercial. Avant de partir, Jo appela sa mère à la clinique pour la prévenir qu'elle allait faire des courses avec des amies. Nancy, ravie d'apprendre que Jo sortait enfin avec des filles de son âge, lui dit qu'elle passerait la prendre au centre commercial en sortant du travail.

Dans la chaleur accablante de juillet, Jo entreprit de parcourir à pied les huit kilomètres qui la séparaient de Larry. « Ça va me prendre un temps fou », se lamentait-elle en regardant les voitures la doubler en trombe. Elle décida de faire du stop. Pourquoi pas? C'était peut-être dangereux, mais elle s'en moquait. Du moment qu'elle arrivait chez Larry!

La deuxième voiture s'arrêta. « Un homme d'affaires », se dit Jo en montant dans le véhicule. Il allait dans sa direction et, tout en la conduisant au centre commercial, il lui énuméra les dangers de l'auto-stop. Jo regardait le paysage défiler, acquiesçait de temps à autre, tout en se félicitant d'avoir eu une riche idée.

Arrivée à l'appartement, elle essuya ses mains moites avant de frapper. Après un moment qui lui parut interminable, la porte s'ouvrit et Larry apparut.

Il avait changé : pâle, somnolent, il portait un vieux jean et un T-shirt. Jo l'avait toujours vu en pantalon, blouson de sport et cravate. Mais c'était surtout son expression qui la déroutait. Il la considérait d'un air hébété, comme s'il n'arrivait pas à la reconnaître.

— Larry, fit-elle, c'est moi!

Il eut un large sourire et lui fit signe d'entrer.

— Ma mère me croit en train de faire des courses, expliqua Jo. Elle me reprendra au centre commercial à six heures.

— Tu veux boire quelque chose? Un scotch, peut-être?

Jo n'aimait pas trop l'alcool, mais il lui arrivait de temps à autre de boire un verre de vin ou de bière avec ses parents, et elle se dit qu'elle pouvait aussi bien trinquer avec Larry.

— Comment vas-tu ? demanda-t-il. Tu es sortie de l'hôpital à ce que je vois. Ça va mieux ?

Jo n'en croyait pas ses oreilles. Larry ne pouvait pas ignorer qu'elle était sortie de l'hôpital ; il l'avait vue tous les jours pendant les deux dernières semaines du trimestre. En outre, elle lui avait écrit depuis, pour la fête des Pères. Mais elle décida d'être tolérante pour sa mémoire défaillante. N'avait-il pas fait preuve de tolérance envers la sienne ?

Elle s'assit sur le canapé et but quelques gorgées de scotch en frissonnant. Bah, comme c'était amer ! Larry s'installa dans un fauteuil à l'autre bout du salon et l'observa d'un air perplexe.

— Oh, Larry ! Vous m'avez manqué. J'étais si inquiète. Ma mère m'a dit que... je croyais que je ne vous reverrais plus jamais. (Sa voix se brisa.) Ça va si mal à la maison... et je ne pouvais pas vous joindre.

Larry fut près d'elle dans la seconde.

— Mon pauvre bébé ! murmura-t-il en la serrant dans ses bras pendant qu'elle fondait en larmes. Je suis désolé que tu te sois inquiétée. Je ne recommencerai plus, c'est promis. Tiens, dit-il en lui tendant son verre. Bois un coup, ça ira mieux.

Jo obéit, puis lui raconta la réconciliation de ses parents et ce qu'elle en pensait.

Elle but encore et bientôt son verre fut vide.

— Ça va mieux maintenant ? demanda-t-il d'une voix douce.

— Non, je me sens affreusement mal.

Peut-être était-ce l'alcool, peut-être la chaleur, ou les larmes, ou encore la décompression après tant d'anxiété, mais la tête lui tournait et elle avait mal au cœur.

— Viens t'étendre, dit Larry. Ça te fera du bien.

Elle se laissa conduire dans sa chambre et il l'allongea sur son lit défait, puis il s'assit à côté d'elle.

— Écoute ma voix, ordonna-t-il avec douceur et conviction. Écoute ma voix et tu te sentiras mieux.

Jo ferma les yeux. Larry l'apaisait, surtout quand il lui parlait de cette voix calme aux inflexions douces et rythmées.

— Détends-toi. Détends-toi bien, scandait la voix. Pense à l'océan. Tu m'as dit que tu aimais la mer. Imagine que tu es au bord de la mer.

Il s'interrompit, puis reprit, calquant le rythme de sa voix sur la respiration de Jo :

— Pense à l'océan, aux mouettes, au sable.

Jo y était. Elle était au bord de l'eau et respirait l'air iodé, sentait les embruns dans ses cheveux.

Elle eut vaguement conscience qu'on lui ôtait ses vêtements. Tant mieux. Il faut retirer son jean pour aller nager. Jo était nue, à présent, et c'était bon. Comme il serait agréable de nager nue dans l'océan.

— Tu n'as rien à craindre, disait Larry. Tu es en sécurité.

— En sécurité, répéta Jo.

Et en effet, elle ne s'était jamais sentie davantage en sécurité, au bord de la mer avec Larry. Elle se sentait bien, si bien.

Elle se retrouva brusquement dans la chambre de Larry. Larry! Il était sur elle, nu, lui aussi.

— Non! hurla-t-elle avant de se noyer dans l'écume de son moi éclaté.

L'instant d'après, j'ouvrais les yeux pour la première fois. L'homme qui était allongé à mes côtés se redressa et me regarda avec inquiétude.

— Salut! lui lançai-je de mon air le plus gai pour qu'il soit tout de suite rassuré.

— T'es une chouette petite fille, souffla-t-il, puis il me serra contre sa poitrine.

« Ainsi, c'est lui, Larry, songeai-je. Il a l'air doux et gentil. Pas étonnant qu'elle l'aime. »

Je restai étendue, profitant de la tendre douceur et ressentant d'agréables picotements dans tout mon corps. J'étais vibrante de vie.

J'étais fraîche et neuve. Mon absence de passé m'autorisait toutes les anticipations. Je n'avais rien à craindre, je serais parfaite. Je connaissais déjà le plus important — comment rendre un homme heureux — et je me sentais désirable des pieds à la tête.

— Jo?

Je levai les yeux. Le sourire de Larry respirait la douceur et l'innocence. Il ressemblait davantage à un petit garçon espiègle qu'à un adulte.

— Tu ferais bien de t'habiller, dit-il. Ta mère doit te prendre au centre commercial.

Je me levai, m'étirai de tous mes muscles et exécutai une pirouette d'allégresse. C'était si bon d'être moi!

— Seigneur, comme tu es belle ! s'émerveilla Larry.
— C'est vrai ? minaudai-je en enfilant mon jean.

Je sortis de chez Larry et traversai le parking pour rejoindre les magasins. Je savourai la moiteur de l'air, la chaleur qui montait du bitume. Je marchai à longues enjambées en me disant : « C'est bien, je suis grande et mince. Je ne supporterais pas d'être une petite boulotte. »

J'entrai dans un magasin à la fraîcheur apaisante pour surveiller le parking. Je savais que la mère de Jo arriverait bientôt et je ne voulais pas la manquer. J'ignorais quelle était sa voiture, mais j'étais sûre de la reconnaître en la voyant.

Tout en attendant, j'échangeai des regards avec les passants. Certains, surtout les hommes, me jetaient des coups d'œil admiratifs. « Larry a raison, pensai-je. Je suis belle. »

Je détachai le ruban qui emprisonnait les cheveux de Jo et les laissai tomber librement sur mes épaules, puis j'admirai mon reflet dans la vitrine du magasin. J'aurais voulu m'étreindre et embrasser le monde entier. J'étais heureuse et la suite promettait d'être amusante. Quand Nancy arriva, je me précipitai à sa rencontre. Elle me prit pour sa fille, mais je vis bien que je lui plaisais davantage. Oui, j'avais le don de rendre les gens heureux.

Depuis ce jour, je fus déterminée à empêcher les autres personnalités de sortir, mais pour découvrir vite que je n'en avais pas le pouvoir. Je m'arrangeai donc pour enregistrer ce qu'elles faisaient quand elles prenaient le contrôle, et je profitais au maximum de mes sorties. Je n'étais jamais fatiguée ou triste ou déprimée. J'étais heureuse et je rendais les autres heureux aussi.

Jo appela Larry une semaine après ma naissance. Elle ne se souvenait plus de ce qui s'était passé après qu'elle se fut allongée sur le lit et cela l'inquiétait énormément. Elle craignait d'avoir fait quelque chose de mal qui lui vaudrait les reproches de Larry. Elle lui téléphona donc, mais un disque lui répondit que son numéro n'était plus attribué. Les renseignements, qu'elle appela ensuite, lui apprirent que Mr. Dunlap n'avait plus de numéro de téléphone.

Larry était sorti de sa vie.

***

Après avoir réuni les pièces du puzzle, je fus impressionnée par ce que Lynn et moi avions appris, mais elle avait encore des questions à me poser.

— Comment es-tu arrivée en en sachant autant sur la vie courante alors que tu ignorais tout de ce qui s'était passé avant ?

— Ça, je ne sais pas *comment* j'ai obtenu les informations, mais je peux t'expliquer *pourquoi*, et aussi pourquoi j'ignorais ce qui s'est passé avant ma naissance.

Lynn m'encouragea du regard. Je n'avais jamais vraiment réfléchi à ce phénomène et je dus faire un effort pour trouver mes mots.

— Voilà comment je vois les choses, commençai-je. J'ai été créée pour faciliter la vie sociale du groupe. Je n'aurais certainement pas réussi si j'avais eu connaissance des blessures que les gens lui avaient infligées. De la même manière, j'étais celle qui s'entendait le mieux avec Ray et Nancy parce qu'ils n'étaient pas mes parents. C'étaient Jo et les autres personnalités qui étaient mes « géniteurs » en quelque sorte. Je ne me sentais pas comme un enjeu entre Ray et Nancy, leurs problèmes ne me touchaient donc pas. Mieux, je ne risquais pas d'être déçue puisque je n'attendais rien d'eux.

— D'accord, concéda Lynn, mais, après ta naissance, le groupe a découvert que plaire aux autres ne suffisait pas.

— Juste, approuvai-je, enchantée de pouvoir collaborer avec Lynn. C'est bien pourquoi d'autres ont été créées après moi. Ainsi, Kendra a vu le jour quand j'ai découvert que mon amant noir, Eugène, ne m'aimait pas vraiment. Il avait juste parié cent dollars avec son frère qu'il amènerait une Blanche à une soirée familiale. Cassandra et Doug ont été créés quand je travaillais au tribunal pour mineurs et que je craignais de ne pas réussir à satisfaire toutes les parties. Charlène et Honey l'ont été parce que je n'arrivais plus à être la femme parfaite que Keith désirait.

Je m'interrompis soudain et considérai Lynn d'un air triomphant.

— Mais tout ça, c'est fini. Je suis mille fois mieux qu'une simple machine à satisfaire les gens. Je fais un boulot super au collège ; je m'entends à merveille avec Steve, et si je ne rends pas tout le monde heureux, je n'en fais pas un drame.

— C'est exact, acquiesça Lynn. Les personnalités principales — Jo et toi en particulier — évoluent, mûrissent et sont donc mieux armées pour affronter vos problèmes. Non seulement vous n'avez plus besoin de créer de nouvelles personnalités, mais les personnages secondaires ou « utilitaires » n'ont plus lieu d'être.

— Ah non ! protestai-je. Si tu as l'intention d'en conclure que Jo et moi allons former une seule et même personne, et heureuse en plus, laisse tomber ! Même si Jo s'améliore, c'est tout de même une demeurée. Pas question que je m'intègre à elle !

— Renée ! Tu sais bien que je n'attache qu'une importance relative à l'intégration. Ce qui compte, c'est que toutes les personnalités se sentent mieux et en accord avec elles-mêmes.

Je ne pus qu'acquiescer. Depuis quelque temps, c'était l'argument de Lynn chaque fois que je manifestais mes craintes à l'égard de l'intégration. J'avais simplement besoin de vérifier qu'elle n'avait pas changé d'avis.

Lynn paraissait perplexe.

— Renée, que ferais-tu si tu t'apercevais qu'un de tes collègues couche avec une élève ?

— Je le tuerais, assurai-je après réflexion.

J'aimais mes élèves. Je les aimais d'un amour protecteur et féroce, comme une véritable tigresse.

— Le tuer ? Pourquoi ?

— Les enfants sont fragiles, m'emportai-je. Je trouve ignoble qu'un adulte profite de leur innocence.

— Alors ? Qu'est-ce que ça t'apprend sur Jo et Larry ?

— Bon sang !

Je compris où Lynn voulait en venir et j'en fus bouleversée.

— Même si je dois l'existence aux procédés de Larry, dis-je en pesant mes mots, ce qu'il a fait à Jo est horrible. Il n'aurait jamais dû trahir sa confiance, et sa folie n'excuse rien. Je vois bien ce que tu essaies de me montrer : c'est à cause d'expériences comme celle-là que Jo est si perturbée et qu'elle a peur de tout le monde.

Je compris à son sourire rayonnant que j'avais touché juste, et elle m'embrassa chaleureusement à la fin de la séance. Je rentrai chez moi en réfléchissant à ce que je venais d'apprendre sur mon compte.

Cette découverte modifia ma façon de considérer les autres personnalités. Je commençai à les considérer comme mes élèves à problèmes. Je n'exigeais pas de ceux-ci de preuves des sévices qu'ils avaient subis, pas plus que je n'exigeais qu'ils changent de comportement. Je les aimais tels qu'ils étaient et je savais qu'ils grandiraient quand ils sentiraient qu'on leur en accordait le droit. Comme ces grosses craintifs et impressionnables, qui, bien souvent, n'étaient pas faciles à aimer, mes personnages intérieurs agissaient par souffrance et par désespoir. Pour la première fois, je ressentis de la tolérance et de la compassion pour eux.

18

Journal — 1er septembre 1982

Je suis sans cesse frappée par la contradiction fondamentale qui existe chez Jo Casey. Elle est à la fois terriblement morcelée et parfaitement fonctionnelle. Quand j'ai entendu Kendra (la personnalité qui sauve Renée de ses excès) me dire : « On peut tout faire ! », j'ai d'abord pris cela pour une bravade, puis j'ai compris qu'elle n'exagérait pas. Par rapport au commun des mortels, le système des personnalités peut réussir tout ce qu'il entreprend, à condition qu'un des personnages ne reste pas trop longtemps seul en fonction.

Chaque personnalité semble avoir des qualités propres. L'une est forte en maths, une autre en langues, une troisième en sciences et une quatrième en philosophie. Une personnalité possède des talents d'écriture, une autre excelle dans les exercices de logique pure, une autre encore sera respectée pour ses qualités de chef. Les personnalités ont également leur propre système de valeurs ainsi qu'une pensée indépendante. Lorsque je lui suggère quelque idée, Jo se lance dans des analyses d'une complexité qui me dépasse ou trouve mille défauts à mon hypothèse. Elle objective tout. Renée, en revanche, ne s'intéresse qu'aux relations interpersonnelles et elle est incapable de raisonner en termes d'abstraction, ce que Jo fait pourtant naturellement. Il n'y a là rien d'excessivement pathologique ni chez l'une ni chez l'autre. En fait, chacune possède une vision du monde personnelle et cohérente qui enrichit le groupe tout entier.

Ce qui est pathologique, c'est la création d'une nouvelle personnalité en réponse à une situation donnée. Par exemple, quand Renée a épousé Keith, elle n'a pas réussi à assumer ce que son mari attendait d'elle. Aucune des personnalités principales de l'époque — Jo, l'intellectuelle; Joan Frances, l'anxieuse; Renée, la fille facile qui aime faire plaisir — n'a découvert en elle les qualités qui en auraient fait l'« épouse de Keith ».

Joan Frances, la plus apte à tenir ce rôle, était paralysée par les messages contradictoires que sa mère lui avait distillés sur le mariage. Nancy prétendait haïr Ray, mais ne pouvait vivre sans lui. C'est ainsi qu'a été créée Charlène, caricature des qualités ménagères de Nancy. Charlène faisait la cuisine, le ménage, et s'activait fébrilement pour confectionner un nid douillet comme toute « bonne épouse ». Honey, autre imitation de Nancy, errait d'abattement en dépression, persuadée que son mari ne serait jamais satisfait, quoi qu'elle fasse.

Peu après le mariage, l'aisance de Renée dans les entretiens d'embauche lui valut un poste au tribunal pour mineurs, et plus tard une situation rémunérée comme attachée de presse. Mais une fois en place, sa séduction ne suffisait plus. Elle n'arrivait pas à contenter tout le monde.

Vint Cassandra, l'assistante judiciaire modèle, femme efficace et professionnelle, cordiale et compétente, dépourvue du besoin compulsif de plaire qui paralysait Renée. Doug, une personnalité masculine du type coordinateur de campagne électorale, est apparu en même temps que Cassandra. Doug m'explique que Cassandra était très bien, mais qu'on avait besoin de lui parce que c'est « un monde d'hommes ». A part apprendre à jouer au golf, je n'ai pas très bien saisi en quoi il pouvait « filer un coup de main aux filles ».

Aussi capables fussent-elles, les personnalités étaient limitées, jusqu'à récemment, par des barrières d'une extrême rigidité. Avant de commencer la thérapie, elles n'arrivaient pas à tirer profit des expériences passées. Sur ce plan-là, les progrès sont étonnants, surtout de la part de Renée. Cependant, les motivations de Renée, comme celles des autres d'ailleurs, sont plutôt compulsives et n'apportent que peu de satisfaction.

Jo s'enferme dans ses abstractions rationnelles pour se protéger avec un acharnement désespéré contre des émotions infantiles qui la terrifient. Elle évite le monde pour fuir ses propres émotions, mais sa vie n'est qu'une suite de souffrances.

Renée noue facilement des relations pleines de promesses, mais qui s'avèrent en fin de compte superficielles et décevantes. Elle prend la fuite au premier signe d'orage et ne réussit à établir un lien durable qu'avec des personnes incapables, pour une raison ou pour une autre, de relations intimes.

*
**

Septembre 1982 marqua le début de ma deuxième année de professorat et de vie commune avec Steve.

Quand j'avais emménagé chez lui, c'était aussi parce qu'aucune alternative attrayante ne se présentait. Steve pensait que nous nous marierions un jour, mais j'en doutais. Bien qu'il refusât de l'admettre, je savais qu'il avait autant de problèmes que moi. Sa femme, Sara, était morte depuis des années, et il n'avait pas encore achevé son deuil ; son appartement, où il avait vécu de nombreuses années de bonheur avec elle, était toujours encombré des affaires de Sara : son flacon de shampooing côtoyait le mien sur la tablette de la salle de bains.

Steve niait nos problèmes respectifs avec la plus grande énergie.

Nos tentatives répétées d'explication se heurtèrent au scepticisme de Steve et aucune d'entre nous ne réussit à le convaincre de la justesse du diagnostic de Personnalité Multiple.

« Les psys ne reculent devant aucune connerie », commenta-t-il quand Jo lui parla pour la première fois du syndrome, puis, la voyant au bord des larmes, il se radoucit et lui démontra que l'hypothèse de plusieurs personnalités se partageant un même corps était philosophiquement indéfendable. Le syndrome de Personnalité Multiple ne faisait pas partie des choses auxquelles il croyait, donc il n'existait pas.

Plus tard, après la confirmation du diagnostic par le Dr Wilbur, je tentai à mon tour de le convaincre. Steve prétendit que le Dr Wilbur avait passé sa vie à essayer de coller l'étiquette de Multiple sur quelqu'un. Impossible d'argumenter avec ça. Mais quand Steve insinua que Lynn était arrivée au même diagnostic pour des raisons identiques, je compris qu'il était temps qu'il la rencontre.

Il écouta poliment Lynn lui parler des diverses personnalités, admit que j'étais d'« humeur changeante », mais refusa sèchement quand Lynn lui suggéra de lire *Sybil*. Par la suite, il continua à ignorer les manifestations du syndrome qui menaçaient sa vision des choses.

Mais il avait beau nier la réalité, il vivait néanmoins avec plusieurs personnalités. Quand il se fâchait, je disparaissais et il se retrouvait en face de Jo au milieu d'une discussion commencée avec moi. Jo prenait son œil vitreux et s'excusait, en rampant lamentablement, des bêtises qu'elle avait pu commettre. Steve avait fini par reconnaître son regard absent et l'inévitable réaction qui suivait. Sa colère tombait et il disait à Jo : « Je parie que tu ne sais même pas pourquoi je te crie après. »

La plupart de mes disputes avec Steve se terminaient de cette façon. Il soupirait, puis prenait Jo sur ses genoux pour la consoler. Mais comme Jo ne supportait aucun contact physique, Missy, la fillette de cinq ans, grimpait sur les genoux de Steve et l'écoutait lui dire qu'il l'aimait et que tout allait bien. La tête reposant confortablement sur l'épaule de cet homme qui paraissait si gentil, Missy décidait de le croire.

Nous ne forcions jamais Steve à reconnaître nos différences. Il nous appelait toutes Jo et disposait toujours d'une explication rationnelle pour nos trous de mémoires périodiques. Le groupe éprouvait à l'égard de Steve des sentiments ambivalents. Missy l'aimait comme son papa; Jo espérait que Steve l'aimerait un jour autant que Sara; je voyais en lui un compagnon agréable et un ami. Quant à Joan Frances, elle attendait que sa mère approuve leur union.

Mais nous aimions toutes la maison qu'il acheta en novembre 1982. Steve me surprit quand il m'annonça son intention de déménager. Il m'expliqua qu'il nous fallait une maison à nous, un endroit débarrassé des souvenirs pesants du passé.

J'ignorais comment et pourquoi il en était venu à cette conclusion, mais je me réjouissais d'avoir enfin un endroit où je me sentirais chez moi.

Quand Keith et moi nous étions séparés et avions vendu la maison que nous partagions, j'avais dû entreposer mes affaires au garde-meuble, l'appartement de Steve étant trop petit. Maintenant que nous allions vivre dans une grande maison, j'aurais assez de place pour faire venir mon mobilier.

Aucune d'entre nous n'imagina que Steve puisse mal supporter le déménagement.

Un soir, quelques jours après l'arrivée des meubles, Steve s'énerva en installant une armoire dans une chambre vide. Je pris peur et Jo se retrouva au pied de l'escalier qui menait à l'étage. Entendant Steve jurer en haut, elle s'agrippa à la rampe en se demandant ce qu'elle avait encore fait de mal.

— Tu veux que je vienne? proposa-t-elle.

— Si c'est pour écouter tes jérémiades, ce n'est pas la peine, hurla-t-il.

C'était plus que Jo n'en pouvait supporter. Elle prit son blouson et sortit en courant. Elle parcourut un bout de chemin dans une banlieue inconnue, incapable de savoir où elle était ni où elle allait, n'ayant aucun souvenir du quartier que les autres personnalités et moi-même avions exploré en son « absence ».

Son plus récent souvenir remontait à la dernière séance avec Lynn. « Lynn en sait davantage que moi sur ma vie, songea-t-elle en ralentissant le pas. Elle me dira peut-être pourquoi Steve est fâché contre moi. »

Elle déboucha dans une rue principale où elle repéra un restaurant ouvert. Elle s'y précipita pour appeler Lynn.

Lynn ignorait ce qui se passait avec Steve, mais elle comprit que Jo s'était perdue et elle lui demanda où elle se trouvait. Jo lui donna le nom du restaurant et Lynn promit d'arriver aussitôt.

Jo s'installa à une table et commanda un café. Elle était déboussolée, harassée, terrifiée par la colère de Steve et troublée par la réponse de Lynn. Elle n'avait certainement pas eu l'intention de perturber la soirée de sa thérapeute.

Lynn arriva, en jean, bottes, chemise de flanelle et parka. Jo avait toujours trouvé Lynn superbe, mais, ce soir-là, elle fut littéralement saisie par sa beauté. « Elle paraît davantage trente ans que cinquante », se dit-elle en voyant Lynn avec sa longue queue de cheval.

— Ça ne m'étonne pas que tu aies découvert cet endroit, déclara Lynn après avoir commandé un café. Quand la maison était pleine de mômes et que je n'arrivais pas à trouver un instant à moi, je venais me réfugier ici. Quand j'étais énervée, un bon café et quelques minutes de tranquillité m'aidaient à redevenir une bonne mère. Je n'y ai pas remis les pieds depuis des années, mais ça me rappelle des souvenirs.

Elle balaya les excuses penaudes de Jo d'un geste et lui demanda ce qui se passait.

Jo décrivit la situation de son mieux.

— Il m'a crié dessus et il a recommencé quand je lui ai proposé de l'aider, gémit-elle.

Elle ignorait ce qu'il fabriquait là-haut, et était bien trop effrayée pour monter voir.

— Tu sais, Jo, les déménagements sont toujours des moments difficiles, à plus forte raison pour Steve, qui enterre une bonne partie de son passé. Il est probablement énervé à cause d'un meuble récalcitrant et, comme il est stressé, il s'emporte encore plus.

Embarrassée, Jo joua un instant avec sa tasse.

— Tu es en train de m'expliquer que je ne suis pour rien dans la colère de Steve?

— Oh, tu n'es pas la seule dans le groupe à ne pas supporter qu'on se mette en colère! Renée vit ça très mal, elle aussi.

Jo accepta que Lynn la raccompagne.

— J'ai l'impression que Renée et moi avons pas mal de points communs, avança-t-elle. On doit toutes deux apprendre à accepter les autres tels qu'ils sont.

Quand Jo rentra à la maison, Steve s'inquiétait de son absence et s'excusa de sa mauvaise humeur.

— C'est rien, Steve. J'ai mal réagi, moi aussi.

Elle découvrait un sentiment inhabituel : l'empathie.

*
**

Une paisible et confortable routine s'instaura.

Le rocking chair de Missy fut installé dans la véranda ensoleillée et elle pouvait, en se balançant tranquillement, contempler les oiseaux qui jouaient dans les arbres devant les fenêtres. Ça la rassurait de savoir que son amie Lynn n'habitait qu'à cinq kilomètres.

Jo aimait la bibliothèque du rez-de-chaussée, avec ses quatre murs d'étagères et son odeur de renfermé. Les livres scientifiques de Steve et les siens emplissaient la pièce.

Rusty avait aidé Steve à construire et à peindre les étagères. Trop perspicace pour se faire connaître, il avait travaillé en silence avec plaisir et fierté aux côtés de cet homme.

Charlène avait passé des heures à préparer des petits plats dans la grande cuisine moderne qu'elle avait dessinée avec Steve.

Joan Frances se pavanait d'un air suffisant dans l'élégante maison victorienne, persuadée que sa mère, si elle venait à passer, ne manquerait pas d'être impressionnée.

Quant à moi, c'était l'espace qui me plaisait. Steve pouvait travailler dans son bureau du premier pendant que je m'affairais dans un autre coin de la maison, rassurée par sa présence et libre de vivre à ma guise sans déranger.

Steve était facile à vivre. Il n'était pas exigeant. Il voulait simplement que je sois attentive à lui et que je participe à ses activités. C'était facile : j'étais experte dans l'art de faire ce que l'on attendait de moi. Je n'avais pas de moi profond à protéger. Avec la rapidité d'un caméléon, je me métamorphosais afin de satisfaire les besoins de ceux qui m'étaient proches.

Steve me flattait souvent en prétendant voir en moi des qualités que je n'avais pas. Avec mon poste de professeur, j'avais trouvé ma place dans la société et j'étais heureuse, mais Steve pensait que je valais mieux que ça.

— Il faut que tu passes ton doctorat, disait-il. Tu as beaucoup de choses à dire. Il faut absolument que tu écrives.

Quand Jo entendait ça, elle se gonflait de fierté. Écrire ! C'était son ambition. Steve ne plaisantait pas quand il lui conseilla d'aller à Harvard, où Sara et lui avaient terminé leur doctorat. « Si je réussis à entrer à Harvard, Steve m'aimera peut-être autant qu'il a aimé Sara », songeait-elle.

Jo rêvait d'envoyer sa demande d'admission à Harvard, mais n'arrivait pas à se décider. Je finis par la rédiger à sa place. Après tout j'aurais avantage à reprendre mes études. Mon peu d'ancienneté et la compression de personnel envisagée par le collège ne me laissaient pas beaucoup d'espoir de conserver mon poste. Je n'appréciais pas les études outre mesure, mais je pensais pouvoir compter sur Jo, Joan Frances et Kendra pour s'en charger. De plus, mon départ pour Harvard offrirait une conclusion naturelle à la thérapie engagée avec Lynn.

Depuis deux ans, Lynn avait consacré un temps prodigieux à Jo et aux autres. Je savais bien qu'elle ne pourrait pas continuer à ce rythme indéfiniment, mais le jour où elle dirait qu'elle en avait assez, certaines personnalités risquaient de ne pas le supporter. Bien que je ne m'en soucie pas moi-même, je ne pouvais m'empêcher de penser à ce qui se passerait quand Lynn retirerait ses billes. En revanche, si nous partions à l'automne, Lynn ne pourrait certainement pas terminer la thérapie. Ainsi, je prendrais seule la responsabilité de l'interruption et les autres personnalités ne se sentiraient pas abandonnées par Lynn.

Steve insistait sur la solidité de notre relation et considérait qu'une séparation provisoire ne la remettait pas en cause. J'en déduisis qu'il voulait nous éloigner pour rompre plus facilement, mais son rejet ne m'inquiétait pas. Nous étions moins dépendantes de lui que de Lynn.

Mais auparavant, Steve devait s'absenter quelque temps — il avait obtenu un remplacement comme professeur à Cornell en janvier 1983. Je l'avais poussé à accepter dans l'espoir qu'il reprenne ses activités universitaires, qu'il avait négligées depuis la mort de Sara. Et surtout j'étais impatiente de profiter seule de notre magnifique maison pendant tout un trimestre.

Steve et moi nous entendions plutôt bien dans les derniers mois de 1982. Nos disputes occasionnelles ne concernaient que la thérapie. Il admettait aisément ne rien comprendre à la maladie mentale, mais refusait de reconnaître mes problèmes. Mes conversations téléphoniques avec Lynn et mes longues séances l'exaspéraient.

« Je ne te suffis pas ? » demandait-il quand l'une du groupe appelait Lynn.

« Pourquoi tu ne me préviens pas quand tu sais que tu seras en retard ? » se plaignait-il quand les séances duraient plus d'une heure.

Un soir qu'il me posait cette question pour la énième fois, je réfléchis à ce qui s'était passé pendant la séance. Ce jour-là, Lynn avait passé l'heure entière à câliner Petit Joe.

— La personnalité qui était de sortie aujourd'hui, lui expliquai-je, exaspérée, ne connaissait pas le numéro de téléphone, et savait encore moins qu'elle aurait dû appeler.

Steve fit machine arrière. Il n'avait plus vraiment envie de savoir.

*
**

Et puis, soudain, la thérapie devint pénible. Dans un sursaut, Jo s'aperçut à quel point elle était devenue dépendante de Lynn. Lynn lui avait offert toute son affection. Jo avait mis l'amour de ses parents sur le compte du devoir ; Ray et Nancy avaient dû l'aimer parce que, se retrouvant avec une fille sur les bras, ils ne pouvaient pas faire autrement. Mais avec Lynn, c'était différent. Rien ne l'y obligeait et elle affirmait pourtant qu'elle l'aimait. Jo avait commencé à la croire.

Chaque moment passé avec Lynn l'incitait à en demander davantage, et cela la terrifiait. Comme Jo ne comprenait pas pourquoi Lynn éprouvait de tels sentiments à son égard, elle ne pouvait imaginer pourquoi cet amour durerait ni ce qui provoquerait sa fin.

Jo désirait avant tout que Lynn continue de l'aimer. « Pourtant, remarquait-elle, tout ce que je trouve à faire, c'est de lui résister. » Elle pouvait en citer mille et un exemples, même si sa thérapeute ne les considérait pas comme tels : son refus d'écouter les enregistrements des autres personnalités; son refus de croire aux sévices de ses parents; elle n'était même pas capable de supporter l'hypnose!

Jo se rendait bien compte que son entêtement hâterait le rejet de Lynn, mais elle ne pouvait pas s'en empêcher. Ah, si seulement Lynn acceptait de lui dire ce qu'elle attendait d'elle! Ah, si Lynn lui expliquait pourquoi elle l'aimait, Jo serait enfin en mesure d'aborder toutes ces questions sur le plan intellectuel.

— Qu'est-ce que je dois faire? demandait-elle à Lynn.

Quand Lynn lui suggérait une conduite, Jo était souvent trop bloquée pour s'y plier et elle pestait contre Lynn pour la lui avoir suggérée.

Si Lynn lui disait : « Tu te débrouilles très bien, fais comme tu le sens », Jo, outrée, croyait que Lynn la manipulait. Elle devenait de plus en plus frustrée et sa frustration nous inquiétait toutes.

Lorsque je mentionnai notre inquiétude à Lynn, elle essaya de me rassurer.

— Tu sais, Renée, il faudra du temps à Jo pour qu'elle s'accepte telle qu'elle est. C'est en partie là qu'est le problème. Elle est persuadée que personne ne l'aimera jamais pour elle-même.

Lynn ne semblait pas se rendre compte de la gravité de la situation.

— Je voudrais bien que Jo devienne plus sereine, acquiesçai-je, mais tu sais que c'est ce genre de frustration qui a provoqué par le passé l'émergence de nouvelles personnalités.

— Allons, allons, me gronda-t-elle, tu n'as pas besoin de créer de nouvelles personnalités pour me faire plaisir. Je t'aime beaucoup et je suis très satisfaite de tes progrès.

Je n'étais pas rassurée pour autant. Que nous n'ayons pas

besoin de créer d'autres personnalités pour lui faire plaisir n'impliquait pas nécessairement que ça n'arriverait pas. Et je craignais que Lynn ne soit pas préparée à cette éventualité.

A sa manière, Jo la mit aussi en garde.

— Si je changeais brusquement et que je devienne celle que tu voudrais que je sois, tu ne te rendrais même pas compte que je suis piégée à l'intérieur, lui reprocha-t-elle d'un ton amer.

Jo II, la personnalité créée pour satisfaire Lynn, apparut quelques jours plus tard en séance ; à la stupéfaction du groupe, Lynn l'identifia sur-le-champ.

— Je sais que tu crois bien faire, dit-elle avec douceur à celle qui prétendait être Jo, mais c'est avec la vraie Jo que je veux travailler pour essayer de résoudre ses problèmes.

*
**

Journal — 2 décembre 1982

La thérapie prend une intensité nouvelle. D'une certaine manière, je suis assez satisfaite de ce qui se passe depuis que Jo m'a téléphoné en urgence, il y a quelques semaines. Je sais que j'ai raison de répondre à ses appels à l'aide. Je ne cherche pas à encourager une dépendance excessive, mais j'ai découvert qu'en lui offrant plus d'attention qu'elle ne pense en nécessiter, je brise ses résistances plus vite et en douceur.

Briser les défenses augmente la dépendance, ce qui est une bonne chose en ce sens que cette jeune femme doit accepter ses émotions infantiles avant de pouvoir grandir. Quand certains aspects de la thérapie effraient une ou plusieurs personnalités, je me félicite que le transfert maternel incite Jo à venir aux séances tous les après-midi. Peu importe que la thérapie lui soit pénible, il faut qu'elle vérifie que cette mère-là ne la rejettera pas.

Renée a indiqué que le groupe avait conscience du besoin qu'il a de moi au moment d'effectuer une demande d'inscription à Harvard. Je ne doute pas qu'elle sera acceptée, mais je ne crois pas que Renée ira jusqu'au bout. Je ne la considère pas comme assez solide pour s'éloigner de Steve et de moi, ses seuls soutiens. Je m'attends à ce qu'une crise — vécue par Jo ou par une des personnalités immatures — empêche Renée de mettre ce projet à exécution.

Les personnalités m'ont fourni des preuves solides de leur désir de modifier leur système de défense. Aussi, je ne m'attendais pas à les voir créer une nouvelle personnalité malgré les mises en garde de Renée et de Jo. Quand Jo II a émergé, j'ai été surprise de voir avec quelle justesse elle avait intuitivement deviné le but ultime de la thérapie. Elle m'a énoncé tous les messages que j'ai essayé de transmettre aux autres : « J'ai créé les autres personnalités parce que je ne pouvais pas affronter les sévices. Les autres personnalités sont mes amies intérieures et mes protectrices. C'est grâce à elles que j'ai psychiquement survécu, et j'essaie d'apprécier l'importance de leur rôle dans ma vie. Quand j'aurai surmonté toutes mes angoisses, et que je serai en mesure d'aimer ces différentes parties de moi-même, je les accepterai dans mon univers intérieur et je cesserai d'être une Multiple. »

Si c'était la vraie Jo qui avait reconnu cela, j'aurais dit que ma patiente était presque guérie. Cela étant, il est important que ce genre d'explication soit quand même intégré par la totalité du groupe.

J'ai lu quelque part que le syndrome de Personnalité Multiple peut être induit par un thérapeute qui manipulerait un patient hautement suggestible. J'ai toujours considéré cela comme improbable depuis que je travaille avec Jo, et j'en suis encore plus convaincue maintenant que j'ai vu une personnalité créée pour mon seul profit. Bien que je sois contente que mes interprétations aient fait leur chemin, je pense qu'il serait dommageable d'encourager Jo II à exister.

Je dois rejeter cette personnalité particulière avec la plus grande fermeté pour l'empêcher de s'installer définitivement. L'existence d'une personnalité destinée à satisfaire le thérapeute présente un danger non seulement pour Jo, mais aussi pour notre relation thérapeutique. Si j'acceptais Jo II comme j'ai accepté les autres, elles fuiraient la cure en utilisant leur vieux système de défense.

Mon travail consiste à répondre aux besoins des personnalités qui préexistaient à la thérapie tout en faisant comprendre au groupe que je ne tolérerai aucun personnage créé pour mon seul profit.

19

Journal — 20 janvier 1983

Dans les semaines qui ont suivi Noël, le traitement a connu une avancée significative. Jo et moi sommes finalement tombées d'accord sur ce qu'elle pourrait faire dans l'intérêt de la thérapie : je lui ai suggéré de lire le résumé que j'avais écrit il y a un an et demi pour le Dr Wilbur. Je pensais que cette lecture l'aiderait à comprendre l'idée que je me fais de notre relation thérapeutique.

En principe elle aurait dû résister, mais sa suspicion grandissante sur les prétendus « secrets professionnels » que j'aurais partagés avec le Dr Wilbur l'a emporté. La lecture du manuscrit l'a soulagée et elle a semblé très émue par ce que j'avais écrit.

Elle m'a appelé le lendemain de Noël pour me dire d'une voix tremblante de joie qu'elle avait lu les vingt-cinq pages de bout en bout et qu'elle m'adorait; j'ai spontanément décidé d'étayer ce nouveau degré de confiance et de compréhension. Sur mon invitation — et sans aucune arrière-pensée d'une quelconque manipulation —, Jo est passée chez moi l'après-midi même et est restée deux heures à bavarder, perchée sur un tabouret, pendant que je préparais le dîner. Gordon était à l'aéroport, et mes enfants, à la maison pour les fêtes, étaient en visite chez des amis. Aucun inconnu n'étant là pour l'intimider, Jo s'est montrée presque enjouée.

Je n'ai pas été réellement surprise quand Renée m'a demandé, quelques semaines plus tard, si j'accepterais de venir avec mon mari à la soirée que Steve et elle donnaient pour la pendaison de crémaillère. Je m'attendais à cette invitation et j'avais mûrement réfléchi ma réponse.

J'avais déjà essayé la « séance au café », la « séance au parc », j'étais prête à tenter une nouvelle expérience. Je sais pertinemment que nombre de mes collègues refuseraient de considérer comme « thérapeutique » une soirée chez une patiente. De toute façon, ils ne voyaient déjà pas très bien ce qu'il y avait de thérapeutique dans mes séances à l'extérieur.

En tout cas, ma présence à sa soirée comptait énormément pour Renée, et j'avais décidé de sauter sur l'occasion qui, je l'espérais, m'aiderait à briser le côté superficiel de notre relation. Si Renée pouvait comprendre que je l'appréciais sincèrement, elle accepterait peut-être plus facilement de s'ouvrir sur ses peurs et ses faiblesses.

***

Lynn et Gordon vinrent à la pendaison de crémaillère, et je fis de mon mieux pour leur laisser l'impression d'une hôtesse charmante, dépourvue du moindre trouble psychologique. Après tout, j'étais dans mon élément.

Gordon n'était pas du tout comme je m'y attendais. Je l'imaginais soupçonneux — qui est cette patiente avec qui ma femme passe tant de temps ? — mais il sembla au contraire désireux de lier connaissance. Peu loquace, pesant ses mots, il préféra caresser les chiens et bavarder avec moi à l'écart que de se mêler aux invités.

Lynn retrouva de vieux amis et discuta longuement avec eux, mais elle souriait gentiment dès qu'elle m'apercevait. Je circulais fréquemment parmi les invités, mais revenais auprès de Gordon reprendre notre conversation qui se poursuivit cahin-caha tout au long de la soirée. J'appris ainsi que Gordon était lui-même enseignant et qu'il se dévouait comme moi corps et âme pour ses élèves. Quand il me parla de son investissement et du temps qu'il passait « à l'extérieur » avec ses élèves, je compris pourquoi il n'en voulait pas au groupe de personnalités d'accaparer sa femme. Comme Lynn, Gordon refusait de couper sa vie en deux — professionnelle d'un côté, privée de l'autre. Il faisait tout ce qu'il pouvait pour ceux qu'il aimait, qu'ils soient ses amis, ses enfants ou ses élèves.

— Vous avez déjà fait du bateau ? me demanda-t-il, avant de me parler de ses sorties sur le lac et de la liberté illimitée qu'il y trouvait.

Je décidai que Gordon me trouvait sincèrement sympathique. « Ça serait super d'être amis avec Lynn et Gordon après en avoir terminé avec ces histoires de multiplicité », me surpris-je à songer.

Steve et moi convînmes que la pendaison de crémaillère avait été un grand succès. Il était ravi que plus de soixante personnes se soient déplacées pour fêter notre nouvelle maison et il s'était bien amusé. C'était la première soirée qu'il donnait depuis la mort de Sara. De mon côté, j'étais contente que Lynn et Gordon aient accepté de venir et que Gordon ait pu apprendre à me connaître.

Une semaine plus tard, Steve partait pour Cornell. Je regardai sa voiture s'éloigner avec plus de soulagement que de regrets. Maintenant, toutes les personnalités pourraient se régler sur leur horloge interne sans se soucier des contingences extérieures. En rentrant du travail, je trouverais enfin le vrai repos. J'étais déterminée à profiter des quelques mois sans Steve pour apprendre à mieux connaître les autres personnalités et à me libérer de la surveillance constante que j'avais dû pratiquer depuis plus de dix ans.

Jo passait des heures entières à lire ses textes de sciences politiques et s'abîmait dans de longues réflexions sur son étrange existence. Elle décida de consigner ses pensées dans un journal, entrevoyant pour la première fois la possibilité de le tenir régulièrement à jour.

Missy découpait des figures en papier et se berçait, ronronnante de plaisir, dans son rocking-chair en lisant des livres pour enfants. Rusty traînait dans l'atelier du sous-sol jusque tard dans la nuit, fabriquant des objets avec des chutes de bois et des clous.

Surtout, nous avions le temps de penser, et de grandir. Nous apprenions à nous connaître individuellement, et à connaître les autres. Ayant le privilège unique de pouvoir enregistrer les pensées de chaque personnalité pendant ses « sorties », je voyais avec grand intérêt chacun et chacune acquérir le sentiment de sa propre identité.

Missy, par exemple, apprit à se voir avec les yeux de Lynn et décida qu'elle n'était plus une affreuse petite fille non désirée. Puisque son amie Lynn l'aimait, Missy ne pouvait être tout à fait mauvaise.

Jo développa aussi une meilleure image d'elle-même. Depuis qu'elle avait compris qu'elle partageait son corps avec d'autres, elle profitait du temps qui lui était imparti sans se culpabiliser pour ses « oublis » ou ses « rêvasseries ».

Jo considérait les autres personnalités comme des forces étrangères, ce qui ne nous incitait pas à l'aimer. Cependant, elle prit un certain plaisir à se décharger sur nous de tâches désagréables. Elle décida ainsi que si le ménage n'était pas fait ou si de l'argent était dépensé pendant ses absences, qu'elle soit damnée si elle perdait son précieux temps à nettoyer la maison ou régler les factures !

A mesure qu'elle pactisait avec elle-même, Jo s'enhardit à poser des questions directes à Lynn.

— Qu'est-ce que ça fait de se sentir femme ? demanda-t-elle un jour, vers la fin janvier.

Lynn sembla déroutée par la question.

— Je sais que certaines personnalités se considèrent comme des garçons, répondit-elle prudemment, mais enfin, Jo, je croyais que tu savais que tu étais une femme.

— Je sais que je ne suis pas un homme, mais je ne me sens pas vraiment femme.

— Et tu te sens quoi, exactement ?

Jo étudia la question.

— Je me sens « non masculine ». J'ai l'impression qu'il me manque quelque chose, que je ne suis pas à la hauteur. Je comptais sur toi pour me dire si c'était ça, se sentir femme.

— Certainement pas. Je n'ai pas l'impression de manquer de quoi que ce soit, dit Lynn sur le ton de la confidence, avant de marquer une pause. Voyons... comment exprimer ce que je ressens ? Je ne me suis jamais vraiment posé la question... Commençons par ta perception de ton corps. Qu'est-ce que tu remarques quand tu te regardes dans la glace ?

Ce fut au tour de Jo d'être perplexe.

— Je ne me vois pas, avoua-t-elle.

— Tu ne te vois pas ?

— Non, je ne peux pas me voir dans une glace, expliqua calmement Jo, pensant que Lynn le savait déjà. La dernière fois que je me rappelle avoir vu mon reflet, j'étais toute petite. Ma mère m'a mise devant une glace et m'a dit que j'étais en retard pour mon âge. Je ne me suis pas regardée depuis au moins quinze ans.

L'incrédulité se peignait sur le visage de Lynn.

— Que se passe-t-il si tu te regardes dans une glace ?

— Je disparais. C'est la même chose quand je regarde des photos de moi. Je ne peux que deviner à quoi je ressemble, expliqua-t-elle, l'esprit perdu dans ses pensées. Ah, il y a tant de choses que je n'ai pas faites depuis si longtemps ! soupira-t-elle. Tu te souviens de l'après-midi où tu as emmené Missy au parc ?

Lynn acquiesça.

— J'ai émergé une minute ou deux pendant que Missy et toi vous regardiez le navire. C'était fugitif, mais j'en garde un merveilleux souvenir. Je suis sûre de n'avoir jamais été de sortie au printemps depuis une douzaine d'années.

Lynn commença à se rendre compte qu'elle avait mésestimé beaucoup de choses. Elle travailla avec Jo à pointer les erreurs commises en s'étonnant constamment des questions que soulevaient la vie si particulière de Jo : est-il possible de développer une identité sexuée en l'absence de repère social ? Si Jo était aussi savante avec si peu d'expérience, cela n'impliquait-il pas que la pensée l'emportait sur le vécu ?

Jo s'efforçait de s'ouvrir à Lynn, mais s'aperçut que, plus elle s'ouvrait, plus elle devenait dépendante. Cette découverte l'effraya.

« Le temps passé avec Lynn est encore plus agréable que celui où je suis seule, écrivit-elle dans son journal. Je me rends bien compte que ce n'est pas bien de dépendre ainsi de quelqu'un. Quand je m'en remets à elle pour me sentir bien, je l'utilise comme un objet. En fait, il vaut mieux éviter les gens que de les utiliser. »

Jo ne pouvait s'empêcher d'être rationnelle et rigide. Elle regrettait son excès d'intellectualisme, qui déclenchait chez elle une douloureuse culpabilité et l'incitait à repousser Lynn en même temps qu'elle cherchait à s'en rapprocher. Méprisant, en bonne logicienne, l'incohérence, Jo essayait de cerner les motifs de son ambivalence.

« L'intérêt de Lynn est sincère, écrivit-elle. Je sais qu'elle m'aide, mais je ne suis pas encore prête à l'accepter. Lynn sape ma méfiance vis-à-vis des gens, méfiance somme toute confortable et que j'ai bâtie au fil des ans.

» Lynn me procure une vie plus riche en m'offrant sa solidité sur laquelle je m'appuie, mais elle me complique aussi la vie. Je ne sais pas comment me conduire avec quelqu'un qui me connaît à fond et qui ne me juge que sur mes actes. Je ne sais pas quoi penser de quelqu'un qui sait faire la différence entre les autres personnalités et moi.

» Que je disparaisse cinq minutes ou deux semaines, Lynn s'aperçoit toujours de mon retour et ne s'étonne pas que je ne me souvienne pas de ce qui s'est passé entre-temps. Cette compréhension m'indispose et je lui résiste. Je refuse d'admettre l'intérêt qu'elle me porte et je me retranche. Je ne le fais pas exprès et je lutte de toutes mes forces pour m'en empêcher — Lynn est la seule personne qui m'ait jamais aimée pour ce que je suis —, mais c'est comme expliquer à une tortue qu'elle ne doit pas rentrer dans sa carapace. Je ne connais pas d'autres moyens de survivre. »

***

Journal — 10 février 1983

Jusqu'à présent, Jo et les autres se sont bien débrouillées depuis qu'elles sont seules dans leur maison. La thérapie avance à pas de géant.

Renée montre un intérêt croissant pour les autres et les aide dans « leur » traitement avec une bonne volonté évidente. Elle affiche maintenant une attitude de mère protectrice un tantinet exaspérée, loin du dédain et de la gêne des premiers temps. Elle dénie toujours un quelconque investissement de sa part dans cette thérapie et je m'abstiens de la contredire sur ce point. Je me contente de sa tolérance grandissante pour les autres personnalités et constate avec plaisir qu'elle se sent assez à l'aise pour commencer à aborder ses propres problèmes.

Missy est toujours ravie des heures qu'elle passe avec moi. Je ne cesse de m'extasier ouvertement de son délicieux caractère et de sa vision du monde très personnelle, qui embarrassait ses parents par son originalité.

Joan Frances continue d'éviter les séances autant que faire se peut, mais je considère comme un progrès ses rares apparitions où elle me supplie de la rendre digne de l'amour maternel. Elle s'éclipse aussitôt si je lui suggère que Nancy n'a peut-être pas d'elle une vision juste, mais elle revient plus tard pour se l'entendre confirmer.

C'est encore avec Jo que l'orage couve. Elle éprouve des sentiments extrêmement primaires et ne possède aucun moyen de les affronter, à part le déni intellectuel et l'amnésie. Il lui arrive de me faire assez confiance pour se lancer dans des discussions théoriques avec un enthousiasme évident, mais ensuite elle se sent coupable d'y avoir pris plaisir. Depuis Noël, son affolement devant son incapacité à reconnaître les sévices qu'elle a subis s'amplifie. La thérapie elle-même est devenue un piège : elle sait que le moment approche où elle ne pourra plus continuer à nier les sévices. Mais elle refuse de se sentir piégée et n'accepte pas davantage sa colère grandissante.

Colère pénible pour elle comme pour moi, mais que j'accueille comme une alliée car elle est créatrice de tension. Le souvenir des sévices commence à se propager des autres personnalités jusqu'à Jo.

Tout en l'assurant de mon soutien, je la pousse dans ses derniers retranchements et je suis prête à affronter son hostilité pour avoir autorisé la douleur à perdurer. Inévitablement, Jo en rendra responsable l'une de nous deux et voudra se venger. C'est une passe dangereuse dans la thérapie, et, si je ne suis pas prise au dépourvu par la crise prochaine, notre travail devrait atteindre une nouvelle phase.

***

En quelques semaines, l'époque des agréables discussions théoriques entre Jo et Lynn ne fut plus qu'un lointain souvenir. La thérapie était devenue, selon les termes de Jo, une relation conflictuelle.

— Jo, disait Lynn, il faut que tu saches ce qu'on t'a infligé. Plutôt que de le nier, tu dois l'intégrer.

Jo prétendait que les autres personnalités mentaient. Son père l'avait adorée même si elle n'était pas le fils qu'il avait désiré. Sa mère ne l'aimait peut-être pas comme Jo l'aurait voulu, mais on ne pouvait pas taxer ce manque d'amour de sévices, n'est-ce pas ?

— J'étais une enfant difficile, expliqua-t-elle à Lynn. Je détestais être petite et ne pas tout savoir ; je suis sûre que j'ai rendu la vie infernale à mes parents.

— Renée, appela Lynn en essayant de m'enrôler, comment pouvons-nous aider Jo à affronter la vérité sur son enfance ?

Je lui en voulais d'essayer de m'obliger à intervenir. C'était le problème de Jo, pas le mien, et je pensais avoir déjà fait largement ma part de travail. J'accordais du temps à Jo pour être avec Lynn, du temps le soir pour écrire son journal. Qu'est-ce que Lynn voulait de plus ?

— Jo a peut-être raison, ripostai-je quand Lynn insista. Nancy et Ray ne m'ont pas l'air d'être des bourreaux d'enfants.

La souffrance, la pression et la panique grandissantes du groupe représentaient des menaces plus graves pour moi que pour les autres personnalités. C'était moi qui m'arrangeais pour que nous puissions continuer à mener une vie productive, et je sentais que Lynn voulait provoquer une explosion psychique. Tout ce que je souhaitais, c'était d'être à l'abri dans une profonde cachette mentale lorsque ça éclaterait.

Jo aussi se sentait agressée de l'intérieur. Des peurs profondément enfouies resurgirent sous la forme mentale d'une étrange tache de sang sur un mur.

— Je n'arrive pas à comprendre cette vision, déclara-t-elle, mais elle m'angoisse. Je sens ces images qui montent à la surface et je dois lutter constamment pour les en empêcher.

— De quoi as-tu peur ? demanda Lynn. Que se passerait-il si tu cessais de t'opposer à ce que tu sens resurgir ?

— J'ai peur de disparaître. Ou plutôt, non. J'ai peut-être peur de ne pas disparaître, justement, et de me souvenir de quelque chose que je préfère oublier.

— Jo, tu n'as rien à craindre ici. Peu importe que tu disparaisses dans mon cabinet. Tu peux aussi te rappeler un souvenir pénible, tu es en sécurité. Ce sont des événements du passé ; ils ne peuvent plus te blesser. Quels qu'ils soient, je t'aiderai à les affronter, ne t'inquiète pas.

Jo ne s'autorisait aucune détente. En une semaine, elle était passée de la paisible recherche d'identité sexuelle à une angoisse d'origine inconnue, qui la paniquait. Elle tremblait de tout son corps.

Aucun souvenir n'émergeait, et à chaque séance l'angoisse de Jo provoquait en elle d'effrayants trous noirs. Quand la panique devenait trop envahissante, Josie, celle qui n'avait jamais connu autre chose, prenait le relais. Parfois Lynn s'apercevait du changement. Elle voyait les muscles tremblants se crisper, l'œil s'agrandir de terreur. Elle parlait alors d'une voix apaisante tout en s'interposant avec des gestes calculés entre Josie et le mur.

Elle arrivait parfois à la maintenir quelques secondes à la surface et, dans ce cas, essayait d'entrer en contact.

— Josie ! Josie ! disait-elle, un brin découragée. Tu es en sécurité ici.

Mais Josie ignorait le sens du mot « sécurité », et « ici » n'existait pas.

— Non ! criait-elle. Non, je t'en supplie !

Et elle se dégageait de l'étreinte de Lynn pour s'infliger le choc douloureux qui effacerait les souvenirs en la faisant sombrer dans l'inconscience.

Quand Jo, suivant ses propres termes, ressentait « la terreur lui labourer les entrailles en cherchant une issue », apparaissait alors Sissy, la gardienne du passé âgée de quatre ans, qui conservait en elle la rage et la peur : elle fonçait vers la fenêtre — le cabinet de Lynn était situé au cinquième étage — et tambourinait au carreau en hurlant : « Dehors ! S'il te plaît, dehors ! Regardez, tous ! »

Après trois séances de pure terreur, j'étais harassée et couverte de bleus. Je décidai de surmonter ma propre anxiété et d'aider Lynn à découvrir l'origine de cette terreur.

— Josie ressent une panique envahissante, expliquai-je. Dans sa mémoire, tout est noir et ça la terrifie. Elle ne désire qu'une chose : la douce paix qu'elle n'obtient qu'en se frappant la tête contre le mur. Mais je crois aussi que son souvenir est incomplet et cela explique son geste désespéré. En fait, elle veut sombrer dans l'inconscience avant de se rappeler l'affreuse chose qui a causé sa terreur panique.

— Quand Josie se retrouve ici, on dirait qu'elle ne me voit pas et qu'elle ne m'entend pas davantage. Est-elle aveugle ? Sourde ?

— Non, ce n'est pas tout à fait ça, dis-je en cherchant mes mots. En fait, pour Josie et pour Sissy, il n'y a pas de passé. Elle n'ont pas de souvenirs à raconter. Quand elles se souviennent de quelque chose, elles le revivent pour de vrai. Le souvenir possède une image, un son, une texture ; il est aussi vrai, même plus vrai que toi ou que cet endroit.

— C'est-à-dire que, si nous pouvons transférer ces événements dans la mémoire de Jo, elle pourra s'en souvenir en sachant qu'ils appartiennent au passé. Jo n'a aucune difficulté à distinguer le présent du passé. Elle ne risque pas de succomber à ses souvenirs comme Josie ou Sissy.

— C'est possible, dis-je sans partager son optimisme, mais ce sont Josie et Sissy qui revivent ces événements, pas Jo. Jo n'a aucun souvenir correspondant aux événements qui torturent Sissy et Josie.

Son incapacité à nommer ou contrôler ses peurs rendait Jo furieuse et elle enrageait de voir Lynn conserver son calme.

— Comment peux-tu rester calme ? lui reprochait-elle. Pourquoi tu ne m'aides pas ?

— Mais je t'aide du mieux que je peux, je t'assure. Et j'ai hâte que cette mauvaise passe se termine.

La tension atteignit une telle intensité que Jo sombra dans la dépression. Son abattement était pire que lorsqu'elle avait commencé la thérapie : elle ne pouvait ni travailler ni penser, elle ne trouvait même plus de plaisir dans la lecture.

« Grâce à sa distanciation professionnelle, songeait amèrement Jo, Lynn peut sans doute attendre que ça passe, mais moi, je n'en peux plus. » La dépression la consumait.

— Je t'en supplie, gémit-elle un jour dans le cabinet, aide-moi !

— Je fais ce que je peux.

Cette fois, je comprenais Lynn et je me mis à chercher avec elle comment aider Jo. Je voyais bien que Lynn ne savait pas trop quoi faire.

— Je crois qu'il faut que je continue à la pousser dans ses derniers retranchements, proposa-t-elle.

J'approuvai.

— Oui. Ça ne peut pas être pire.

Fin février, Lynn obligea Jo à écouter un enregistrement de Sissy, furieuse et terrorisée, qui poussait un cri à vous glacer le sang en se précipitant vers la fenêtre.

— Tu es en colère, tonna Lynn. Tu es dans une colère noire ! Tu es en colère après tes parents à cause de ce qu'ils t'ont fait. Tu leur en veux de t'avoir amenée à te détester. Si tu pouvais t'approprier ta colère, ça te libérerait de ta rage étouffée et de toute cette souffrance.

Plutôt que de reconnaître avec effroi que quelque chose de terrible lui était arrivé pendant son enfance, Jo préféra s'éclipser. Elle ne disparut pas complètement mais resta immobile, pendant la durée de l'enregistrement et des admonestations de Lynn. Elle se mit à réfléchir, seule dans son coin, et comprit qu'un voile du mystère venait enfin de se lever.

Elle estima qu'elle était folle et que son état était en train d'empirer. Le cri atroce qu'elle avait entendu sur l'enregistrement le prouvait. On allait l'interner, aucun doute. Elle décida que la mort était la seule alternative à une maladie mentale chronique et débilitante.

Elle repoussa les tentatives de Lynn de la faire parler et sortit du cabinet d'un pas calme. Maintenant qu'elle avait compris, il n'y avait plus rien à ajouter. Autant se tuer avant qu'on l'interne.

Elle rentra en voiture sans se presser, et quand elle arriva à la maison, ses gestes avaient pris une tournure mécanique. Elle ne ressentait ni peur ni regrets ni souffrance. Elle ne ressentait rien.

Elle fouilla l'armoire à pharmacie et en sortit tous les médicaments qu'elle rassembla sur la table de la cuisine. Elle fit chauffer de l'eau pour le thé, pensant que le liquide chaud accélérerait l'overdose. Elle examina les différents cachets et en pila la quantité qu'elle jugea mortelle.

Bloquée à l'intérieur par la dépression et la détermination de Jo, j'assistais à la scène avec horreur. Je guettai une faille dans la concentration de Jo afin d'intervenir avant qu'elle avale la mixture ; sinon il me resterait encore la possibilité de reprendre le contrôle après et de vomir les comprimés.

Jo installa une couverture sur le rocking-chair de la véranda, puis chercha une station de musique classique sur la radio. Maintenant, elle allait rapporter la mixture et le thé, puis se blottir sous la couverture. Elle regarderait les flocons de neige blanchir la pénombre et attendrait le sommeil. Elle s'estimait heureuse d'avoir conservé assez de présence d'esprit pour mener à bien son entreprise.

En retournant se verser une tasse de thé, Jo fut distraite par un bruit à la porte de la cuisine. Elle leva la tête et aperçut Lynn par la fenêtre. Jo resta un moment interdite, puis ouvrit la porte.

— Qu'est-ce que tu étais en train de faire ? demanda Lynn d'une voix très douce.

— Je n'en peux plus, répondit Jo en montrant la pile de comprimés. Je ne veux pas que ça s'aggrave.

Lynn ne parut pas surprise.

— Je me suis inquiétée après ton départ, expliqua-t-elle. Tu as changé en entendant la cassette ; tu as cessé d'implorer de l'aide. Tu refusais de parler et tu étais bien trop calme. Quand j'ai vu qu'aucune autre personnalité ne prenait le relais, j'ai eu peur que tu ne cherches à te suicider.

Les défenses de Jo s'effondrèrent et elle fondit en larmes. Elle venait brusquement de comprendre que Lynn n'avait pas renoncé et qu'elle ne la laisserait pas tomber.

— Ça va aller mieux, Jo, promit Lynn. Ensemble on est en train de réussir. Parfois on a le sentiment d'avancer, parfois on doit attendre la fin de passes difficiles, mais on réussira.

Ce soir-là, Lynn et Jo s'installèrent sur le canapé, devant un bon feu de bois. Jo, dans les bras protecteurs de Lynn comme seule Missy osait le faire, passa quelques heures à se reposer. L'arrivée de Lynn n'avait pas dissous la terreur panique, mais avait permis de supporter l'attente. Jo comprit enfin qu'elle n'était pas seule.

LIVRE TROISIÈME

20

Et puis l'attente devint intolérable. Quelques jours plus tard, Josie fonça dans le mur, et Lynn eut deux côtes cassées en essayant de la retenir. Il devenait impossible d'empêcher Josie et Sissy de se blesser.

— Il n'y a aucun doute, dit Lynn. Pour déclencher une telle violence, ces souvenirs doivent être d'une importance capitale. Il faudra bien sûr éviter les blessures, mais on doit aider ces souvenirs à resurgir. Renée, que penserais-tu d'une hospitalisation ?

J'étais à la fois gênée et bouleversée que le groupe ait blessé Lynn, mais l'hospitalisation était hors de question. Malgré la tension des séances quotidiennes, Jo poursuivait ses études pour l'obtention de son doctorat et je continuais à enseigner. Le groupe fonctionnait toujours. En outre, la psychiatrie nous terrifiait.

— On deviendrait toutes suicidaires si on était bouclées, expliquai-je à Lynn. Il n'y aurait plus d'espoir, plus de raison de se battre. Tout ce qui signifie « Vous n'êtes plus fonctionnelles » serait désastreux pour le groupe. C'est notre capacité à assurer qui nous permet de supporter la folie. Tu ne peux pas nous ôter ça.

Lynn admit que l'hospitalisation n'était pas une solution viable.

— Et si je faisais venir quelqu'un d'assez fort pour empêcher Josie de se cogner la tête contre le mur, qu'en penserais-tu, Renée ?

L'idée ne me séduisait pas outre mesure, mais c'était toujours mieux qu'une hospitalisation. Et puis, il fallait bien faire quelque chose. J'acceptai.

Le 3 mars, j'entrai dans le cabinet, inquiète de la présence d'un tiers mais soulagée que Lynn soit protégée. Bien avant que je n'apprenne mon identité de Multiple, je considérais que rien ne justifiait qu'un être souffre à cause de la souffrance d'autrui. J'avais vu Ray rentrer à la maison, énervé à cause d'un problème à l'usine, et dans l'heure suivante Nancy, à bout de nerfs et humiliée, pleurait dans sa chambre après avoir essuyé les injures et les sarcasmes de son mari. « S'il n'est pas capable de laisser ses problèmes à l'usine, il n'a qu'à rester dehors », m'étais-je dit, et j'en avais fait une règle de conduite. On n'a pas le droit de soulager sa souffrance sur autrui.

Et c'était précisément ce que je faisais avec Lynn ! A cause de mon problème, elle souffrait physiquement. J'étais mortifiée et j'aurais volontiers revêtu une camisole de force pendant les séances si cela avait été le seul moyen de lui éviter d'autres blessures.

Bien sûr, ni moi ni les autres personnalités ne voulions faire de mal à Lynn, mais là n'était pas la question... Être suffisamment fonctionnel pour mener une vie normale supposait, d'abord, qu'on ne présente un danger pour personne. Nous étions plus proches que jamais de ce que j'appelais le dysfonctionnement. Prête à tout pour rester en deçà de la limite, j'acceptai qu'un tiers me voie « déjanter ».

J'avais imaginé que ce « protecteur » se contenterait d'intervenir ponctuellement. Il resterait le temps que passe l'orage et que les souvenirs pénibles resurgissent. Une fois le travail de remémoration accompli, la panique disparaîtrait, et avec elle les menaces physiques.

Lynn m'avait expliqué qu'elle s'arrangerait pour que quelqu'un attende à la porte et qu'elle ne l'appellerait que si Josie ou Sissy faisaient surface.

— Cette personne connaît l'existence des autres, n'est-ce pas ? m'assurai-je au début de la séance. J'espère qu'elle ne va pas s'imaginer que c'est moi qui agis comme ça ?

— Ça m'étonne que tu n'aies pas deviné à qui j'ai fait appel, sourit Lynn.

Je n'en savais strictement rien.

— C'est Gordon ! déclara-t-elle, ravie.

— Gordon ? m'exclamai-je, scandalisée.

Oh, non, pas lui ! J'avais fait tant d'efforts à notre soirée pour qu'il me considère comme une personne compétente et fonctionnelle. Que se passerait-il s'il voyait Josie, ou Sissy ? Il était hors de question que je les lui montre. Même si, comme Lynn me l'avait affirmé, Gordon avait beaucoup de respect et de sympathie pour moi, il serait consterné en constatant ce qui se passait vraiment. Furieuse et gênée, je m'enfuis à l'intérieur. Qu'une autre se coltine avec ça !

Jo émergea. Comme elle ignorait ce qui s'était dit, Lynn lui expliqua que Gordon montait la garde derrière la porte, prêt à intervenir en cas de besoin. Jo savait que la personnalité nommée Renée avait rencontré Gordon, et elle avait espéré faire aussi sa connaissance, ne serait-ce que pour le remercier d'être si compréhensif pour tout le temps qu'elle passait avec Lynn. Et voilà que non seulement elle ne lui serait pas présentée, mais il verrait Josie et Sissy !

Jo protesta énergiquement, et quand Lynn tenta de la convaincre d'essayer au moins une fois, elle s'enfuit en perdant conscience.

***

Journal — 3 mars 1983

J'ai été profondément choquée par les réactions de Jo et de Renée à ma proposition de faire venir Gordon. Renée avait eu l'air de l'apprécier sincèrement (j'espérais que Jo se sentirait vite à l'aise avec lui) et j'avais pensé que sa présence serait plus rassurante que celle d'un agent de sécurité ou d'un de mes collègues masculins.

Je m'étais imaginé que l'équipe soignante serait plus difficile à convaincre que Jo ou Renée, mais comme mes séances avec le groupe ne commençaient qu'à 17 heures, après la fermeture du centre, je m'étais dit que seuls de rares collègues s'apercevraient de la présence de Gordon.

Hier, j'ai prévenu Harry. Évidemment, cela aide d'avoir un patron qui me connaît depuis vingt ans ! Il a eu le temps de me voir abriter chez moi des femmes battues, emmener des gosses de banlieue en promenade sur notre bateau, et il a toujours réglé sans sourciller mes notes de frais pour ces démarches thérapeutiques. Malgré cela, j'ai été surprise par la facilité avec laquelle Harry a approuvé cette nouvelle mesure, pourtant peu orthodoxe.

Harry m'a déclaré que j'avais trouvé la meilleure solution possible, qu'un placement volontaire dans un service psychiatrique, même avec l'accord de Renée et de Jo, serait plus néfaste qu'autre chose. Il m'a aussi rappelé comment les infirmières et les internes avaient écouté, fascinés, certes, mais surtout incrédules, ma présentation du cas de Jo aux Journées psychiatriques. Il était évident qu'ils ne connaissaient rien au syndrome de Personnalité Multiple.

— Si Jo était hospitalisée, m'a fait remarquer Harry, tu perdrais le contrôle de son traitement, parce que tu n'es pas médecin, et je suis certain que le personnel de l'établissement ne saurait pas comment s'y prendre avec elle. Une faute clinique, dans un tel moment de crise, pourrait aggraver son cas, surtout si c'est toi qui décides de l'internement.

Harry a également approuvé mon choix de Gordon pour assurer ma protection, bien que je suspecte son accord d'être motivé par des considérations économiques — Gordon ne coûterait pas un sou à la clinique.

— Je connais Gordon depuis aussi longtemps que toi, m'a dit Harry, et sa présence n'engendrera pas la même dose d'anxiété que si on faisait intervenir un étranger.

Harry m'a conseillé de ne pas m'inquiéter des commentaires de l'équipe sur mes méthodes thérapeutiques. Il m'a expliqué que le personnel s'était fait à l'idée qu'une Multiple était prise en charge dans le service, et il m'a confié que les cliniciens appréhendaient surtout qu'il n'exige d'eux un temps de présence aussi excessif que celui que je passais avec Jo. Il les avait rassurés sur ce point, et avait insisté sur la chance que représentait, pour l'établissement, le fait qu'un de ses membres s'occupe d'une pathologie aussi rare.

— J'ai une entière confiance en ton instinct de clinicienne, a-t-il conclu.

Son unique souci concernait la difficulté que j'aurais à libérer Gordon une fois la crise passée. Je l'ai rassuré en lui disant que, bien sûr, cela dépendait aussi de Jo et des autres, mais que nous en avions déjà discuté avec Gordon et qu'il était prêt à rester disponible jusqu'à la fin du traitement.

Je savais qu'un deuxième thérapeute serait utile, auquel cas

Gordon était tout indiqué. La prise en charge d'un Multiple est plus intense et plus éprouvante que tout ce qu'il m'a été donné d'assurer. Je ne regrette rien et je tiendrai la promesse que j'ai faite au groupe d'aller jusqu'au terme du traitement, mais j'ai peur d'y laisser toute mon énergie.

Ce ne sera pas la première fois que Gordon et moi joindrons nos talents pour venir en aide à quelqu'un dans le besoin. Les loubards, victimes de sévices ou livrés à eux-mêmes dans leur enfance, qui sont mon pain quotidien ont, pour la plupart, fréquenté le collège où Gordon enseigne. Nous passons souvent plusieurs heures après le travail avec ces adolescents, pour les aider à trouver une alternative à la drogue, à la destruction et au désespoir. Et nous débattons des soirées entières sur la meilleure manière d'appréhender la demande de tel ou tel.

J'ai été soulagée que Gordon se propose pour m'aider à soigner Jo et je lui en suis reconnaissante. L'idée de travailler de concert avec les diverses personnalités nous emballait.

Tout ça pour en arriver là !

Il semble que Jo veuille que Gordon la reconnaisse en tant que personne, et non comme « une cinglée qui a besoin d'être contrôlée ». Rien de plus facile. Je suis ravie que Jo ait envie que Gordon se conduise avec elle comme je le fais déjà.

Pour Renée, c'est plus délicat. Elle a déclaré en partant qu'elle « ne remettrait jamais les pieds ici pour y être encore humiliée ». D'une certaine manière, elle se sent trahie, et pense que j'ai dévoilé à Gordon des choses que je n'aurais pas dû. Un « anonyme », qu'elle n'aurait eu aucune envie de fréquenter dans sa « vraie vie », aurait été plus facilement accepté. Elle s'imagine certainement que, si Gordon rencontre les autres personnalités, il perdra tout respect pour elle.

Je suis une fois de plus frappée par l'image qu'ont d'elles-mêmes les différentes personnalités. A l'évidence, Renée pense que, du moment que Gordon l'a vue se conduire normalement à la soirée, il s'imagine qu'elle est toujours comme ça. Mais que fait-elle des innombrables coups de téléphone en pleine nuit de la part d'une Jo bredouillante et d'une Missy en larmes ? Renée pense-t-elle que Gordon ignore qu'elles font partie de la même entité physique ?

J'ai du mal à croire au violent déni de Renée. Elle doit certainement savoir que mes collègues, la réceptionniste, et même la femme de ménage et les gardiens sont conscients que des choses bizarres se déroulent chaque après-midi dans mon cabinet. Combien de fois, après avoir entendu les hurlements de Sissy ou de Nancy résonner dans cette aile du bâtiment, la femme de ménage m'a-t-elle demandé « comment allait cette pauvre petite »? Il n'est tout de même pas si fréquent que les agents de sécurité reçoivent l'ordre d'« ignorer les appels au secours provenant du bâtiment 5 entre 17 et 18 heures ».

Non, je crois que Renée ne se rend pas compte. Elle arrive, sûre d'elle et souriante, bavarde avec la réceptionniste, et s'imagine qu'on la juge sur l'image rayonnante qu'elle étale complaisamment.

Elle désire de toutes ses forces qu'on la considère comme distincte des autres personnalités, et craint par-dessus tout qu'on la juge d'après leurs actes. Au moins reconnaît-elle d'une certaine manière qu'elle n'est pas entièrement elle-même sans les autres, aussi en a-t-elle honte.

Ce qui m'inquiète, comme chaque fois que je commets un impardonnable faux pas, c'est que Renée puisse ne pas revenir. Cela dit, je suis de plus en plus consciente que toutes les personnalités, Renée y compris, sont des petites filles terrorisées, parfois déguisées en adultes. Leur demande affective, autrement plus importante que leur apparente compétence, l'emportera sur l'humiliation de Renée, j'en suis sûre. Je leur offre la possibilité de grandir et de trouver leur équilibre, au lieu de continuer à s'abriter derrière un masque provisoire, et je crois que Renée y est sensible. Elle reviendra.

Un autre fait plaide en ma faveur : Jo a été acceptée à Harvard. Je doute qu'elles iront, mais Renée peut trouver là une porte de sortie qui l'aidera à reprendre les séances malgré son humiliation.

Cela dit, la séance d'aujourd'hui a donné lieu à un épisode comique et quelques progrès ont été accomplis. Après l'humiliation qui a provoqué la fuite de Renée et la colère de Jo, Josie est apparue en se précipitant la tête contre le mur, comme d'habitude. Gordon m'a ensuite confirmé avoir entendu le tapage qui a suivi mais, comme je lui avais expressément recommandé de n'intervenir qu'à mon appel, il s'est replongé dans sa lecture.

Une étudiante en psycho qui passait par là lui a jeté un regard interrogateur en entendant les bruits sourds et les coups répétés.

— Lynn m'a dit qu'elle m'appellerait si elle avait besoin d'aide, a expliqué Gordon pour la rassurer.

J'ai finalement réussi à m'approcher assez de la porte pour l'ouvrir et l'étudiante a sursauté, complètement effarée, en me voyant rouler par terre avec ma patiente.

— On devrait peut-être intervenir? a-t-elle proposé, inquiète.

— Non, ai-je entendu Gordon répliquer. Lynn sait ce qu'elle fait.

— Gordon! me suis-je exclamée, ulcérée.

Je ne comprenais pas qu'il puisse rester assis tranquillement alors que l'urgence sautait aux yeux.

— Ah, je crois que Lynn me réclame, a confié Gordon à l'étudiante tout en rangeant soigneusement ses lunettes et son livre.

Il est entré, a refermé la porte au nez de la jeune fille ébahie, et a lutté avec Josie pour l'éloigner du mur. Josie a commencé par se débattre, puis, constatant qu'elle ne pourrait se dégager de son étreinte douce mais ferme, elle a disparu. Missy est arrivée dans la minute.

— Tu veux ton amie, a-t-elle gémi faiblement.

Gordon m'a interrogé du regard. Je lui a fait signe de nous laisser seules, et il est retourné à sa lecture.

Il est très désireux de coopérer mais m'a conseillé d'être plus explicite sur ce que j'attends de lui. Tel quel!

Je ne peux m'empêcher de penser que l'étudiante doit certainement envisager de changer de carrière.

*
**

Deux jours plus tard, la thérapie-avec-Lynn commença à devenir la thérapie-avec-Lynn-et-Gordon. Il revint à la séance suivante mais frappa à la porte, cette fois-ci, puis entra, se déchaussa, ôta son blouson et s'assit en tailleur. Lynn et moi le rejoignîmes sur le tapis, sans un mot. Josie, Missy, Petit Joe, et Sissy s'installaient toujours par terre, et le geste de Gordon eut le don de détendre l'atmosphère et d'apaiser le groupe. Sur le tapis, on se sentait davantage en sécurité.

Je repris avec Gordon la conversation sur notre métier que nous avions commencée en janvier, à la pendaison de crémaillère. Nous nous lançâmes dans des récits d'anciens combattants relatant nos efforts pour manipuler l'administration ou le système scolaire afin de rendre service à tel ou tel élève. Gordon se comporta comme le soir de la fête. « Peut-être est-il capable de me comprendre aussi bien que Lynn, après tout », me dis-je avant de me retrancher, apaisée, à l'intérieur.

Gordon plut tout de suite à Jo. Quand elle fit surface, Lynn l'accueillit avec son habituel « Bonjour Jo, contente de te voir », et Gordon lui adressa un sourire de bienvenue.

— Cela fait longtemps que j'attends l'occasion de te rencontrer, Jo, déclara-t-il.

— Vous... euh... vous, vous savez... euh... vous savez qui je suis ? bredouilla Jo, prudente.

— Je sais que tu t'appelles Jo, et Lynn m'a dit que tu aimais réfléchir sur le monde et la réalité. C'est aussi un sujet qui me passionne. Comment les gens vivent-ils ? Que faisons-nous sur cette planète ? Ça, ce sont des questions, tu ne trouves pas ?

Jo allait lui demander de s'expliquer mais un soupçon insidieux l'arrêta. Elle jeta un coup d'œil à Gordon, puis s'absorba dans la contemplation du mur.

— Vous me croyez ? demanda-t-elle. Vous pensez que je suis vraiment une Multiple ?

— Je pense que ce genre de phénomène est possible.

Sur la défensive, Jo rougit. Si ce type la prenait pour une simulatrice, autant s'en assurer tout de suite.

— Possible ? Qu'entendez-vous par là ? s'enquit-elle en s'efforçant de prendre un air détaché.

— Il faudra que tu apprennes à me connaître, dit doucement Gordon comme s'il avait senti son malaise. Je n'accepte jamais rien les yeux fermés. Je vérifie, j'analyse, avant de me faire une opinion. Je suis ouvert à tout : réincarnation, télépathie, les phénomènes bizarres dont tout le monde ricane ou que l'on traite par le mépris. Pour répondre à ta question, Jo, je crois que les Personnalités Multiples existent parce que je connais des groupes d'esprits.

Estomaquée, Jo se tut. Le calme de Gordon, sa voix douce et profonde lui en imposaient, mais elle se méfiait toujours d'un possible rejet.

— Quand je navigue sur mon voilier, expliqua Gordon, je passe parfois des heures à contempler les volées d'oiseaux. C'est assez étonnant. Ces oiseaux sont des individus séparés, mais ils pensent à l'unisson. Regarde-les voler en formation, tu les verras éviter tous ensemble un obstacle invisible. Tu les verras s'éparpiller dans le plus grand désordre, puis se réunir de nouveau dans une formation parfaite, chacun connaissant sa place particulière dans l'ensemble. C'est ce que j'appelle un groupe d'esprits.

Gordon s'exprimait avec conviction, détachant bien ses mots comme si chacun revêtait une signification particulière, et Jo trouva sa métaphore séduisante. Elle se détendit.

— Une volée, répéta-t-elle en soupesant le terme. Oui, on peut dire que mon système agit comme une volée. Si seulement je pouvais être l'oiseau qui dirige l'ensemble, ajouta-t-elle avec un petit sourire triste.

Les personnalités qui assistaient à l'entretien adoptèrent aussitôt ce terme de « volée ».

« C'est vrai, nous sommes une volée, songeai-je, même si nous évaluons plus souvent "éparpillées" qu'"en formation". »

« Un groupe d'esprits ? considéra Isis. Oui, je fais partie de l'esprit de Jo et je suis en même temps autonome. C'est vrai, on peut dire que je fais partie de la volée. Plutôt perspicace pour un homme, ce Gordon ! »

Lynn avait déclaré un jour qu'elle trouvait péjoratif d'appeler les personnalités « les autres ». Pour ma part, j'avais toujours considéré « les autres » trop froid et trop abstrait. Nous possédions enfin un terme pour définir les personnalités. Nous étions : la Volée.

Jo s'aperçut soudain qu'elle avait dépassé son heure d'entretien et craignit d'empiéter sur le temps de Lynn et de Gordon, alors qu'elle ne s'inquiétait plus depuis longtemps d'empiéter sur celui de Lynn seule. Gênée, elle se leva et s'apprêta à partir.

— Tu pars déjà ? s'étonna Gordon. On ne va pas se quitter tout de suite ; Lynn et moi ne sommes attendus nulle part.

Non ? Se pouvait-il que Gordon apprécie leur conversation à ce point ?

Au cours de la même séance, en plus de Jo et de moi-même, Gordon rencontra Rusty, Thérésa, Joan Frances et Missy, et nous considéra tous comme des êtres distincts.

*
**

Les premières semaines, Josie lutta farouchement avec Gordon, mais elle finit par comprendre l'inutilité de son acharnement. Gordon la maintenait fermement dans ses bras vigoureux, attentif à ne pas lui faire de mal. Ainsi protégée, Josie put revivre ses souvenirs.

Pendant que Josie crachait des « Me touche pas ! », gémissait des « S'il te plaît » en suffoquant de terreur, j'assistais au déroulement des horreurs passées comme sur un écran intérieur. Je luttais pour garder mes distances en voyant les souvenirs déferler malgré les efforts de Josie pour les refouler.

— Je ne peux pas vous raconter ce qui s'est passé au cours de la nuit que Josie est en train de revivre, expliquai-je à Gordon et à Lynn. Elle se débat toujours contre ce souvenir. Je sais seulement qu'elle dormait et qu'elle s'est réveillée dans les bras d'un homme qui la caressait. A chaque fois que le souvenir surgit, Josie découvre de nouveaux détails. Je l'aurai bientôt en entier.

Josie était terrorisée et elle se sentait agressée parce qu'elle croyait que la scène se passait *vraiment*. Quand elle comprit que l'étreinte de Gordon était dénuée d'érotisme, elle laissa le souvenir resurgir peu à peu.

Jo retrouva elle aussi certains fragments qui complétèrent le puzzle de la terreur de Josie. Jo n'avait pas accès consciemment au contenu de la mémoire de Josie, mais la résurgence des vieilles peurs de Josie déclencha chez les autres personnalités la remémoration de leurs expériences.

— J'ai repensé à quelque chose qui m'est arrivé l'été de mes douze ans, raconta Jo. Ma mère sortait presque tous les soirs avec ses nouveaux amis et mon père restait à la maison, passant de la fureur au désespoir.

» Une nuit, je lisais un livre dans le salon, l'histoire d'un enfant en nourrice qu'on finissait par adopter. En refermant le livre, je m'en souviens, j'étais triste et malheureuse parce que je n'aurais jamais l'impression de faire partie d'une famille comme le héros à la fin de l'histoire.

» Je suis montée, les larmes aux yeux, dans la chambre de mon père qui regardait la télé au lit. Il m'a demandé ce que j'avais, et je lui ai répondu que j'avais lu un livre qui m'avait rendue triste. « Viens dans le lit que je te console. » Je me suis glissée dans son lit. La télé ne m'intéressait pas. J'étais simplement contente et rassurée d'être dans les bras de mon père. J'ai dû m'endormir et je crois que ma mère n'est pas rentrée cette nuit-là parce que je me souviens encore de la neige scintillante sur l'écran de la télé après la fin des programmes.

C'est tout ce que Jo put raconter, et bien que le souvenir soit empreint de mélancolie, il ne dégageait aucune terreur. J'hésitai, puis déclarai, tremblante, mais sûre de moi :

— Cette nuit-là, Jo a été violée par son père.

***

Cette nuit-là, Josie se réveilla, face au mur, éblouie par le scintillement de l'écran de la télévision, tournant le dos à Ray qui lui avait glissé une main entre les jambes. Il se frottait à elle. Josie n'arrivait pas à imaginer ce qui se passait, mais elle savait qu'il n'était pas prudent de rester éveillée.

Il fallait dormir. Si elle dormait, tout cela n'arriverait pas pour de vrai. « Dors ! Dors ! » s'ordonna-t-elle, et elle fixa le mur d'un regard vide, se perdant dans sa blancheur uniforme, et se retranchant de la réalité en s'imaginant en train de se cogner la tête contre le mur. Se cogner, se cogner jusqu'à ce que la douleur l'entraîne dans une inconscience réparatrice.

Mais la voix de Ray la ramena à la réalité, une voix rauque, haletante, si différente de celle de papa.

— C'est toi ma petite femme, hein, mon chou ? disait la voix. Tu sens comme c'est bon ? Oh, mais tu as froid, tu trembles. Laisse-moi te couvrir.

Il la retourna sur son ventre, puis s'introduisit entre ses cuisses.

Josie se cognait la tête contre un mur imaginaire au rythme des coups de boutoir de son père. Elle transféra la douleur qui lui labourait le ventre dans le délicieux plaisir apaisant de l'impact de sa tête contre le mur. Le mur, le mur, plus rien ne comptait que le mur. Elle imagina le sang qui s'étalerait sur le mur blanc si elle se cognait la tête assez fort.

Après un moment qui sembla durer une éternité, son père cessa son va-et-vient.

— Tu diras à ta mère que tu dormais. Tu lui diras que tu t'es endormie. Voilà tout.

Bien qu'elle n'eût aucun souvenir de l'acte lui-même, Jo fournit l'épilogue du viol de Josie.

— Le lendemain du jour où je me suis endormie dans le lit de papa, je l'ai trouvé en bas en train de pleurer. J'étais bouleversée. C'était la première fois que je voyais pleurer mon père. J'ai voulu le consoler, mais il m'a chassée. Je savais qu'il ne pleurait pas à cause de moi, mais ça m'a fait de la peine qu'il refuse que je le réconforte. Ma mère et lui étaient en train de se séparer, et ça le torturait.

L'amnésie de Jo continuait à la protéger du souvenir du viol. De son côté, Josie, moins terrorisée maintenant que le souvenir avait été revécu, commençait à s'apaiser. Et c'était comme si j'étais la seule que ces bribes du passé de la Volée horrifiaient encore.

Il n'était plus question que je me dissocie de l'enfance de la Volée. De voir les souvenirs défiler et de les partager avec Gordon et Lynn faisaient de moi une complice. Je savais que je ne pourrais plus dire : « C'est leur problème, pas le mien ! », mais j'ignorais encore où était ma place dans le puzzle.

21

Le souvenir du viol de Josie ouvrit une vanne par laquelle se déversa tout un flot de souvenirs similaires, relatés par Rusty, Sissy, Missy et Petit Joe, et Josie. Le refus entêté de Jo de considérer ne serait-ce que l'éventualité des sévices commençait à m'exaspérer sérieusement.

— Je ne comprends pas ce qu'elle cherche à prouver, déclarai-je à Lynn et à Gordon. Même les rares souvenirs qu'elle garde de son enfance ne valent pas qu'elle s'y raccroche.

— C'est possible, Renée, me fit remarquer Lynn. Mais Jo a peur de détruire l'image de son père. N'oublie pas que c'est l'amour paternel qui l'a soutenue pendant son enfance.

Lynn et Gordon toléraient beaucoup mieux que moi les fables de Jo sur ce père qui l'aimait tant. Ils écoutaient de bonne grâce Jo s'excuser pour « tous les mensonges que racontent les autres personnalités ». Quand Jo en avait terminé, Lynn se contentait de lui transmettre les événements tels que les autres les lui avaient relatés. « Ça fait son chemin », m'assurait Lynn.

Jo admettait que ses propres souvenirs d'enfance n'étaient pas très plaisants. Elle avait grandi avec le sentiment que sa mère la considérait comme une tare. D'après maman, Jo était trop laide, trop gourde, trop renfermée, trop tout pour être une enfant « comme il faut ». Et si, aux yeux de sa mère, elle avait toujours trop de défauts, pour son père c'est en terme de manque que le problème se posait.

Ray considérait que sa fille n'était pas assez bien — pas assez maline, pas assez vive, et surtout pas assez masculine.

— Je sais que tu appelles ça de la cruauté mentale, Lynn,

déclara Jo, mais à mon avis, ils n'avaient pas tort. On peut leur reprocher leur manque de tact, mais de là à en faire des bourreaux d'enfants, uniquement parce qu'ils me disaient mes quatre vérités...

Jo avait appris, en lisant *Sybil*, qu'il était fréquent que la personnalité centrale d'un Multiple souffre d'amnésie à propos de scènes de sévices, mais sa compréhension intellectuelle du phénomène ne calmait ni sa rage ni son exaspération quand elle entendait Lynn lui détailler encore un autre épisode traumatisant.

— Mon père ne m'aurait jamais fait une chose pareille, affirmait-elle. Pourquoi accepterais-je comme mes propres souvenirs des choses que je ne me rappelle même pas? Dois-je accepter de croire que ces événements ont eu lieu alors que je sais pertinemment qu'ils n'ont jamais pu se produire?

Par ce subterfuge, Jo annulait le problème en substituant à une réalité émotionnelle un débat philosophique qu'elle pouvait maîtriser.

***

Longtemps avant que Jo connaisse la nature de son problème, elle avait remarqué que son passé présentait d'importantes zones d'ombre. Sa mémoire ressemblait à un petit album d'images. Elle ouvrait parfois son album et étudiait tel ou tel cliché pour s'assurer qu'elle avait une histoire et que sa vie ne commençait pas seulement à l'instant. Mais, à part cela, ces images mentales ne lui apportaient aucun réconfort, et Jo aurait volontiers oublié les scènes qu'elles décrivaient.

Une série de ces clichés montrait Jo à des âges différents, mais toujours avec la même expression : œil brillant et moue songeuse. La Jo de ces images était toujours plongée dans une discussion d'une GRANDE PROFONDEUR. Un coup d'œil aux autres personnages de l'image lui rappelait que, sur celle-ci, elle affirmait qu'il ne fallait pas confondre l'idéologue sceptique avec le nihiliste politique; sur celle-là, elle essayait d'expliquer pourquoi l'épistémologie était généralement plus fiable qu'une vérité métaphysique. Et elle déchiffrait sur les visages qui l'entouraient des airs qui variaient de l'ahurissement à la consternation, tout en entendant ce qu'on répondait à ses argumentations : « Toujours à te gargariser avec des grands mots, pas vrai, Jo ? » « Tu t'imagines peut-être que ça nous intéresse ? » Ou pire : « Jo, qu'est-ce qui te prend ? Tu n'es plus la même. »

Il y avait aussi des séries de clichés imaginaires encore plus pénibles. Là, elle affrontait, dans un silence buté, les visages accusateurs d'amis, de parents ou de professeurs qui semblaient figés dans le temps. Et les légendes disaient : « Pourquoi as-tu fait ci ? » « Pourquoi as-tu dit ça ? » « Pourquoi mens-tu ? » Jo n'avait jamais la réponse : elle savait rarement de quoi on l'accusait.

Vers vingt ans, elle s'était forcée à examiner attentivement ces images mentales pour y puiser la clef qui fermerait la porte à toute souffrance future. Sa confusion pathologique en constituait le thème principal, mais elle repéra une autre constante sur les clichés. Dans aucun de ces souvenirs horribles Jo n'était seule. Aussitôt, elle comprit. Si elle fuyait le monde, elle pourrait vivre en paix. Et cela avait été son unique but jusqu'à sa rencontre avec Lynn.

Jo n'avait découvert que récemment qu'elle pouvait elle aussi devenir sociable. Elle n'arrivait pas encore à définir ce qu'impliquait le fait de se sentir bien avec d'autres gens, mais Lynn lui avait certifié que certaines parmi les autres personnalités réussissaient à se faire des amis. Depuis, et bien qu'elle n'aimât pas entendre ce que les autres racontaient sur son enfance, elle écoutait avec intérêt Lynn lui parler de leurs activités quotidiennes.

En apprenant comment Renée s'occupait d'un élève à problèmes ou comment Kendra parvenait à obtenir de la compagnie des téléphones le remboursement d'un trop-perçu, Jo se prenait à rêver à ce que serait sa vie si elle arrivait elle aussi à faire ces choses-là. Cependant, même si elle appréciait ce genre de conversation avec Lynn, elle savait que ce n'était pas dans le « traitement ». Elle ne se soumettait pas à une thérapie pour rêvasser ou se faire plaisir, mais pour travailler et s'assurer que Lynn réalise qu'elle essayait d'avancer.

Depuis que Gordon était là, il détournait Jo de ses buts « thérapeutiques ». Il avait toujours des questions sur la réalité auxquelles elle se sentait obligée de répondre pour ne pas paraître impolie. En outre, Lynn n'avait pas l'air de se formaliser quand Gordon et Jo faisaient dévier la thérapie vers les abstractions intellectuelles. Au contraire, elle assistait d'un air bienveillant à ces débats passionnés, et intervenait même de temps à autre.

Aiguillonnée par les questions pénétrantes de Gordon, Jo cherchait des images ou des analogies pour lui faire comprendre son point de vue, et le soir elle notait les idées qu'elle avait développées, et les approfondissait davantage.

« Comment expliquer ce qu'on ressent quand on perd le contrôle ? écrivit-elle un soir. C'est comme si, trop lourde, j'avais coulé. Je suis bien trop submergée pour ressentir les vagues de mes autres personnalités. Enfouie profondément dans mon océan intérieur, je ne suis pas vraiment consciente des plages de la vie réelle. Je suis emportée par les remous et les reflux des décisions prises par les autres personnalités ; alors je racle le sable mouillé, jamais rejetée sur le rivage, jamais assez légère pour flotter librement au rythme apaisant de la vie que je ne peux que deviner. »

— Tu te considères comme un objet, remarqua Gordon après avoir lu le paragraphe.

— Mais c'est précisément parce que je n'ai pas le contrôle ! répliqua Jo.

— Je ne pige pas, avoua Gordon avec une moue significative. Qu'est-ce que tu ne contrôles pas ?

— Tout. Les fois où j'ai des périodes de conscience hors du cabinet de Lynn, je me retrouve assise dans une salle de cours ou chez moi à mon bureau, avec des livres et des cahiers étalés devant moi. Alors, j'écris, j'étudie, je fais ce que je suis supposée faire ; je n'ai pas le choix.

— Que se passe-t-il quand tu te lèves pour aller boire un verre d'eau ou te mettre au lit ?

— Euh... je ne... je ne le fais jamais, sinon je perdrais du temps.

Gordon refusa de s'apitoyer.

— Il n'y a qu'une manière d'avoir le contrôle, déclara-t-il, c'est de le prendre.

Jo eut honte de ne pas y avoir pensé plus tôt, mais elle soupçonnait malgré tout que les choses étaient un peu plus complexes. Ce qu'elle ignorait, c'est qu'en décrivant son propre moi à Gordon, elle le décrivait aussi au reste du groupe, et nous commencions à ressentir de la compassion pour sa misérable existence.

Après avoir entendu les complaintes de Jo, je me mis à songer à ce que je pourrais faire pour lui rendre la vie plus agréable. Je n'avais pas le pouvoir de décider qui apparaîtrait pour jouir du temps et quand, sinon je n'aurais jamais autorisé Josie et les personnalités les plus fragiles à voir le jour. Je commençai donc à répertorier les variables qui déterminaient les diverses apparitions.

Mon désir était l'un des facteurs ; les contraintes extérieures, un autre. Lorsqu'il était l'heure d'enseigner, je m'en chargeais ; s'il fallait écrire, c'était le travail de Jo ; quand il fallait faire le ménage ou la cuisine, Charlène prenait le contrôle. Avec les années, nous nous étions réparti les diverses tâches de l'existence. La plupart d'entre nous possédaient une certaine souplesse : je pouvais assumer un séminaire et Jo savait aussi faire la cuisine, mais en général nous préférions exercer nos talents propres.

Chaque personnalité avait des limites qui permettaient de déterminer qui jouirait du temps. Jo, qui avait peur des gens, ne sortait jamais dans la foule. Rusty n'acceptait de sortir que si le corps était vêtu de jeans ou d'habits qui pouvaient passer pour « une tenue de garçon ». Je ne supportais pas qu'on crie sur moi ; donc, que je le veuille ou non, je perdais le contrôle quand je m'imaginais avoir causé la colère de quelqu'un.

Quand je compris l'importance que représentait le contrôle pour Jo, j'appris à me retenir et cessai de faire les choses à sa place.

Maintenant, quand le téléphone sonnait pendant qu'elle était en train d'étudier, je ne la repoussais pas dans l'inconscience pour y répondre. Non, j'attendais de voir ce qu'elle ferait. Combien de fois a-t-on raccroché pendant que Jo et moi attendions chacune que l'autre réponde ! Mais elle apprit ainsi qu'elle avait la possibilité de décrocher si elle le désirait.

Plus Jo vivait d'expériences personnelles, moins elle se sentait engloutie, accablée. Elle ne jouissait pas forcément d'un temps de contrôle plus long, mais vivait plus sereinement et prit confiance en elle. Ses progrès me comblèrent autant que l'auraient fait ceux d'un de mes élèves. Je découvris que je n'avais pas à redouter qu'elle se développe et mûrisse.

Heureux de ses succès, Lynn et Gordon applaudirent aux progrès de Jo et ils encouragèrent sa prise de conscience accrue. Jo ne pouvait toujours pas voir son reflet dans une glace mais elle écrivit : « Comment puis-je me considérer comme une moins que rien quand je me contemple dans les yeux pleins de fierté de Gordon et de Lynn ? »

Jo cessa de craindre que Lynn la trouve paresseuse ou de mauvaise volonté. Elle décida aussi que ses discussions avec Gordon étaient bénéfiques et l'exposa en ces termes :

— Nos discussions se nourrissent d'elles-mêmes. On les croit vaines, alors qu'elles apportent partage et compréhension. Le partage avec autrui et la compréhension, c'est ce qui fonde l'humain.

— Oh, je t'aime, Jo ! s'exclama Lynn, et pour la première fois ces mots prenaient un sens.

Cet amour, authentique depuis le début de la thérapie, Jo put enfin le reconnaître et l'accepter. Gordon avait sa part dans ce changement, et Jo l'en remercia.

— Ça me fait plaisir, Jo, répondit-il. Je me suis senti à l'écart pendant deux ans ; maintenant, je me sens de la famille.

« La famille, songea Jo. Voilà ce que je partage avec Lynn et Gordon ; nous formons une famille. »

Un frisson d'angoisse la parcourut en repensant à ce qu'évoquait ce mot, mais aussi un frisson de joie. Une famille, oui, c'était ça. Ensemble et grâce à leur amour, Gordon et Lynn lui apprenaient à s'aimer elle-même. N'était-ce pas à cela que servait une famille ? Elle devait s'en assurer.

— Comment m'aimes-tu, Lynn ? Dans quel contexte ?

— Ah, Jo, soupira Lynn en l'étreignant, tu es une femme, mais tu es aussi ma petite fille.

Émue par l'étreinte rassurante de Lynn, Jo hésita, puis elle risqua la question qui lui brûlait les lèvres.

— Tu veux dire par là que tu m'aimes comme ta fille ?

— Oui, Jo, je t'aime comme ma fille.

Ma fille. Ce mot était encore plus dangereux, plus chargé émotionnellement que « famille ». Jo le consigna dans son journal pour l'apprivoiser.

« Ma fille. Le mot chante, et sonne pourtant étrangement dans ma bouche comme un mot inconnu.

» Avec ma mère, je faisais parfois office de trophée, d'objet à exhiber devant les amis ; les visiteurs partis, on m'oubliait sur une étagère. A d'autres moments, je surclassais intellectuellement ma mère : je jouais avec elle, je la ligotais avec des liens sémantiques et, imitant mon père, l'accablais de remarques teintées de mépris.

» Avec mon père, dans les pires moments, j'étais le garçon "manqué" qui s'efforçait vainement d'être ce qu'il ne serait jamais. Dans les périodes d'embellie, j'étais son "gosse".

» Le gosse. Mot trop banal pour impliquer un quelconque lien familial.

» Pourquoi m'était-il impossible de me considérer comme la fille de mes parents ? Quand ai-je découvert que je n'étais pas comme il fallait ? J'ai l'impression de l'avoir toujours su. Un nouveau-né ressent-il la déception de ses parents et souffre-t-il de la frustration qui accompagne la certitude de ne pouvoir changer ce qui ne peut l'être ?

» Ma mère m'a avoué un jour qu'elle avait choisi Robin comme prénom pour une fille. Si elle avait eu un garçon, elle l'aurait appelé Joseph. M'a-t-on appelée Joan parce que je n'étais ni le garçon qu'elle désirait, ni la fille qu'elle aurait à la rigueur pu aimer ? Étaient-ils à ce point déçus qu'ils n'ont pu me donner un prénom qui m'aurait permis de bien débuter dans la vie ?

» Mais est-ce que tout cela appartient à mon véritable passé ? Ne suis-je pas en train de me fabriquer une mémoire fausse ?

» En me relisant, je ne peux m'empêcher de sourire. Je vois bien à quel moment de mon auto-analyse je panique : quand j'approche un souvenir trop inquiétant. Plutôt que de pousser mon investigation plus avant, j'entonne le refrain éculé : "Est-ce que je ne suis pas en train de fabriquer ça de toutes pièces ?" Ce genre de reculade ne marche plus.

» L'authenticité de mes souvenirs importe peu. Que les choses se soient passées exactement comme les personnalités le prétendent est secondaire. Si mes souvenirs, ajoutés à ceux des autres personnalités, tissent une histoire cohérente de ma vie, c'est toujours mieux que l'insupportable oubli qui recouvre mon passé. Les infidélités dues au passage du temps ou à l'intensité du "vécu affectif" ne font de mal à personne. L'important est que j'obtienne une ferme emprise sur le réel. Les souvenirs de la Volée, fidèles ou non, me procurent cette emprise. Il me faut un passé pour que je sois en mesure de comprendre où je suis et qui je suis. Il me faut un passé pour bâtir un avenir qui ne soit pas fragmenté. »

Jo était enfin prête à reconnaître que les autres personnalités ne mentaient pas, même si elle-même ne se souvenait pas de son viol. Grâce à l'authenticité de la relation qui l'unissait à Gordon et à Lynn, elle pouvait renoncer à l'image illusoire d'un père idéal.

— Je sais maintenant que tu m'aimes vraiment, dit Jo à Lynn, et ça m'aide à devenir adulte aussi sûrement que l'amour permet à l'enfant de grandir. Pourtant, tu sais que je n'aime pas être dépendante. J'accepte de dépendre de toi provisoirement parce que tu m'as assurée que je satisfais là un besoin archaïque et que c'est la seule façon de le dépasser. Mais ça me déplaît profondément. Sincèrement, ça me déplaît. Je veux me libérer de cette dépendance.

» Si je ne croyais pas que ton amour accélérait ma croissance, ajouta-t-elle, je le combattrais.

***

Journal — 3 avril 1983

Les changements positifs qui transforment la Volée m'émeuvent et me ravissent. En février, la thérapie piétinait ; Jo était à l'agonie, et Josie ou Sissy passaient leurs séances à se ruer vers un mur ou une fenêtre. Maintenant, grâce à l'apport de mon mari, Gordon, la Volée et moi, nous formons une famille. Je n'aurais jamais imaginé que la thérapie prendrait cette tournure, et je ne conseillerais à personne de suivre cet exemple. Et pourtant, je suis persuadée que ce qui se passe est bénéfique.

Notre succès dépasse de loin mes rêves les plus fous. Non seulement nous répondons aux besoins des diverses personnalités, mais nous leur proposons un bon modèle parental et l'image d'un mariage sain. Jo et Missy épient avidement mes réactions, mais, contrairement à leur mère, je ne suis pas jalouse de la relation privilégiée qu'elles ont tissée avec Gordon. D'une certaine manière, ce rôle de mère n'est pas nouveau pour moi. J'étais consciente, en berçant ou en câlinant Missy et les personnalités les plus jeunes, que je leur procurais un maternage positif et affectueux. Je sais que Renée n'aimerait pas me l'entendre dire, mais je la maternais elle aussi en me servant de l'expérience accumulée avec mes deux filles pendant leur adolescence. Comme toute bonne mère d'adolescente, je laisse Renée dépendre de mes conseils sans lui faire sentir sa dépendance. Materner Jo est un plaisir, ne serait-ce que parce qu'elle commence enfin à s'apercevoir que, même avec ses limites, elle est une charmante jeune femme que je suis fière d'appeler ma fille.

Gordon aussi joue son rôle de père. Non seulement il empêche Josie de s'infliger des blessures graves, mais il la rassure en lui présentant l'image d'un homme équilibré, ce qui contrebalance le souvenir de son père incestueux. Rusty, qui se sent menacé par les femmes, s'ouvre volontiers à Gordon et, ce faisant, se débarrasse des souvenirs qui l'empêchaient de grandir.

Je ne crois pas que les personnalités m'aient manipulée. Elles n'ont jamais espéré voir leurs besoins satisfaits, et d'ailleurs, je n'ai pu les aimer qu'après avoir vaincu mes hésitations et ma retenue initiales. Je dois veiller à ne pas promettre plus que je ne peux tenir, et garder à l'esprit que les personnalités ont autant besoin d'une thérapie que d'un maternage.

Je ne peux me mentir, et encore moins mentir à Jo, sur les liens qui unissent notre trio, et je m'inquiète d'un possible retournement de notre relation, d'autant que je sais que des moments difficiles nous attendent. J'essaierai, contre vents et marées, de préserver les liens familiaux sans nuire à la relation thérapeutique, mais en aucun cas je n'abuserai Jo sur la réalité de ces liens.

Des horizons nouveaux s'ouvrent devant Jo auxquels elle ne pouvait avoir accès auparavant. Il y a une semaine ou deux, elle m'a demandé : « Pourquoi est-ce que tu t'intéresses à moi? » Je lui ai répondu que j'aimais la regarder, que je trouvais ses propos intelligents, et que je la considérais comme une personne extrêmement attachante.

— Je n'ai jamais ressenti ça avec mes parents, m'a-t-elle avoué. Ils me disaient toujours que j'étais laide, gourde et stupide; j'ai fini par les croire.

— C'est faux! ai-je affirmé. Tu es loin d'être stupide. Au contraire, je te trouve très intelligente. Et très jolie.

— Tu ne me trouves pas repoussante? Je ne suis pas plus laide que la moyenne?

Elle a subitement compris qu'elle n'était pas le monstre grotesque qu'elle s'était imaginé. Elle s'est levée, est allée se planter devant la glace accrochée à la porte de mon cabinet et a longuement examiné son image pendant que Gordon et moi retenions notre souffle. Nous l'avons vue palper ses cheveux et son visage, un peu comme Petit Joe lorsqu'il me caresse. Elle rayonnait.

— Je me vois! s'est-elle extasiée. Je me vois!

Elle s'est ensuite tournée vers nous, les yeux brillants d'une colère féroce.

— Pourquoi m'ont-ils fait ça? Comment peut-on faire une chose pareille à un enfant?

Elle s'est précipitée dans mes bras, exactement comme Missy, et s'est mise à pleurer.

— Je peux me voir comme tu me vois, m'a-t-elle murmuré dans le creux de l'oreille.

Mais le lendemain, j'ai dû la rassurer car elle avait lu un article dans un journal de psychiatrie qui décrivait la relation thérapeutique que Gordon et moi avions établie avec la Volée comme « un contre-transfert de type messianique ».

Le mépris du milieu psychiatrique, du moins dans sa majorité, est assez pénible. Je n'ai jamais, de mon propre chef, exposé mon travail avec la Volée devant mes collègues, mais je n'ai pas non plus essayé de le cacher. En me basant sur mes entretiens occasionnels avec Harry, je pensais qu'ils attendaient de voir avant de juger. Je m'aperçois à présent de ma naïveté : je dois m'habituer à l'idée qu'une partie de mes collègues me considère comme aussi malade que ma patiente.

Pourtant, je sens bien que la thérapie profite à la Volée. Comment douterais-je des progrès que je constate de mes propres yeux? Je ne souhaite qu'une chose : que mon instinct de clinicienne se nourrisse de mon bon sens et aussi de mon indéniable attachement pour les personnalités.

Je ne peux m'empêcher de m'inquiéter pour la suite. Je suis prête à accepter que les personnalités grandissent et se détachent de moi comme l'ont fait mes enfants biologiques avant elles, mais si je m'étais trompée? Si la Volée préférait rester mon « bébé »? Comment les forcer à grandir? Serai-je suffisamment objective pour comprendre qu'il s'agit là du but à atteindre?

22

Journal — 16 avril 1983

Ma compréhension du précepte « Allez à la rencontre du patient » s'est approfondie et je l'applique plus que jamais avec la Volée. J'ai toujours traité les diverses personnalités comme des individus à part entière et j'ai réussi à les percevoir comme elles se voient elles-mêmes. Ça ne signifie pas que j'ai toujours répondu aux besoins de chacune. La crainte que certaines m'inspirent parfois m'a fait commettre des erreurs qui auraient pu compromettre le succès de la thérapie.

Oh, je sais pertinemment qu'on ne peut forcer quelqu'un à grandir. Mon expérience des enfants et des adolescents m'a démontré que ce n'est pas en leur rabâchant « IL FAUT GRANDIR » que cela marche. Avec certaines personnalités, je n'ai eu aucun mal à garder cela à l'esprit. J'ai réussi à permettre à Missy et à Renée de grandir chacune à son rythme. J'ai laissé Petit Joe rester le garçonnet qu'il est. J'ai laissé à chaque personnalité la liberté de se développer à sa guise. Avec Jo, qui était tellement obsédée par le but de la thérapie, ma tâche a consisté à obtenir qu'elle se détende pendant que je me chargeais, moi, de l'aspect thérapeutique de notre relation.

Avec les autres, je pensais que la thérapie ne progresserait que si je leur rappelais la réalité objective. Chaque fois que Joan Frances, qui semblait me détester, pointait le nez, je lui répétais qu'elle était une Multiple et qu'elle avait subi des sévices dans son enfance. Je précisais toujours à Josie la psychotique la date et le lieu où nous nous trouvions. La première fois que j'ai rencontré Rusty, le vrai petit mâle qui méprise tant les femmes, j'ai été prise de l'irrésistible envie de contester son identité en lui rappelant qu'il vivait dans un corps féminin.

Résultat, j'ai rarement vu Joan Frances et Rusty et je n'ai jamais réussi à atteindre Josie. Je considère aujourd'hui que ma rigidité théorique était dictée par le fait qu'ils n'acceptaient pas ma *réalité. Joan Frances ou Rusty ne me manquaient pas. Au contraire, j'étais ravie de m'occuper exclusivement des personnalités qui semblaient m'accepter plus facilement.*

En fait, c'est comme si j'avais découragé les apparitions de Josie. Je serais malhonnête en prétendant qu'elle ne m'effrayait pas. De plus, j'ignorais son rôle dans le système. Représentait-elle une menace pour la Volée? Que se serait-il passé si, au lieu d'aller mieux, ils étaient tous devenus psychotiques comme elle? Ma seule activité avec Josie consistait à lui éviter de se blesser et à tenter de lui inculquer des éléments du réel. Il ne me restait plus d'énergie pour imaginer une quelconque intervention thérapeutique.

Gordon m'a rappelé que l'acceptation de l'autre, dont je me gargarisais, devait s'appliquer équitablement à toutes les personnalités. Sans s'arrêter au comportement bizarre et effrayant de Josie, il lui a offert son amour sans arrière-pensées. Détendu, paternel et chaleureux, Gordon a permis à Rusty de grandir comme on ne l'y avait jamais autorisé auparavant.

J'ai pu une fois de plus vérifier le concept, à la fois simple mais si difficile à cerner, selon lequel un être doit se sentir accepté avant de consentir à changer. C'est une chose qu'on oublie vite, et que la peur aide à oublier encore plus vite. La relation que Gordon a établie avec Rusty prouve mieux qu'un long exposé la pertinence de ce concept.

***

Rusty avait toujours été un mystère pour moi, comme pour les autres membres de la Volée. Quand j'eus suffisamment accepté les autres pour en parler ouvertement avec Lynn, j'oubliai complètement Rusty.

Aussi je fus surprise quand Isis expliqua à Lynn qu'il n'était pas un compagnon de jeu de Missy, mais faisait partie du système, lui aussi. Cependant, je n'imaginai pas qu'il pût compter autant qu'aucune de nous. Je refusai d'envisager qu'un garçon vive dans mon corps.

Et puis, en janvier 1983, en pleine séance, Rusty apparut, l'air méfiant et provocateur, à la recherche de son papa. Il n'était pas revenu depuis que Lynn lui avait affirmé qu'il était une fille. Il n'était pas très instruit, mais savait au moins une chose : il était bel et bien un garçon. Il ne serait jamais une fille, même en un million d'années.

Rusty se languissait dans les replis de l'âme de la Volée, attendant désespérément un compagnon. Aussi, quand Gordon commença à participer aux séances, était-il tout naturel que Rusty mette le nez dehors. Il ignora « cette bonne femme, Lynn », mais se sentit attiré par Gordon, qui lui inspirait confiance.

Gordon pourrait peut-être lui dire ce qui se passait. Il savait qu'il avait beaucoup oublié.

Pour lui, son esprit ressemblait à un filet de pêche : seules quelques gouttes restaient accrochées aux mailles de sa mémoire.

Quand Gordon lui dit : « Parle-moi de toi », Rusty répondit d'une voix triste : « Oh, ça me prendra pas plus de cinq minutes ! »

Rusty raconta qu'il venait de Saint-Michaels, petit village de pêcheurs sur la baie de Chesapeake. Il passait beaucoup de temps avec son père ; il avait aussi aidé anonymement Keith et Steve.

— Je ne leur ai pas dit mon nom ; mon papa m'a bien recommandé de ne rien dire à personne.

Rusty avait hâte que son papa revienne ; tout ce qu'il savait, c'était que son papa avait disparu il y avait bien longtemps.

— Il est peut-être retourné naviguer. Quand l'autre bonne femme, Nancy, lui cassait trop les pieds, c'était ce qu'il voulait faire. Quand je vois un cargo sur le lac, je fais des grands signes, au cas où mon papa me chercherait... Je sais lire les traces des animaux, mais pas les mots, conclut Rusty.

Rusty n'avoua pas à Gordon que, lorsqu'il fixait intensément des caractères d'imprimerie, une trouille bleue l'envahissait. Il craignait que les lignes ne s'aperçoivent qu'il les regardait, qu'elles se transforment en épées effilées et lui transpercent le corps. Il n'avoua pas non plus qu'il détournait vivement les yeux quand il sentait que les mots l'observaient.

— As-tu des amis ? demanda Gordon.

— Ouais, un, dit Rusty.

Et il lui parla aussitôt de Gary, un jeune mongolien qui nettoyait les filets sur les quais, à Norfolk. Gary ne savait pas lire non plus, et lui aussi perdait la mémoire.

— Je ne suis pas comme les autres gars, je suis un arriéré, lui avait confié Gary en lui montrant son fétiche, une patte de lapin d'un vert éclatant qui l'aidait à se rappeler un minimum de choses.

Rusty avait montré à Gary le coquillage qu'il caressait quand il avait oublié quelque chose d'important. Rusty avait conscience de ne pas être comme les autres, mais il ne pouvait pas dire en quoi il était différent. Il conclut donc qu'il était arriéré, lui aussi.

Comme Gary, Rusty connaissait tout de la mer et de ses créatures. Gordon admit qu'il ignorait les variations saisonnières de la baie ainsi que les différentes étapes de la vie du crabe bleu, et manifesta le désir d'apprendre. Rusty expliqua donc à Gordon, avec un fort accent faubourien, le travail des « zuitriers », et comment la loi les obligeait à naviguer à la voile certains mois de l'année.

— C'est dur pour les zuitres, dit-il. Peuvent pas se défendre, sont coincées dans leur coquille.

De son côté, Gordon savait un tas de choses que Rusty n'avait même pas imaginées et ils échangèrent leurs connaissances. Gordon ne savait pas grand-chose sur la pêche aux huîtres, mais il aimait les bateaux. Il naviguait et passait des jours entiers à apprendre à de jeunes garçons comment fabriquer des objets en bois.

Rusty était de plus en plus content de retrouver Gordon dans le cabinet de Lynn. Quand Gordon ne venait pas aux séances de la Volée, Rusty exigeait de savoir ce que Lynn avait fait pour « se débarrasser de ce bonhomme, Gordon ».

— Il va revenir, assurait Lynn, et Rusty découvrait avec plaisir qu'elle ne mentait pas.

Après des semaines de conversation, Rusty devint muet. Il aimait toujours autant Gordon, mais les mots le fatiguaient. Il voulait agir. Quand il restait trop longtemps assis, ou quand il devait écouter, il devenait nerveux.

Pour Gordon, la solution allait de soi ; il ne s'embarrassait pas des considérations professionnelles de Lynn. Rusty voulait travailler de ses mains avec lui ? Qu'à cela ne tienne ! Gordon avait déjà utilisé ce genre d'ergothérapie, et il estima qu'une relation virile équilibrée aiderait certainement Rusty à se souvenir de son histoire.

La Volée avait atteint un tel niveau de confiance en Lynn et Gordon Wilson qu'ils pouvaient, quand tout allait bien, appeler à leur gré la personnalité de leur choix. Ainsi, quand ils décidèrent de venir à la maison pour que Rusty puisse travailler à l'atelier avec Gordon, ce fut le garçon qui les reçut avec empressement.

Gordon, qui devait installer une radio dans sa voiture et l'équiper d'une antenne, désirait que Rusty lui donne un coup de main. Lynn se tint à l'écart, hors de portée de voix, et lut tranquillement un livre au soleil.

— Cette bonne femme sait se taire, remarqua Rusty.

— Oui, ça lui arrive, pouffa Gordon.

Tout en travaillant sur la voiture, puis, plus tard, en fabriquant des étagères chez les Wilson, Rusty racontait ses souvenirs à Gordon... ainsi qu'à la Volée, qui n'en perdait pas une miette.

Rusty possédait les souvenirs vivaces mais incomplets que Lynn et Gordon attendaient d'un gardien du passé. Il avait vu son père épisser et nouer des cordages avec des pêcheurs. Bien qu'on ne le laissât jamais manipuler les cordages, Rusty fut à même de montrer à Gordon tous les nœuds que Ray savait faire. Gordon ne lui ménagea pas ses compliments et lui en apprit d'autres.

Rusty se souvenait aussi des balades en voiture le long du lac, au cours desquelles il discutait avec son père de leurs passions communes : les animaux, les bois et la mer. Quand ils rencontraient des gens, Ray le prévenait : « Tu ne viens avec moi qu'à une condition : tu la boucles. Un seul mot et tu retournes dans la voiture. »

Silencieux pour ne pas embarrasser son père, fier d'être autorisé à rester, Rusty regardait Ray vider quelques bières avec les pêcheurs.

Quand il était fatigué de rester assis, il partait errer sur les quais. Au printemps et en été, il observait la mue des crabes, admirant leurs efforts pour se débarrasser de leur vieille carapace, heureux que les pauvres bestioles ne sachent pas qu'elles allaient finir à la casserole. Il écoutait les bateaux au mouillage lui raconter dans leur langage fait de craquements et de gémissements leurs voyages, d'où ils revenaient chargés de poissons et de fruits de mer.

Grâce à la présence rassurante de Gordon, Rusty put bientôt retrouver le souvenir de sa venue au monde.

— J'étais dans les bois ; j'ai vu papa, et c'est comme ça que ça a commencé, confia-t-il.

Forts des souvenirs de Missy, Josie, et de quelques autres personnalités, Lynn et Gordon découvrirent que Rusty n'avait pas été créé pour faire face à une situation particulière, mais en réaction à de longues années de provocations.

⁂

Ray emmenait sa fille dans ses virées à Norfolk ou sur les côtes de Virginie. Missy adorait se promener avec papa. Il lui montrait les bateaux, lui apprenait les nœuds de marin, lui désignait chaque oiseau par son nom et l'aidait à les reconnaître à leur chant. Il lui apprit aussi à se cacher dans les bois pour observer les cerfs et les renards.

La magie de la forêt la fascinait, jusqu'au moment où papa rompait le charme en annonçant qu'il avait « besoin de faire pipi ». Il restait assez près de sa fille pour qu'elle puisse le voir. Elle évitait de regarder dans sa direction, mais remarquait que ça durait parfois très longtemps.

Un jour, quand la Volée avait sept ans, Ray fut pris d'une irrésistible envie de faire participer sa fille à son activité. C'était au début du printemps, les violettes tapissaient les sous-bois, et Missy avait appuyé sa tête contre un arbre pour sentir la fraîche odeur de sapin et ne pas voir ce que faisait son père. Elle avait surpris son pénis gonflé et avait vivement détourné les yeux. « Qu'il se dépêche ! » bougonna-t-elle tout bas.

Elle glissa un œil en direction de son père et il surprit son regard.

— Je parie que t'en voudrais une comme ça ! ricana-t-il d'une voix rauque.

Missy était mal à l'aise. Elle n'aimait pas le son de la voix de papa et elle se sentait triste pour une autre raison : oui, elle aurait aimé en avoir une identique pour que son papa l'aime davantage. Chaque nuit, avant de s'endormir, Missy priait Dieu : « S'il te plaît, fais que je sois un garçon. » Elle espérait que, si elle n'oubliait pas la prière pendant... disons un mois entier, Dieu comprendrait que c'était sérieux et l'exaucerait.

— Hé ! appela Ray, et Missy se retourna.

Il était à quelques pas mais n'avait pas encore rangé son objet.

— Viens donc par ici, ordonna-t-il.

Missy regarda ailleurs mais son père insista.

— Viens voir ce que j'ai écrit dans la poussière ! Eh bien, tu n'aimes donc plus ton papa ?

Une chape de glace enveloppa soudain Missy. D'habitude, dans la forêt, on ne parlait pas et on ne s'approchait pas. La règle voulait que papa s'éloigne avant de sortir son pénis, et Missy faisait semblant de ne rien voir. Après un moment, papa revenait et ils reprenaient leur promenade.

Cette fois-ci, une intonation étrange déformait la voix de papa. Il avait presque l'air en colère. Et quand papa s'énervait, les coups pleuvaient souvent. Il valait mieux s'éloigner.

— Non, dit-elle en se réfugiant derrière un arbre. J'attends ici que tu aies fini.

Ray ne supportait pas qu'on lui désobéisse. Il referma sa braguette et s'approcha lentement. Coincée et terrifiée, Missy disparut en dedans.

Tout aussi terrifiées par la rage inhabituelle de Ray, aucune des personnalités existantes ne prit le relais.

C'est ainsi que naquit Rusty. Tout neuf, mais prêt à affronter la situation, il fit un pas de côté et se retrouva nez à nez avec son père. Rusty savait seulement qu'il avait treize ans et que cet homme était le père qui l'aimait tant.

— Hé, papa ! s'exclama Rusty avec tout l'amour que la Volée éprouvait pour Ray, mais sans une trace de peur.

Remarquant le changement subit dans la voix, la démarche et les manières de sa fille, Ray s'arrêta, interdit.

— Moi aussi, j'en ai une, annonça fièrement Rusty en désignant l'entrejambes de Ray avec un sourire désarmant.

— Viens donc ici et montre-la-moi.

— Ah non, pas question ! répliqua Rusty avec une assurance qu'aucune des personnalités féminines ne possédait. J'ai pas envie de me la faire couper, ajouta-t-il gaiement.

— Alors, viens voir ce que j'ai écrit.

— Pas question, papa, persista Rusty, toujours aussi souriant et décontracté.

— Et pourquoi donc ? Aurais-tu peur de ton père ?

— Bien sûr que non !

— Alors, viens voir.

Rusty hésita, chercha une réponse dans son esprit encore vierge, puis son visage s'éclaira.

— C'est pas la peine, j'sais pas lire.

Apparemment désarçonné par la tournure des événements, Ray en oublia son désir sexuel. Sa fille lisait depuis des années, qu'est-ce qui lui prenait, tout à coup ? Si elle continuait à raconter n'importe quoi, elle ne perdait rien pour attendre.

— Pourquoi tu parles comme ça ? demanda Ray quand ils quittèrent les bois.

Rusty faisait attention de rester hors de portée de main de Ray. Il ignorait la réponse à la dernière question de son père.

— J'en sais rien, finit-il par répondre. Peut-être passeque c'est ma façon de causer.

— Eh bien, ne t'avise pas de parler comme ça devant ta mère.

— Oh, ça risque pas, j'ai pas de mère. J'ai que toi, papa.

Ray n'insista pas.

De ce jour, et jusqu'à la mort de Ray, Rusty émergea de temps à autre quand la Volée était seule avec papa. Ray découvrit que sa fille exigeait parfois qu'on l'appelle Rusty, et il aimait bien de temps en temps faire comme si Joan était son fils. Ray apprit des tas de choses à son « garçon », y compris sur la médiocrité des femmes en général et de Nancy en particulier.

Ray disait que les femmes étaient les créatures les plus inutiles que Dieu ait envoyées sur terre — « Sa seule erreur. » Rusty s'imaginait que la femme de Gordon, Lynn, ne faisait pas exception à la règle.

Il était stupéfait par la façon dont Gordon se conduisait avec les femmes. Rusty avait beau lui tendre la perche, Gordon ne disait jamais du mal d'elles. Un jour, Rusty entendit Lynn glisser un mot à Gordon à propos des cours de navigation qu'il lui donnait. Plus tard, alors qu'ils travaillaient sur la voiture, il questionna discrètement Gordon.

— Tu la laisses naviguer sur tes voiliers ?

— Mais oui.

— Elle navigue aussi bien que toi ?

— Non, répondit tranquillement Gordon, pas aussi bien.

Rusty, satisfait, sourit d'un air suffisant.

Mais Gordon revint à la charge. Il termina de serrer la culasse en surveillant la réaction de Rusty du coin de l'œil.

— Lynn n'a pas navigué autant que moi, reprit-il. C'est pour ça qu'elle n'est pas aussi bonne. Mais elle barre bien mieux que beaucoup de marins que je connais.

Pour aider Rusty à surmonter sa haine des femmes, Gordon évita de substituer un stéréotype à un autre. Il ne prétendit jamais devant Rusty que les hommes et les femmes étaient pareils. Comme toujours, les idées de Gordon s'écartaient des conventions et il repoussa ma demande insistante de présenter une alternative « saine » à Rusty.

— Je ne vois pas les choses comme toi, Renée. Tout le monde n'est pas pareil. Chacun possède des côtés masculins et des côtés féminins. Tout dépend de celui qui l'emporte.

» Quand on méprise ceux de son propre sexe ou, comme Rusty, ceux du sexe opposé, on méprise en fait une partie de soi-même, poursuivit Gordon. On ne fera pas revenir Rusty sur son opinion par l'argumentation, mais quand il pourra reconnaître lui-même les qualités féminines, il changera. Il faut lui laisser le temps et éviter les opinions tranchées. Je refuse de nier ses côtés masculins pour l'obliger à accepter ses côtés féminins. En revanche, plus Rusty nous regardera vivre, Lynn et moi, plus vite il se rendra compte qu'il recèle en lui un merveilleux mélange des qualités des deux sexes.

Tout au long du printemps, Rusty s'épanouit sous l'attention bienveillante de Gordon. Il lui arrivait pourtant de se sentir frustré par ses propres limites.

— Je suis vraiment bête, râlait-il. Je suis exactement comme ce mec, Gary.

— Non, Rusty, répliquait Gordon. Tu n'es ni bête ni arriéré. Tu apprends plus vite que la plupart des gens que je connais. Tu me vois faire quelque chose une seule fois et ça te suffit. C'est rare qu'on apprenne si vite.

Rusty ne voulait pas céder.

— Non, regarde, je ne sais même pas lire, j'oublie tout et je ne plante pas bien les clous.

Gordon laissa de côté les deux premières plaintes. Il n'avait pas encore estimé la gravité du problème de lecture de Rusty, et savait qu'en attribuant ses « oublis » au fait qu'il cohabitait dans un corps de femme avec d'autres personnalités féminines il aurait rejeté Rusty à l'intérieur.

Mais il répondit à la troisième.

— Planter des clous est un exercice qui exige beaucoup de pratique, expliqua-t-il.

Rusty ouvrait toutes grandes ses oreilles.

— Tu veux savoir comment j'apprends à mes élèves à planter des clous ?

Rusty acquiesça vigoureusement. Il n'aurait jamais oublié autant de choses s'il avait eu un professeur comme Gordon.

— Eh bien, je leur donne une planche, un marteau et une centaine de clous. Quand ils ont fini de planter les cent clous, ils savent.

Rusty décida qu'il ferait exactement comme ça, mais il avait l'intention de planter les clous dans un ordre particulier, pour que Gordon soit fier de lui. Il dénicha une belle pièce de chêne avec l'écorce, au grain superbe, acheta des clous en cuivre et travailla seul pendant plusieurs nuits dans l'atelier de Steve.

« Un cheval volant », avait décidé Rusty. C'était à cela que Gordon lui faisait penser. Il se souvenait d'avoir vu une image de Pégase des années auparavant, et l'idée qu'un cheval pût voler l'avait tellement enthousiasmé qu'il s'en rappelait les moindres détails.

Quelques semaines plus tard, Rusty savait se servir d'un marteau et Gordon possédait un Pégase dont les clous dorés scintillaient sur un fond de bois verni. La spirale du grain dessinait la robe et donnait une idée de mouvement.

***

Journal — 1er mai 1983

Gordon s'entend si facilement avec les personnalités que je ne peux m'empêcher d'être un peu jalouse. En rationalisant, les explications sont faciles à trouver : les personnalités étaient préparées à se lier avec toute personne en qui j'avais confiance ; elles avaient un besoin vital d'un modèle masculin et d'une image paternelle ; les diverses personnalités de la Volée étaient prêtes à aimer Gordon parce qu'elles s'identifiaient à moi.

Leur acceptation de Gordon s'explique par les progrès que j'ai accomplis avec la Volée. Il n'empêche, je me sens frustrée. J'ai eu besoin de deux difficiles années de travail pour parvenir à asseoir une relation solide que Gordon n'a mis que deux mois à établir.

Le pire, c'est que je ne peux même pas en parler avec mon seul confident ! Même maintenant, même avec l'affection qu'il a pour Jo, Rusty, Josie et Renée, il est prêt à faire marche arrière à la moindre critique.

Par exemple, Gordon n'aborde pas avec la Volée les problèmes d'identité sexuelle de la même manière que moi. J'ai avec Jo d'une part et avec Renée d'autre part de longues discussions sur les hommes et les femmes. Avec Jo, j'essaie de décrire les sensations qu'éprouve une femme. Avec Renée, les discussions prennent un tour différent. Renée a du mal à rapprocher le fait que Ray ait violé sa propre fille de son mépris des femmes tel qu'il l'affichait dans ses conversations avec Rusty. Je lui ai fait remarquer que la sexualité de Ray est davantage pathologique que typiquement virile. A travers nos conversations, Renée commence à s'apercevoir que « femme » n'est pas synonyme de « victime », même si elle pense encore parfois que les hommes ne sont gouvernés que par leurs pulsions sexuelles.

Gordon, lui, croit sincèrement que son appartenance au sexe masculin ne revêt aucune signification particulière. Dans sa façon de se percevoir, le genre n'entre pas en ligne de compte.

Quand Rusty refuse d'accepter sa part de féminité, Gordon lui répond simplement :

— Qu'est-ce que ça peut faire que tu sois un garçon ou une fille ?

Et aux problèmes d'identité de Jo, il oppose :

— Pourquoi vouloir à tout prix te sentir femme ? Tu n'as qu'à être toi-même.

Quand je lui fais remarquer que sa façon de faire, si différente de la mienne, risque de brouiller les pistes, il me rétorque :

— Je ne veux surtout rien gâcher. Tu n'as qu'un mot à dire et je retire mes billes.

Il sait aussi bien que moi que nous sommes tous deux trop impliqués pour faire demi-tour, mais j'imagine que c'est sa manière de me rappeler qu'il préfère faire les choses à sa façon. Peut-être aussi aimerait-il rester dans une position qui lui permette de décliner toute responsabilité dans les agissements de la Volée, et prendre ses distances avec leurs éventuels excès. J'avoue que je serais parfois soulagée de pouvoir en faire autant.

La semaine dernière, Gordon discutait une fois de plus au téléphone avec Steve pour le préparer à l'intensité de notre relation avec Jo. Il rentre de Chicago le mois prochain et Renée nous avait suppliés de lui parler. Pour une fois, son anxiété était justifiée.

Steve a été rassuré en apprenant que Harry approuvait notre travail ; il a aussi été soulagé d'apprendre que Gordon et moi soumettions les progrès de la Volée à mon superviseur, avec qui nous discutions des étapes futures.

— Je crois que j'ai réussi à convaincre Steve que nous ne faisions rien de « vicieux », m'a affirmé Gordon. S'il apprenait que notre « contrôle » avec Harry se borne à des rencontres agréables au bar du campus, il serait nettement moins rassuré.

Malheureusement, le lendemain, Steve est allé raconter à Renée qu'elle pouvait passer le temps qu'elle voulait avec nous, qu'il ne trouvait plus cela anormal puisque c'était pour des raisons purement thérapeutiques. Malgré les deux années durant lesquelles elle avait pu constater la sincérité de mon affection, elle m'appela, furieuse.

— Je sais que je ne compte pas pour toi. Toutes ces conneries sur la famille, c'étaient des bobards. Tu veux seulement qu'on aille mieux et qu'on te foute la paix.

J'ai mis quatre jours à regagner sa confiance. Ça m'a permis de constater à quel point la Volée était encore fragile. Nous avançons à grands pas, mais à la moindre erreur, au moindre mot de travers, la Volée se refermera comme une huître. Il faut impérativement que je garde cette vulnérabilité à l'esprit à mesure que la thérapie progresse.

Mais là, c'est la thérapeute qui parle. La mère de cinquante ans qui, sa journée de travail terminée, s'attelle à l'éducation d'une Volée qu'elle n'avait pas prévu d'élever, cette mère souffre de se sentir parfois sous-estimée. Je savais depuis des mois que le rôle de parent et celui de thérapeute se combattraient, mais je pensais que ce serait surtout difficile à vivre pour la Volée… pas pour moi.

23

Jo, Josie, Rusty et Missy se sentaient tous à l'aise et en sécurité avec Gordon et Lynn. Je les enviais.

Je savais bien que c'était ma faute : je m'étais prudemment tenue à distance de la thérapie depuis les vingt-six mois que Lynn travaillait avec la Volée. J'étais « la messagère » : je m'assurais que Lynn était tenue au courant de la vie quotidienne de la Volée, que nous ne manquions pas les séances, mais je rapportais surtout les pensées des autres. Moi, je n'avais pas besoin de thérapie. Si les autres personnalités n'avaient pas essayé de me voler mon temps et mon corps, je n'aurais jamais eu de problème.

Mais tout cela avait changé. Former une famille avec Gordon et Lynn, c'était autre chose qu'être en thérapie. J'avais toujours cherché à me lier avec les autres, mais j'avais peur de m'investir. Mes relations restaient superficielles. Je me refusais la moindre aventure un tant soit peu durable pour ne pas être déçue le jour de la rupture. Keith, mon mari, avait été la seule personne avec qui je m'étais imaginé rester toute la vie. Et il m'avait quittée !

Durant avril et mai, j'observais avec un détachement étonné Lynn et Gordon manifester leur acceptation des diverses personnalités. J'enregistrais tout, et pourtant jamais je n'entendis Lynn déclarer « Il faudra se débarrasser de celle-ci ou de celle-là », ni Gordon avouer « Quand Unetelle émerge, c'est l'enfer ! »

Gordon allait jusqu'à défendre Josie ! S'il y avait une personnalité que j'aurais vue disparaître avec soulagement, c'était bien Josie, ce personnage qui souffrait de troubles profonds, qui ne pouvait même pas s'exprimer, et qui passait sa vie à paniquer !

Gordon considérait Josie d'une autre façon. Il l'aida à communiquer, à s'affirmer, la protégea de son amour pour qu'elle ose affronter ses souvenirs, et la berça doucement quand, épuisée par ses crises d'angoisse, elle s'endormait dans ses bras.

— Josie possède une force peu commune, me disait-il. Elle peut apporter beaucoup à la Volée. Tu verras.

Gordon aimait sincèrement Josie, ça se voyait. D'ailleurs, les Wilson aimaient toutes les personnalités. Comme je ne faisais pas d'histoires, j'estimais qu'ils n'avaient aucune raison de s'intéresser à moi, et d'une certaine manière ça me convenait parfaitement : au moins, je ne souffrirais pas s'ils décidaient de laisser tomber la Volée. Mais voilà : je me sentais exclue.

***

Et puis, hors du cabinet de Lynn, les autres se mirent à empiéter de plus en plus sur mon temps. Kendra et Isis émergeaient volontiers quand je faisais des courses; Rusty me repoussait du coude pour bricoler dans l'atelier; même Missy, qui geignait quand elle ne pouvait pas jouer dehors comme elle l'exigeait et qui menaçait de « dire à son amie » que je n'étais pas gentille avec elle. Mais il y avait pire.

Josie était à présent complètement réveillée et débordante de souvenirs — les fameux souvenirs d'abus sexuels plus vrais que nature. Le présent ne représentait toujours pas grand-chose pour elle, sauf quand elle émergeait, à moitié groggy, et voulait appeler son ami Gordon. Je vivais dans la crainte qu'elle n'apparaisse aux moments les plus inopportuns.

Un jour, je dus m'enfuir d'une réunion des professeurs en m'apercevant que je fixais obstinément un mur nu. J'avais compris à temps que Josie envisageait de foncer, tête en avant, contre le mur en question. Je partis, ne sachant pas si elle avait eu le temps de se montrer.

Un matin, début mai, j'appelai Lynn depuis le collège.

— Allô? Lynn, j'ai des ennuis. Ma première classe débute dans dix minutes et je sens Josie affleurer. J'ai peur de perdre le contrôle devant mes élèves.

Lynn m'écouta avec intérêt, mais je la soupçonnai de sous-estimer la gravité de mon angoisse.

— Bon sang! insistai-je. Il ne reste que six semaines avant les vacances, il ne faut surtout pas que la Volée vienne tout me gâcher avant la fin. Dis-leur que ce n'est pas juste, Lynn !

— Je sais, mon lapin. Je t'entends.

Je dus tout de même affronter ma classe, paniquée à l'idée que Josie pût surgir devant mes élèves, le visage suant d'angoisse et l'air ahuri. Comment réagiraient-ils s'ils surprenaient leur professeur préféré en plein délire ?

Une heure plus tard, je me félicitais d'avoir terminé mon cours sans incident. Plus que quatre classes et ma journée serait finie. « J'y arriverai, me persuadai-je. Il le faut. » Je regardais la classe suivante entrer quand j'aperçus Gordon sur le pas de la porte.

— Qu'est-ce que tu fais là ? demandai-je, gênée mais soulagée.

— Lynn m'a téléphoné que tu avais quelques ennuis. Comme j'ai trouvé un remplaçant pour mes cours, je me suis dis que j'allais faire un saut jusqu'ici.

Son explication me fit sourire : un saut ! Un saut de plus de cinquante kilomètres, oui !

— J'ai mon cours à faire, dis-je, radieuse de reconnaissance.

— Je sais. Je ferai ce que tu me diras. Si tu veux, je peux rester au fond de la classe pour que la Volée me voie. A moins que tu ne préfères que j'aille faire un tour et que je repasse cet après-midi, quand tu auras fini tes cours ?

— Oui, tu peux partir. Je crois que ça ira, maintenant.

Je passai le reste de la journée sans inquiétude. Gordon était parti, mais il reviendrait me chercher plus tard. Je m'interrogeai : « Pourquoi s'être dérangé exprès pour moi ? »

Après les cours, nous nous assîmes dans la cour, sous un arbre, Gordon et moi. Je lui avouai mon admiration pour la façon dont il s'était investi avec la Volée, et le remerciai de nous avoir « adoptés ».

— J'ai adopté les enfants de Lynn, m'apprit-il. J'ai l'habitude. Tu n'étais pas au courant ? ajouta-t-il devant mon silence surpris.

Gordon avait épousé Lynn quelque vingt ans auparavant, alors que, divorcée, elle s'occupait seule de ses enfants.

***

Un peu plus tard, la même semaine, Lynn quitta la séance

avant l'heure pour aller chercher sa petite-fille, Hilary, à la maternelle. Comme Gordon n'avait rien à faire, nous nous installâmes sur la pelouse, au soleil, devant le centre médical.

— Lynn prétend que la Volée finira par s'intégrer et ne former qu'une seule et même personne, dis-je. Tu sais bien que ça n'arrivera jamais.

Gordon refusa de se compromettre.

— Même si j'arrive à aimer vraiment le reste de la Volée, je resterai toujours Renée. Je resterai moi-même.

Gordon mâchonna un brin d'herbe d'un air pensif.

— Je n'arrive pas à comprendre pourquoi l'intégration t'obsède tant, finit-il par déclarer.

— Comment ça, tu ne comprends pas ? bafouillai-je, indignée. Je ne suis ni Rusty, ni Jo, ni Josie, ni aucune des autres. Je suis moi et j'entends le rester. Je n'ai pas besoin d'eux, ah non ! Tu aimerais qu'on t'ordonne de mêler ton esprit à un autre ?

Contrairement à Jo, je n'avais pas la patience d'attendre que Gordon élabore tranquillement son argumentation. Il m'avait écoutée avec surprise. Je m'étais arrêtée, gênée, mais j'avais vite compris que mon intervention intempestive ne l'avait pas vexé. Lynn le coupait souvent, elle aussi.

Gordon s'assura que j'en avais terminé.

— C'est que je pars d'une optique différente, Renée, expliqua-t-il. Je ne considère pas qu'on devrait nécessairement être séparés. Je sais que je suis limité par mes propres pensées, ma propre vision, mon propre esprit, mais je crois que les hommes évolueront au point de se mêler les uns aux autres à volonté. Ça prendra peut-être la forme de deux esprits qui se réunissent pour travailler sur un même projet. A moins que les esprits ne se lient entre eux par affinités, va savoir ! Si c'était possible, je m'intégrerais volontiers avec toi. Je suis sûr que l'association Gordon-Renée serait plus enrichissante et que j'apprendrais davantage de choses qu'avec une seule conscience.

Je m'abstins de tout commentaire. Comment discuter de l'intégration avec un homme pour qui le concept « un esprit, un corps » n'était pas nécessaire ? J'étais déçue de ne pouvoir profiter de ce moment où j'étais seule avec Gordon pour le convaincre que je ne devais pas m'intégrer, mais j'étais en même temps flattée. « Gordon veut s'intégrer à moi ! » me disais-je, persuadée qu'il avait dû voir en moi quelque chose de valable, quelque chose que peut-être j'ignorais encore.

Ce soir-là, en repensant aux arguments de Gordon, une angoisse me prit. Cherchait-il à me séduire ? J'avais été littéralement créée à travers un acte sexuel. Tous les hommes que j'avais fréquentés m'avaient sexuellement désirée. Gordon était-il comme eux ?

J'espérais que non, ça gâcherait tout. Je savais que Lynn ne le tolérerait jamais. Si cela arrivait à son insu, je ne pourrais faire comme si rien ne s'était passé, et je ne supporterais pas qu'une autre personnalité le lui rapporte. J'avais même peur qu'une autre répète mes pensées à Lynn. « Lynn prétend que Gordon et elle aiment la Volée comme on ne nous a jamais aimés avant, me rappellai-je. Pourvu que ce soit vrai. »

Je décidai qu'il était temps d'avouer à Lynn et à Gordon à quel point mes sentiments à leur égard avaient changé. A présent, je voyais d'un œil nouveau leurs rapports avec la Volée. Je n'étais plus la simple messagère ; j'étais Renée, leur fille adoptive, moi aussi !

Le jour de la fête des Mères, j'ajoutai à la sempiternelle carte de vœux de la main de Missy une petite licorne en or pour la délicate chaîne que Lynn portait autour du cou. La licorne avait un symbolisme significatif depuis qu'Isis, au début de la thérapie, avait montré à Lynn une tapisserie médiévale représentant une jeune fille qui tenait en laisse cet animal emblématique. Je l'avais choisie pour faire comprendre à Lynn que je faisais dorénavant partie de la relation particulière qu'elle avait établie avec la Volée.

Elle accueillit mon cadeau par des démonstrations enthousiastes, sous l'œil attendri de Gordon.

— Puis-je faire partie de la famille, moi aussi ? demanda-t-il.

Là-dessus, il se joignit à nos embrassades. Lynn éclata de rire.

— Renée, est-ce que tu te rends compte de ton importance ? fit-elle. Sans toi, que serait devenue la Volée ? Où serait notre merveilleuse famille ?

Comment aurais-je pu le savoir ? Comme Jo, j'avais enfin trouvé une famille. Comme elle, j'avais besoin de me l'entendre dire.

***

Les personnalités en crise avaient la priorité pour exister dans le cabinet de Lynn et je ne me sentais plus coupable du temps que j'accaparais. J'avais autant que les autres le droit d'être avec Lynn et Gordon.

— J'envisage de prendre un poste d'enseignante pendant les vacances, annonçai-je peu après la fête des Mères. J'aurai besoin d'argent pour aller à Harvard.

— Évidemment, tu as besoin d'argent, remarqua Gordon. Mais que fais-tu de notre projet ?

— Notre projet ?

— Nous avions l'intention de passer quelques week-ends ensemble dans notre maison de campagne, expliqua Lynn. Ça nous permettrait de longues séances de travail avec la Volée.

J'abandonnai aussitôt mes projets personnels. J'avais vu des photos de leur maison, nichée au bord du lac, près de Kenosha, dans le Wisconsin. Je rêvais d'y aller avec eux ; j'aspirais à la liberté que l'isolement procurerait à la Volée ; je désirais ardemment profiter pleinement du maternage de nos nouveaux parents.

Dès que j'appris ces projets de week-ends, le retour de Steve cessa de m'inquiéter. La Volée avait connu de profonds changements en son absence, et j'avais d'abord craint sa réaction à tout cela. La perspective de moments privilégiés avec Gordon et Lynn m'aiderait à supporter les éventuelles critiques de Steve.

⁂

Journal — 5 juin 1983

N'est-ce pas curieux que Renée, qui s'est toujours perçue comme la plus « saine » du groupe, soit justement celle qui a le plus progressé vers la guérison au cours de ces derniers mois ? En dépit de l'âge biologique du corps et malgré l'insistance de Renée à prétendre qu'elle a dix-neuf ou vingt ans, c'est en réalité une charmante adolescente (même si elle m'exaspère, parfois). En ce moment, elle hésite entre m'aider à gérer mes rapports avec le reste de la Volée, et être ma fille, avec les conflits inévitables qui en découlent.

Je me suis aperçue depuis longtemps que Renée était jalouse de la relation affective que Jo et Missy avaient développée avec nous, et je me demandais comment elle y réagirait. Son expérience lui avait appris à se méfier des femmes; quant aux hommes, ils n'avaient jamais vu en elle autre chose qu'un objet sexuel.

Au cours du printemps, nous avions assisté à son évolution progressive : elle avait cessé de prendre ses distances avec les autres personnalités, et avec elle-même, et quêtait notre approbation pour sa coopération. Elle nous rapportait, par exemple, les progrès accomplis par Jo, puis ajoutait : « Je lui accorde du temps pour ça, c'est bien, non? » Nous lui prodiguions des encouragements répétés, tout en sachant, même si elle n'en était pas encore consciente, que ça ne suffirait pas.

Renée avait besoin de vérifier notre disponibilité à son égard, et nous attendions le moment opportun, sachant qu'il ne manquerait pas de se produire. Comme pratiquement chaque fois dans cette relation thérapeutico-parentale, la chance a joué en notre faveur. En pleine crise d'angoisse, Renée m'a appelée de son collège, et il se trouve que Gordon a réussi à se faire remplacer. Il a répondu à sa demande d'une manière qu'elle n'avait certes pas imaginée, et son arrivée impromptue lui a clairement démontré que nous étions aussi sensibles à ses difficultés qu'à celles du reste de la Volée. La fête des Mères lui a ensuite fourni l'occasion de me dire ce que je représentais à ses yeux.

Le problème sexuel a été plus compliqué à résoudre parce que Renée ne peut toujours pas admettre ses propres désirs. Elle se donne aux hommes qui la désirent, prétend-elle, mais refuse de reconnaître qu'elle puisse « courir après » quelqu'un de son propre chef. Je l'ai donc observée tourner autour de Gordon, un homme que trois filles adoptives avaient testé pour vérifier que papa les trouvait séduisantes sans pour autant profiter de leur désir inconscient.

La subtilité de son entreprise de séduction est époustouflante. Elle peut être câline, vibrante de passion et fantasque, tout en formulant à demi-mot une demande de reconnaissance infantile. Gordon prétend qu'elle touche tous les points névralgiques du mâle traditionnel.

J'admire la manière qu'a Gordon de refuser le jeu érotique de Renée tout en cherchant un rapprochement sur tous les autres plans. Il sera son père, son ami, son compagnon cosmique, et elle découvre peu à peu qu'il ne sera jamais son amant. Surtout, il réussit cet exploit sans que Renée soit amenée à reconnaître son propre désir sexuel qui, dans les circonstances présentes, l'humilierait et l'effraierait.

Je ne dis pas que tout a été facile. Renée est une fille merveilleuse avec qui j'ai plaisir à me promener et à courir les magasins; elle me raconte ses petits secrets avec des rires étouffés, cherche à imiter ma façon d'être, mais c'est une fille versatile et il ne faut pas oublier qu'elle est aussi l'une des facettes d'une entité très déséquilibrée. Quand elle s'emporte et me déclare, furieuse, qu'elle « sait depuis le début que je ne m'intéresse pas à elle », je suis obligée de me mordre les lèvres pour ne pas la traiter de sale petite ingrate. Au lieu de cela, je me dis que ce n'est que l'expression d'un mélange extraordinairement complexe de besoins non reconnus et je lui rappelle patiemment les longues heures que nous passons, Gordon et moi, à nous occuper de la Volée, lui expliquant que le fait de me réserver du temps pour moi ne signifie pas que je la rejette.

C'est un pari difficile, qui comporte de grands risques pour nous comme pour la Volée. Steve revient cette semaine, et il nous reste trois mois avant que la Volée ne parte pour Harvard (j'ai fini par me convaincre qu'elle irait). Les week-ends dans notre maison de campagne nous donneront le temps de travailler la thérapie, chaque personnalité se sentant en sécurité sous ma protection. Nous devrons satisfaire leur soif inextinguible de maternage tout en les aidant à se détacher de nous pour qu'elles puissent trouver en elles la réponse à leurs besoins. Je suis arrivée à la conclusion qu'une période de thérapie intensive, quand elle est nécessaire — à condition que le temps soit accordé sans contrepartie et dans un but bien défini —, peut permettre des résultats que des années de thérapie traditionnelle ne suffisent souvent pas à obtenir.

24

Journal — 10 juin 1983

Harvard et Steve. Voilà mes deux sujets d'angoisse... quand je ne m'inquiète pas de notre investissement excessif, à Gordon et moi.

Je n'avais pas été surprise outre mesure quand Renée avait adressé une demande d'admission à Harvard. A l'époque, Renée éprouvait le besoin impérieux de me fuir, et Jo celui, tout aussi impératif, de prouver sa valeur aux yeux de Steve. Je n'avais pas été davantage surprise que la demande ait été acceptée : malgré ses problèmes pathologiques, la Volée constitue une entité extrêmement brillante, créative, en tous points digne d'une université prestigieuse.

Je ne pensais pas, je l'avoue, que Renée maintiendrait son projet, et ne m'y suis résolue qu'en avril lorsqu'elle a entrepris les démarches pour résilier son contrat d'enseignante. La Volée passe parfois jusqu'à vingt heures par semaine avec nous, et, malgré le retour imminent de Steve, leur relation avec nous est ce qui compte le plus pour les personnalités. Je ne comprenais pas à l'époque, et je ne comprends d'ailleurs toujours pas, comment Renée a pu s'imaginer qu'elles pourraient fonctionner si loin de nous.

J'ai téléphoné à Connie Wilbur, que la situation n'a pas eu l'air d'inquiéter. Elle m'a suggéré d'obtenir de toutes les personnalités qu'elles passent un accord de coopération mutuelle pour la durée de leur séjour à Harvard. Je le ferais volontiers, mais je ne vois pas comment c'est possible : seules Renée et Joan Frances sont décidées à partir. Jo prétend qu'elle n'est pas prête; les autres n'ont aucune opinion et ignorent ce qu'implique un séjour à Harvard. Je me vois bien expliquant à Josie : « Oublie pour l'instant tes hallucinations abréactives, mon trésor, et discutons un peu de tes études à Harvard ! »

De toute façon, il est trop tard pour s'inquiéter. Il faut que ça marche ! J'ai le sentiment que la Volée ira à Harvard quoi qu'il lui en coûte et même si elle devait y laisser sa peau. Toutefois, il est possible que je surestime son désir pour ma convenance personnelle. Nous nous sommes engagés, Gordon et moi, à faire de la Volée notre priorité pendant les prochaines semaines. C'est un travail épuisant sur le plan émotionnel, rendu possible uniquement par la certitude qu'il est limité dans le temps. Aussi n'est-il pas exclu que je souhaite inconsciemment le départ de la Volée.

Steve revient de Cornell demain et je n'ai aucune idée de ce qui va se passer. Steve et la Volée (surtout Renée) ont réussi à maintenir une relation durable uniquement grâce à leur déni commun de ses troubles psychologiques. Or, c'est maintenant chose impossible pour Renée. Si elle devait choisir entre sa relation avec nous et celle avec Steve, elle le quitterait sans l'ombre d'un regret.

Renée a compris qu'elle ne s'occupera efficacement de son problème que si elle le regarde en face. Si Steve continue à s'opposer au traitement comme il le faisait avant son départ ou, plus subtilement, à travers ses coups de téléphone, la Volée s'éloignera davantage de lui dans un réflexe d'autoprotection. Il ne restera peut-être plus rien entre eux avant qu'ils ne se décident à aborder leur relation plus honnêtement, mais la santé de la Volée est pour l'instant plus importante qu'une relation basée sur la psychose des deux partenaires.

*
**

Je n'arrivais pas à imaginer comment Steve pourrait comprendre. Avant son départ, Lynn était ma thérapeute, une thérapeute que je voyais trop souvent à son gré ; et voilà que Lynn et Gordon étaient devenus les parents adoptifs de la Volée !

J'avais de l'affection pour Steve, peut-être même l'aimais-je, et je savais que le reste de la Volée partageait mes sentiments. Avant le départ de Steve, la multiplicité m'apparaissait comme une tare que je supportais, faute de choix. Je considérais maintenant les autres personnalités comme des êtres à part entière luttant pour leur accomplissement. Je ne tenterais plus de nier leur existence ni de leur refuser du temps, même si cela devait déplaire à Steve. S'il m'aimait autant qu'il le prétendait, il faudrait qu'il apprenne à aimer aussi les autres personnalités.

Mais, à mesure que son retour approchait, ma résolution faiblissait. Je me contenterais de l'accueillir, et j'éviterais les discussions sur la Volée pendant quelques jours. Peut-être lui laisserais-je voir les autres de temps en temps par la suite. Et j'essaierais de passer un peu moins de temps avec les Wilson. Il fallait que je rassure Steve en lui faisant comprendre qu'il comptait, lui aussi.

Tout se passa bien jusqu'à ce que nous nous mettions au lit, lui et moi. Nous n'avions pas fait l'amour depuis des mois et j'avais prévu que les retrouvailles seraient difficiles. Josie était désespérément proche de la surface. Cependant, je me rassurai en me disant qu'elle n'était jamais apparue hors du cabinet de Lynn.

Au début, tout alla bien. J'étais détendue, Steve tendre et attentif ; je me sentais aimée ; j'étais en sécurité, les sens en éveil. C'est alors que, sans prévenir, Josie se précipita contre le mur.

Terrifié par ce comportement bizarre, Steve la retint. Les muscles tétanisés de Josie se relâchèrent alors et Missy se retrouva dans les bras de Steve. Elle se détacha de son étreinte pour aller bouder, blottie contre son oreiller. C'en était trop pour Steve. Il décrocha le téléphone et composa le numéro de Lynn.

— Que dois-je faire ? hurla-t-il dans l'appareil. Je n'arrive pas à la calmer.

Jo reprit lentement conscience et jeta des regards perplexes autour d'elle ; elle était contente de revoir Steve, mais quelque chose la gênait terriblement. Elle refusa d'être impliquée dans ce qui se passait, enfila un jean et une chemise et sortit précipitamment. Steve venait d'assister en moins de cinq minutes à un triple changement de personnalités — de moi à Josie, puis à Missy, puis à Jo. Il découvrait que les choses avaient changé pour de bon.

***

Devant l'impossibilité de taxer plus longtemps le diagnostic d'« invention de psy », Steve déclara à Lynn qu'il était d'accord pour l'aider. Il voulait participer à la thérapie.

Impressionnée par son brusque retournement, je demeurai pourtant hésitante. Je devais protéger la relation privilégiée entre la Volée et les Wilson; je craignais qu'ils se désengagent sous prétexte que Steve était de retour. Entre la volonté déclarée de Steve de participer au traitement et son aptitude à vivre en compagnie de diverses personnalités d'âge, de caractère et de sexe différents, il y avait une marge.

— Laisse-lui sa chance, me conseilla Lynn. Ne t'inquiète pas, nous ne t'abandonnerons pas; nous resterons tes parents et tes thérapeutes, mais l'affection d'un ami ne pourra pas faire de mal à la Volée.

Je tentai donc l'expérience. Pendant quelques semaines, les personnalités émergèrent selon leur gré, comme avant le retour de Steve. Jo travaillait sur sa thèse; Missy jouait dans le jardin avec les chiens; Rusty s'occupait de l'entretien de la voiture. Tous s'efforçaient d'être amicaux, chacun à sa manière.

Steve aussi faisait de son mieux, mais n'y croyait pas assez pour que ça marche. De plus, il ne comprenait rien au langage de Missy.

— Tu aimes bien, ici, déclarait-elle, voulant dire par là qu'elle se plaisait à la maison.

— Oui, j'aime bien, répondait gentiment Steve. Et toi?

— Oh, oui, tu aimes beaucoup, disait Missy.

— Oui, mais toi? s'entêtait Steve qui commençait à perdre patience.

Missy hésitait. L'homme paraissait en colère. Pourtant, elle aimait bien cette maison et c'est ce qu'elle essayait de lui dire. Lynn, elle, ne se fâchait jamais à cause de sa façon de s'exprimer. Missy se glissa donc à l'intérieur pour retrouver le souvenir sécurisant de sa grande amie Lynn.

En sortant à mon tour, je rassurai au passage Missy. Pauvre gosse! J'espérais servir de médiateur.

— Je sais que tu fais des efforts, Steve, déclarai-je. Tu fais preuve de compassion et tu acceptes de bon cœur les différentes parties de l'ensemble, mais il vaut mieux que je te traduise les propos de Missy. Elle dit « tu » au lieu de « je »; elle n'ose pas parler à la première personne. Lynn assure qu'elle y viendra.

— Alors, pourquoi tout ce cinéma? Je te préfère largement quand tu es normale, comme maintenant.

Je renonçai.

***

J'adoptai un emploi du temps informel qui dura tout l'été. En semaine, pendant que Lynn travaillait au centre médical, la Volée passait une heure ou deux avec Gordon ; je dînais avec Steve et restais quelque temps avec lui, mais je partais rejoindre Lynn dès que j'avais lavé la vaisselle. Steve en ressentait quelque amertume, mais je n'avais pas le choix ; il voulait que je reste avec lui au seul moment où Lynn était disponible.

J'avais discuté assez souvent avec Steve pour savoir qu'il estimait se conduire efficacement avec la Volée. J'essayai donc une autre approche pour expliquer mes absences.

— Cet été, le travail de la Volée passe avant le reste. Je ne pourrai être fonctionnelle à Harvard que si la thérapie débouche rapidement sur quelque chose de concret.

— Pourtant, tu t'en tirais très bien avant de rencontrer Lynn.

C'était vrai et je le savais. Mais mes difficultés nouvelles ne reposaient pas sur un lien pathologique avec Lynn. J'avais jusqu'alors évité le pire parce que les souvenirs des sévices et des souffrances endurés avaient été profondément refoulés. Maintenant que tout resurgissait, je ne pouvais plus endiguer le flot ni l'ignorer. Je n'avais d'autre choix que de l'affronter.

— Je t'aime, Steve. Mais je ne deviendrai jamais adulte, je ne serai jamais la femme dont tu rêves tant que la Volée n'aura pas évacué ses traumatismes et dépassé sa dépendance émotionnelle envers Lynn et Gordon.

— Justement, ça ne me plaît pas beaucoup. Pourquoi as-tu besoin de passer autant de temps avec Gordon ? Il n'est pas thérapeute, que je sache.

— Soyons précis, rétorquai-je, à bout de patience. Ce n'est pas moi qui passe tout ce temps avec lui, c'est Rusty, et il a besoin de l'image paternelle positive que Gordon lui apporte. Dans ce sens, on peut dire que Gordon joue le rôle d'un thérapeute, tout autant que Lynn. En plus, Rusty apprend à naviguer. Gordon attache beaucoup d'importance aux vertus thérapeutiques de la navigation.

Rusty avait commencé ses leçons le premier week-end passé à la résidence secondaire des Wilson. Dès notre arrivée, Gordon l'avait emmené jusqu'au ponton. Rusty avait aussitôt eu le coup de foudre. Le petit voilier de 5 mètres avait été gréé pour être barré par deux personnes le cas échéant. Au mouillage, sa coque se frottant doucement au ponton, au gré des vagues, il semblait ronronner de contentement.

— Viens, Rusty, essayons-le, proposa tout de suite Gordon.

Rusty suivit ses indications avec tant d'ardeur qu'ils glissaient sur le lac, toutes voiles dehors, avant qu'il s'aperçoive qu'il avait manœuvré seul.

Hésitant au début, puis avec davantage d'assurance, Rusty, tenant le gouvernail d'une main, les cordages de l'autre, amena le bateau sous le vent. Sa mémoire visuelle l'aida dans sa tâche. Il mémorisa l'horizon, la tension des voiles et des cordages, l'angle que formait le bateau avec le ciel et le lac lorsqu'il glissait harmonieusement.

Rusty se souvenait de tout ce que Gordon lui enseignait, c'était indéniable. Il pouvait diriger un voilier ! Il rayonna de joie quand Gordon lui assura qu'il apprenait plus vite que la plupart de ses élèves.

En apprenant à naviguer, Rusty apprit aussi la confiance.

Gordon lui offrit la liberté qu'on acquiert avec le savoir-faire. Il observait patiemment Rusty barrer le voilier, l'incitait à recommencer encore et toujours les mêmes manœuvres jusqu'à les maîtriser parfaitement. Rusty acquit une confiance nouvelle. Non plus la confiance arrogante de qui prétend savoir tout faire, mais celle qui se base sur la certitude de pouvoir corriger ses erreurs.

Ray ne tolérait pas les erreurs. Quand quelque chose n'allait pas, il disait : « Réfléchis, nom d'un chien ! Quelle imbécile ! T'as pas deux sous de jugeote ! » Rusty et les autres personnalités étaient anéantis quand ils commettaient la moindre erreur. Un 16 ne suffisait jamais : les quatre points manquants prouvaient l'imperfection.

Gordon, en revanche, considérait les erreurs comme un facteur de progrès. Une faute se réparait. Il apprit à Rusty qu'il était souvent plus amusant de réparer ses erreurs que de réussir du premier coup.

Au premier abord, emmener un Multiple sur un voilier paraît déraisonnable. Le petit bateau gîtait parfois dangereusement. Que serait-il advenu si Josie s'était retrouvée à bord, paniquée ? Comment Gordon aurait-il pu la calmer tout en empêchant le bateau de chavirer ?

Mais Gordon et Lynn avaient reconnu dans la Volée un sens de la coordination dont aucune personnalité n'était consciente. J'avais beau m'inquiéter sans cesse de perdre le contrôle en pleine classe, ça n'arrivait jamais. Lynn et Gordon étaient sûrs qu'une logique interne décidait quelle personnalité devait apparaître et à quel moment. Lynn se servit de cette explication pour m'aider à comprendre ce qui s'était passé la première nuit du retour de Steve.

— Si tu avais réussi à faire comme si tout se passait bien, Steve et toi auriez continué à nier la réalité de la Volée comme avant son départ. Quelque part, une force t'a empêchée de faire passer les besoins de la Volée au second plan.

Lynn prétendait que la même force permettait à Rusty de naviguer sans être dérangé par l'apparition inopinée d'autres personnalités.

— De plus en plus, tu découvriras des preuves de la sagesse de l'« entité », expliqua-t-elle. Il faut que tu apprennes à faire confiance à « l'esprit de groupe ».

Sans imaginer qu'il pût en être autrement, Rusty accaparait tout le temps de navigation. Seul sur l'eau avec Gordon, il racontait en détail les souvenirs qu'il gardait de son père. Rusty n'avait jamais aimé ce que Ray faisait dans les bois et il fut soulagé d'entendre Gordon condamner le comportement de son père.

Puis ils en vinrent à parler de la mystérieuse disparition de Ray.

— Je sais qu'un jour, papa reviendra à terre pour me chercher, confia Rusty avec un mélange d'espoir et de crainte, en accostant après une virée sur le lac.

— Non, Rusty, il ne reviendra plus, dit calmement Gordon en lui tendant un cordage pour amarrer le voilier. Les filles dont tu ne veux pas entendre parler m'ont affirmé que ton père était mort des suites d'une grave maladie.

La façon détournée d'aborder le sujet tabou des filles arracha un sourire à Rusty. C'est vrai qu'il refusait d'en parler et il était reconnaissant à Gordon de ne pas le forcer à aborder ce sujet délicat. Il revint à son autre préoccupation.

— T'as peut-être raison, Gordon, convint-il. Mon père ne reviendra peut-être jamais plus.

Sans un mot, Gordon regarda Rusty amarrer le bateau, donner une tape amicale sur la proue, puis sauter à terre.

— Si papa ne revient plus, s'inquiéta Rusty, je n'aurai plus de père.

— Oh, à ta place, je ne m'en ferais pas pour ça, dit Gordon qui passa un bras autour des épaules de Rusty tout en marchant.

— Tu veux bien être mon nouveau papa ? demanda Rusty d'une voix mal assurée.

— Mais je le suis déjà, Rusty.

25

Journal — 30 juin 1983

Les longues heures de travail intensif se poursuivent pour nous tous. Nous passons en moyenne quatre heures par jour avec la Volée, et même si ça ne ressemble pas à une psychothérapie classique, c'est néanmoins un travail hautement thérapeutique.

Les personnalités sortent peu à peu de leur état pathologique. Mieux, elles commencent à reproduire entre elles notre rôle parental et elles prennent soin les unes des autres. Bien que Renée et Jo, en particulier, expriment souvent leur frustration à l'égard des autres, elles semblent toutes deux désireuses de découvrir comment rendre la vie plus facile pour tout le monde, et non plus uniquement pour elles-mêmes. C'est à mon avis un changement significatif.

Maintenant que les personnalités (mise à part Joan Frances) ont accepté leur intense dépendance à notre égard, elles en profitent avec joie tout en travaillant à s'en défaire.

Il est difficile de rester disponible vingt-quatre heures sur vingt-quatre. Gordon et moi avons besoin de moments de détente ; nous partons donc un week-end sur deux, nous dînons de temps en temps au restaurant et allons au cinéma. Malgré cela, nous savons que nous ne pourrons pas rester disponibles longtemps pour la Volée. C'est un travail trop exigeant et nous le supportons uniquement parce que nous savons que la Volée partira pour Harvard en septembre.

Renée ne cesse de me parler de la dépendance, en partie parce qu'elle veut que je la félicite pour toutes les fois où la Volée résout seule ses crises, mais aussi parce qu'elle ne l'a acceptée que récemment. Elle revient sans cesse à ce nouveau sentiment, comme on ne peut s'empêcher de penser à une dent malade. Elle décrit son sentiment comme « une soif irrésistible », jamais complètement étanchée.

— Pourquoi ne me dis-tu pas « ça suffit comme ça » pour que nous passions à autre chose ? m'interroge-t-elle.

Je lui assure que ni Gordon ni moi ne rejetterons la Volée. Je sais que les personnalités le préféreraient presque : ça leur serait plus facile que de travailler elles-mêmes à leur émancipation. En même temps, elles reconnaissent le besoin de limiter leur demande.

— Tu ne peux pas réparer une enfance gâchée, me dit Jo.

Je lui réponds qu'elle a raison : seule, je ne peux pas. Mais Gordon, la Volée et moi, nous y parviendrons ensemble.

Il faut que les personnalités reconnaissent le profond besoin d'amour de la Volée avant de pouvoir mûrir émotionnellement. Il est évident que la cruauté de leur rapports internes reflète les mauvais traitements reçus de Nancy et de Ray. Il nous appartient, à Gordon et à moi, de leur fournir une image parentale positive qu'elles puissent introjecter et utiliser à l'avenir.

Une partie de ce travail est passive. La Volée, surtout Jo et Renée, aime simplement passer des moments chez nous sans intervention de notre part. Renée travaillera sur un projet, ou bien Jo lira, mais il s'agit surtout pour elles de vérifier qu'il est sécurisant d'être parmi nous. Elles ont l'occasion de nous voir vivre, Gordon et moi, sans que la Volée soit le centre de notre attention. Elles apprennent que nous les aimons même quand elles ne sont pas en crise, même quand elles n'ont pas besoin de notre attention.

Seuls les week-ends au cottage permettent ce genre de vérifications et de réassurance.

*
**

Comme les maisons qui ne sont pas habitées toute l'année, celle des Wilson au bord du lac exigeait mille petits travaux. Rusty aida Gordon à réparer les volets et la plomberie. Jo et moi passâmes la tondeuse sur l'hectare de pelouse. Le jour où Gordon lui donna deux grenouilles, Missy décida qu'elle lui vouait autant d'amour que Rusty.

Gordon et Rusty allèrent en bateau jusqu'à l'extrémité marécageuse du lac où ils regardèrent les castors construire leur maison. Rusty passa aussi du temps avec Lynn, puisque Gordon l'emmenait souvent avec eux.

Josie découvrit dans ce paysage la beauté qui contrebalançait l'horreur de ses souvenirs. Elle aimait l'écorce rugueuse des arbres, le cancanement des canards, le coassement des grenouilles. Allongée sur le dos dans l'herbe, elle s'émerveillait des feuilles argentées que le vent faisait scintiller contre le bleu du ciel. Elle se sentait en paix. Quittant son rôle de gardienne d'un passé de panique et de violence, elle s'éveillait enfin au présent.

Jo adorait la maison. Débarrassée de l'angoisse « d'avancer dans la thérapie » et de la peur de perdre le contrôle, elle appréciait d'autant mieux les moments avec Lynn et Gordon. Elle se lançait dans de longues discussions théoriques avec Gordon, et s'allongeait à côté de Lynn pour lire au soleil.

Le spectacle de Lynn et de Gordon ne cessait de m'émerveiller. « C'est donc ça, le mariage ! me disais-je. C'est ça, former une famille ! »

Nous nous amusions bien, Gordon, Lynn et nous. Les Wilson acceptaient avec tant de naturel que plusieurs personnalités habitent le même corps, que nous en oubliions parfois les limites d'une telle existence. Un jour, Lynn alla jusqu'à dire à Gordon :

— Pendant que tu répares les volets avec Rusty, j'irai en ville avec Renée.

Elle s'esclaffa aussitôt, amusée par l'absurdité de sa proposition.

— Tu sais, Renée, me dit-elle plus tard, au début, j'avais peur de ne pas me rappeler que les personnalités se vivaient comme des personnes indépendantes. Maintenant, c'est le contraire : j'oublie que vous habitez le même corps.

Nous avions aussi des moments de solitude. Lynn partait se promener le long du lac ; Lynn et Gordon allaient en ville ensemble, laissant la Volée seule, mais avec le sentiment rassurant d'être aimée. La Volée explorait les bois alentour et les prairies qui bordaient le lac.

A la maison, Jo se réveillait souvent avant Lynn et Gordon. Elle s'habillait en silence et sortait admirer les premières lueurs de l'aube sur le lac. Elle laissait toujours un mot avant de partir, « je suis allée faire un tour », pour que les Wilson ne s'inquiètent pas de son absence. « Ne vous en faites pas, ajoutais-je de mon écriture si différente, nous resterons groupées. »

26

— Tu n'as pas l'air dans ton assiette, Renée, me dit Lynn en me dévisageant brièvement avant de reporter son attention sur la petite route de campagne.

Nous étions à la fin août ; c'était le dernier week-end de la Volée avant notre départ pour Harvard. Ce samedi-là, Gordon était rentré à Chicago et Lynn me conduisait au Manny's.

— Tu t'inquiètes pour l'école ?

— Oui, il y a ça aussi, répondis-je, puis je me replongeai dans l'examen silencieux des changements intervenus depuis que j'avais rencontré Lynn, en mars 1981.

Seulement trente mois auparavant, je m'étais sentie menacée par des impulsions qui m'étaient étrangères ; aujourd'hui, je savais que j'étais une Multiple. J'avais autrefois désiré détruire les autres personnalités ; je voulais maintenant que chacune vive heureuse et en paix. La seule chose qui n'avait pas changé était ma certitude de ne jamais m'intégrer. Je n'arrivais pas à imaginer ce qu'il adviendrait si toutes les personnalités se fondaient en une seule. Elles étaient trop différentes les unes des autres pour que je puisse envisager sérieusement une telle possibilité.

Pour moi, l'intégration signifiait aussi un déni des autres personnalités. Si chacune était unique et utile, comme le prétendaient les Wilson, de quel droit les détruirais-je par l'intégration ?

Non, pas question d'intégration. En revanche, j'étais favorable à une étroite coopération. J'avais conscience que, loin de Lynn et de Gordon, il faudrait améliorer notre entente si nous voulions réussir. Nos parents adoptifs protégeaient et encourageaient les personnalités les plus jeunes et les plus atteintes ; ils assuraient la transmission des messages pour les amnésiques et apaisaient tout le monde. Comment allions-nous nous débrouiller sans eux ?

Je jetai un regard en coin à Lynn. L'œil fixé sur la route pour éviter les nids de poule, elle semblait toute à sa conduite, mais je la connaissais suffisamment pour savoir qu'elle gardait le silence exprès, attendant que je sois prête à parler.

— Tu savais que c'était pour te fuir que j'avais envoyé une demande d'inscription à Harvard ?

Lynn acquiesça d'un signe de tête sans quitter la route des yeux.

— J'essayais de fuir une dépendance de plus en plus grande et je voulais aussi fuir la réalité des autres personnalités.

— Je me suis longtemps trompée au sujet de Harvard, me confia alors Lynn. Je ne croyais pas que tu irais. C'est seulement quand tu as quitté ton poste au collège que j'ai compris. Au printemps, tu étais si près du dysfonctionnement que je ne voyais pas très bien comment tu aurais pu te débrouiller toute seule. Maintenant, je suis rassurée. La Volée est réellement extraordinaire...

— Aujourd'hui, la coupai-je, si je vais à Harvard, ce n'est plus pour te fuir ni pour fuir la Volée. Je sais que les autres existent et qu'ils ont des besoins aussi importants que les miens. Et puis, je t'aime, Lynn.

J'essayai de lui dire combien j'avais besoin d'elle, combien ce besoin était partagé par Jo, Missy et le reste de la Volée.

— C'est un besoin aussi fort que celui de Josie et de Rusty pour Gordon.

Je lui confiai que, malgré ce besoin, ou à cause de son intensité, il était temps pour nous de prendre une certaine distance.

— On a eu le temps de comprendre nos émotions infantiles. Maintenant, on doit grandir. Tu sais aussi bien que moi que nous ne pourrions pas rester indéfiniment ici. Il faut bien que nous apprenions un jour ou l'autre à nous occuper de nous sans l'aide de personne. Si c'était toi qui nous poussais à le faire, on le ressentirait comme un rejet.

— Ah, Renée ! soupira Lynn. Je suis contente que tu comprennes ça. Mais sache que Gordon et moi, nous serons toujours là pour vous. Nous restons une famille, même quand vous serez loin. Notre travail n'est pas terminé. Quand vous reviendrez pour les vacances, nous passerons encore de longues heures ensemble.

Lynn était sincère, mais j'avais du mal à imaginer que notre relation survivrait à la séparation. Keith et moi avions déménagé plusieurs fois et j'avais toujours été incapable de garder mes amis. J'aimais penser que ma relation avec les Wilson était différente, mais je ne voulais pas non plus me faire trop d'illusions. Je chassai cette pensée.

— Je m'inquiète pour la Volée au sujet des études, dis-je. C'est un diplôme interdisciplinaire, et la Volée s'est toujours partagé le travail universitaire. Jo se charge de la théorie; Kendra écrit; je m'occupe des négociations entre nous et de la ligne de conduite. Je m'inquiète surtout pour les personnalités amnésiques. J'arrive la plupart du temps à savoir ce qu'une autre a fait, mais je ne sais pas toujours pourquoi elle agit ainsi. Je peux discuter avec Kendra, mais je n'aurai jamais son talent. Avec Jo, j'ai beau essayer, nous n'arrivons pas à nous parler. Le mur amnésique derrière lequel elle s'abrite des autres personnalités est insonorisé.

— Je sais que ce sera dur... commença Lynn.

— Il y a aussi les plus petits, poursuivis-je en la coupant pour la seconde fois. Missy, Josie, Rusty, et quelques autres sont profondément inquiets de vous quitter. Je ne sais pas si je réussirai à leur faire traverser cette épreuve, tout en veillant à la réussite du diplôme, et tout en gérant les relations avec les autres étudiants et avec les professeurs. Je déclare donc solennellement démissionner de mon poste de gérante, directrice, ou je ne sais quoi, de la Volée.

— Je serais plus rassurée si une meilleure coopération régnait dans le groupe. Pourquoi ne pas songer à des fusions partielles?

J'étais sur le point de m'élever contre l'absurdité d'une telle hypothèse, que je ne savais de toute façon pas comment réaliser, quand Lynn ajouta vivement :

— Renée, je ne cherche pas à te forcer à l'intégration, mais j'imaginais que quelques personnalités pourraient se regrouper pour s'entraider. Ça te permettrait peut-être de te sentir moins vulnérable.

La suggestion me surprit agréablement et j'en discutai les

modalités avec Lynn. La réussite des études m'angoisserait certainement moins si je m'associais à Jo et obtenais ainsi l'accès à ses capacités intellectuelles, mais c'était difficilement faisable.

— Ça ne marchera jamais, remarquai-je. Je ne peux pas converser intérieurement avec Jo, et en plus Nancy et Ray étaient ses parents. Moi, je n'ai pas de parents. On est trop différentes l'une de l'autre pour pouvoir s'entendre. Pourtant, ton idée me plaît, ajoutai-je pour que Lynn ne me croie pas trop bornée.

— Oui, je crois que c'est une bonne idée. Cela dit, je ne sais pas plus que toi qui pourrait s'associer avec qui, ni comment réaliser les fusions.

Cependant, le temps d'arriver au Manny's, deux autres personnalités envisageaient elles aussi une union. Kendra, avec son côté protecteur, et Isis, avec sa capacité à garder une certaine distance par rapport aux exigences extérieures, pourraient me procurer, à moi qui ne vivais que pour satisfaire autrui, la force d'assumer la complexité des rapports humains. Mais cette fusion supposait des compromis, et nous ne savions pas encore à quoi nous étions prêtes à renoncer pour le bien du groupe.

Toutefois, comme aucune des trois ne considérait Nancy et Ray comme ses parents, nous étions disposées à poursuivre les pourparlers.

Il y avait foule au Manny's. Dans l'atmosphère bruyante et enfumée du bar, trois personnalités s'assirent avec un même corps pour discuter. Soudain, et pour la première fois, Kendra, Isis et moi devînmes coconscientes. Nous étions là, toutes les trois, ensemble et pourtant distinctes. Kendra but une gorgée de bière et se tourna vers Lynn.

— Allons-y, annonça-t-elle. Isis, Renée et moi, nous sommes d'accord pour en discuter.

— Pour discuter de quoi? s'étonna Lynn, troublée.

— Nous pouvons nous parler tout en t'écoutant, expliqua Kendra avec une trace d'impatience. Appelons ça une conférence à quatre et décidons si, oui ou non, nous devrions fusionner.

— C'est toi, Kendra? demanda Lynn.

— Oui, c'est moi, acquiesça Kendra, réjouie de l'air abasourdi de Lynn.

— Moi aussi, je suis là, intervint Isis de sa voix chaude et délicate.

— Et moi aussi, ajoutai-je.

Lynn hocha la tête d'un air incrédule, puis jeta un coup d'œil à la ronde, avala une grande gorgée de bière et se lança :

— Bof ! De toute façon, personne ne comprendra de quoi on cause, alors allons-y.

Son souci de discrétion nous amusait. Nous nous moquions bien qu'on nous entende ; notre projet de fusion nous accaparait pour une fois totalement.

— Ce serait peut-être une bonne chose que Kendra, Isis et moi nous unissions, commençai-je, mais j'ai des réserves à formuler. Tout de même, Kendra est une garce, et Isis est lesbienne !

— Une minute ! protesta Lynn, désireuse, comme toujours, de protéger chaque individu de la Volée. Kendra n'est pas une garce. Elle n'intervient pour aider la Volée que lorsque tu es trop occupée à plaire à Pierre, Paul, Jacques pour prendre aussi soin de toi.

— Je te remercie, Lynn, dit Kendra d'un ton sec, mais figure-toi, Renée, que tout ça est ta faute. Tu es toujours en train d'aguicher tout le monde ; je suis bien obligée de nous défendre. Si je suis une garce, toi, tu es un paillasson !

— Je ne présenterais pas les choses sous cet angle, rectifia Lynn, mais c'est un peu ce que je voulais dire.

— Tu comprends pourquoi ces deux-là ont besoin de ma largesse d'esprit, fit à son tour Isis en adressant un sourire serein à Lynn.

— J'ai l'impression d'assister à un match de tennis, remarqua Lynn. Je vais essayer de vous aider. Isis, que penses-tu de tout ça ?

— Je ne suis pas la perverse que Renée imagine, répondit-elle. C'est vrai, j'ai eu des amourettes avec quelques femmes, mais bien moins que Renée avec les hommes. Ce que je peux apporter à ce consensus c'est ma capacité à vivre en paix sans dépendre de personne, comme Renée, et sans me battre avec tout le monde, comme Kendra.

Isis poursuivit sa diatribe à voix haute par politesse envers Lynn, mais elle s'adressait en fait à Kendra et à moi.

— Ne t'inquiète pas, Renée, quand nous serons à Harvard, je ne vais pas violer ta compagne de chambre. Je n'ai pas plus envie de coucher avec toutes les femmes que toi avec tous les hommes.

Si ça peut te rassurer, je te promets de me modérer. Je veux bien qu'on s'unisse, mais promets-moi de te modérer toi aussi.

— Pardon ? fis-je, peu habituée à ce que les autres personnalités s'adressent directement à moi. Ah, oui, bien sûr, je te le promets. Oh, Lynn, je viens juste de comprendre quelque chose ! m'écriai-je. Kendra n'aura pas besoin d'être aussi agressive pour nous protéger si je ne me mets pas dans des situations impossibles. Et si Isis nous rejoint, Kendra et moi, nous pourrons prendre du recul avec les gens. Nous nous rendrons peut-être compte que les relations humaines ne sont pas des questions de vie ou de mort.

— Exactement ! dirent en chœur Lynn et Kendra.

L'Alliance, la première fusion à l'intérieur de la Volée, fut scellée ce soir-là autour de tacos arrosés de bière. Je ne savais pas plus que Lynn comment cette union fonctionnerait, ni comment les trois personnalités s'entendraient.

Kendra, Isis et moi conservâmes prudemment le droit de nous retirer de l'association selon notre gré. Ce soir-là, je ne ressentis rien de particulier, mais aucune barrière ne nous empêchait plus de communiquer entre nous.

Le lendemain, le changement prit une tournure spectaculaire. Soudain, le monde se chargea de couleurs, de formes et de dessins que mon obsession névrotique de plaire ne m'avait pas permis d'apprécier.

— Ensemble, Isis-et-Renée voient davantage de choses que lorsque j'étais seule, rapportai-je à Lynn. Et ce n'est pas tout : je me sens davantage moi-même. Kendra m'a donné une enveloppe protectrice qui me permet de moins dépendre de l'opinion d'autrui, même de la tienne.

— Hé, hé ! sourit Lynn. La Volée mûrit.

***

Une semaine plus tard, nous étions allongés sur la moquette, dans le salon des Wilson, et nous discutions des agréables moments passés dans leur maison de campagne. Gordon et Lynn nous entouraient chaleureusement.

Après minuit, les Wilson me raccompagnèrent chez Steve. Le lendemain, nous devions entreprendre le long voyage en voiture jusqu'à Cambridge. J'embrassai très fort Lynn et Gordon, et la

Volée quitta les deux personnes qui venaient de nous permettre de revivre nos émotions infantiles et de nous en détacher. C'était la fin de l'été ; il était temps de nous préparer à affronter les exigences de l'Université.

***

Journal — 9 septembre 1983

L'été est enfin terminé. Je suis physiquement et émotionnellement épuisée, mais je crois que nous avons accompli ce que nous espérions : la Volée est partie pour Harvard armée de forces nouvelles. L'Alliance a permis d'unir les énergies de personnalités qui, autrefois, empiétaient les unes sur les autres ou se contrecarraient.

Je ne suis pas près d'oublier comment c'est arrivé. Je n'aurai certainement plus l'occasion de participer à une conversation à quatre comme l'autre soir au Manny's. Je n'en croyais pas mes oreilles, et que les consommateurs présents ne se soient pas aperçus du miracle qui se produisait sous leur nez m'étonnera toujours.

Cet été, tout ce temps passé avec la Volée m'a même fait oublier que plusieurs personnes se partageaient un même corps. Renée s'en est aperçue une fois, mais elle n'a pas remarqué les nombreuses occasions où je planifiais une activité à l'intention de la petite Missy ou de Jo l'anxieuse, sans me rendre compte que la Volée décidait de son propre emploi du temps et qu'en conséquence j'ignorais qui serait présent à telle ou telle heure. J'ai appris à travailler avec une personnalité que je n'attendais pas, et à garder à l'esprit (dans un souci thérapeutique) que certaines assistaient peut-être à l'entretien que j'avais avec une autre. Mais jamais, au grand jamais, je n'avais pensé pouvoir discuter avec plusieurs en même temps.

C'était stupéfiant. Je regrette de n'avoir pu filmer notre conversation : j'aurais montré le film à tous les cliniciens qui doutent encore de l'existence du syndrome de Personnalité Multiple. La voix, les attitudes, l'essence *même changeaient littéralement d'une seconde à l'autre, selon que Renée, Kendra ou Isis prenait la parole. J'ai rapidement compris que mon rôle devait se borner à celui de spectatrice ou de supporter. Pour ces trois-là, tout se jouait intérieurement.*

Elles ont comparé l'Alliance à des brins de chanvre qui s'entre-

mêlent pour former une corde solide. La métaphore est parlante, mais elle ne décrit pas les sensations que j'ai vécues en voyant la corde se créer. Je ressentais une exaltation que seule une mère donnant naissance à un enfant peut comprendre. « Oh, mon Dieu! me disais-je. Une personne naît sous mes yeux! » Quelle joie c'était! Et quel dommage que Gordon n'ait pas été là!

En poussant la comparaison plus avant, je dois avouer que j'ai également ressenti quelque tristesse postpartum. *En une nuit, Renée a radicalement changé. Le lendemain, elle marchait avec la grâce d'Isis et parlait avec l'assurance de Kendra. J'ai ressenti le même choc que lorsque mes propres filles sont devenues adultes.*

L'Alliance n'aurait jamais pu se faire sans notre maternage estival, et je crois profondément que nos week-ends à la campagne ont grandement amélioré ses chances de succès à Harvard. Même Missy et Rusty ont accepté l'idée de partir, rassurés par la certitude que Gordon et moi les aimions et que nous resterions en contact par lettres ou par téléphone. Josie ne comprend pas ce qui se passe, bien sûr, mais je pense qu'elle se tiendra tranquille et qu'elle ne sortira que pour les vacances, quand nous serons de nouveau réunis.

Jo, furieuse de ne pas avoir eu son mot à dire dans la décision, reste le seul obstacle. J'espère que l'atmosphère studieuse de l'université, dont elle a longtemps rêvé, l'aidera à accepter la séparation.

Gordon et moi, nous commençons lentement à jouir de notre liberté retrouvée. Ce n'est qu'aujourd'hui, après le départ de la Volée, que je m'aperçois à quel point l'été a été éprouvant. Je suis proprement lessivée. J'envisage l'entracte du trimestre avec un profond soulagement. Quelques coups de téléphone occasionnels avec la Volée ne m'empêcheront pas de recharger mes batteries et de faire des projets que nul ne pourra entraver. Je suis sûre qu'en décembre je serai de nouveau prête à leur donner de mon temps.

LIVRE QUATRIÈME

27

— J'ai l'impression de conduire ma fille à l'école, remarqua Steve avant notre départ pour Cambridge.

Nous avions loué un break pour qu'il puisse retourner à Chicago par avion, et la voiture était chargée jusqu'au toit de livres et de vêtements, ainsi que de ma machine à écrire et d'assez d'objets pour personnaliser ma chambre d'étudiante. Mes rapports avec Steve avait continué à se détériorer pendant l'été : il ne supportait pas ma dépendance vis-à-vis de Lynn et surtout vis-à-vis de son mari — Gordon et moi avions établi une véritable relation père / fille.

Nous ne parlâmes pas beaucoup durant le voyage et quand Steve brisa le silence, ce fut pour s'émerveiller à propos d'Harvard et raconter les brillantes études qu'il y avait faites.

— Tu ne cherches pas à me faciliter les choses, lui reprochai-je avec humeur.

Je ne voulais pas penser à sa déception au cas où je ne me plairais pas à Harvard autant que lui. Mais mon éclat ne réussit pas à me distraire bien longtemps. J'étais trop préoccupée à l'idée de me séparer de Lynn et de Gordon.

Intérieurement, le silence régnait tout comme dans la voiture. Aucune des personnalités ne se risquait au moindre commentaire et personne ne cherchait à m'évincer pour se glisser dehors. Nous étions tous inconsolables.

Je savais bien qu'il était ridicule d'en vouloir à Lynn du fait que j'étais une Multiple. Je l'étais bien avant de la rencontrer. Pourtant l'état de la Volée semblait avoir empiré, les personnalités tirant chacune de leur côté avec une vigueur accrue. Lynn avait comparé la thérapie à une balle de coton que je devais démêler; il fallait donc séparer les brins avant de pouvoir les réunir à nouveau en bon ordre. Oui, c'était sensé.

« Loin de Lynn et de Gordon, les autres émergeront peut-être moins souvent, songeai-je. J'aurai peut-être le temps pour moi seule. »

Cette pensée, qui autrefois m'aurait réjouie, m'effrayait à présent. Je n'avais encore jamais vécu seule. J'avais été à l'école à Charlottesville, que je connaissais aussi bien que Richmond, et je partageais un appartement avec mes cousines. Rassurée par l'ambiance familiale, je m'étais fait des amis. Depuis, j'avais vécu dans différentes villes, mais toujours avec mon mari. Après notre séparation, j'étais restée à Chicago, ville que je connaissais déjà, et je m'étais aussitôt installée avec Steve.

J'allais maintenant découvrir seule un endroit inconnu pour la première fois de ma vie. A supposer que je puisse cacher à ma colocataire ma qualité de Multiple, pourrait-elle me supporter une année entière?

Ma future compagne, Bethany, n'arriva que deux jours plus tard, deux jours durant lesquels mon angoisse monta. Je décidai, Alliance ou pas, de prendre les choses en main et d'empêcher les autres personnalités de paraître. J'espérais arriver à suivre les cours théoriques sans leur aide.

A la minute même où Bethany arriva, je perdis le contrôle. Joan Frances prit le relais et, soucieuse de faire bonne impression, se répandit en politesses d'une gaucherie lamentable. Elle insista pour aider Bethany à emménager. Tandis qu'elle se lançait dans une description élogieuse des avantages culturels de Boston, Bethany la considérait d'un air perplexe. « Tu es toujours comme ça? » semblait-elle vouloir lui demander, s'inquiétant visiblement pour l'année à venir.

Sans que j'aie pu la préparer, Bethany rencontra plusieurs personnalités. En fait, je craignais de lui parler de mon syndrome de Personnalité Multiple. Ignorante de mon état, elle n'en apprit pas moins à respecter mes « humeurs ». Quand Bethany rentrait dans notre logement, la timide Jo s'effarouchait et se terrait dans sa chambre; Joan Frances avait toujours besoin de vérifier si Bethany l'aimait. De mon côté, j'étais aimable avec elle tout en me gardant de trop attendre de cette amitié imposée.

— La Volée est toujours aussi présente, racontai-je à Lynn

lors d'une conversation téléphonique. J'ai essayé d'ignorer les autres, mais ça ne les a pas fait disparaître.

— Tu m'étonnes ! s'esclaffa Lynn.

Puis elle me fit quelques suggestions sur la façon d'aider le groupe à fonctionner. J'entrepris donc des marches loin du campus, pendant lesquelles je relâchais mon contrôle et laissais les personnalités profiter de la vie. Missy gambadait parmi les feuilles d'automne ; Rusty s'asseyait au bord de la rivière et contemplait les bateaux qui glissaient sur l'eau.

Ne pouvant ignorer la Volée, je décidai de me préparer à toute éventualité. Comment empêcher les gens de remarquer mes changements incessants ? Qu'arriverait-il si Josie apparaissait brusquement en pleine crise de terreur d'enfant psychotique ? Pas besoin d'être grand clerc pour deviner : on m'enverrait à l'asile.

A Chicago, Lynn me préservait d'une hospitalisation psychiatrique. Mais à présent elle était bien trop loin pour intervenir. A Boston, j'avais besoin d'un filet protecteur, d'une personne capable de m'aider en cas de crise et d'éviter l'asile à la Volée.

Lynn accepta de s'en charger et, avec l'assistance du Dr Wilbur, trouva le nom d'un psychiatre local qui avait déjà traité une Multiple. Je rencontrai donc le Dr Timothy Matthews, et appris avec joie qu'il était d'accord pour me recevoir en cas d'urgence.

Je lui parlai de la Volée et de la relation particulière que j'avais établie avec Lynn et Gordon.

— Je ne peux pas vous en promettre autant, me dit-il. Il faut que vous le sachiez.

J'étais soulagée qu'il n'essaye même pas.

— Oh, deux parents-thérapeutes me suffisent ! déclarai-je. J'ai simplement besoin de quelqu'un que je puisse appeler au cas où les choses tourneraient mal pendant que nous sommes à l'université.

Le Dr Matthews m'assura qu'il était conscient que le syndrome dont je souffrais comportait des risques d'autodestruction et que l'internement n'était pas la bonne solution. Il me confirma qu'il restait à la disposition de la Volée en cas d'urgence. Le Dr Matthews ne semblait pas inquiet. Il téléphona à Lynn pour obtenir des renseignements complémentaires et me donna son numéro de téléphone professionnel ainsi que celui de son domicile pour que je puisse le joindre à toute heure.

Je pouvais donc me concentrer sur les études. Comme les personnalités n'étaient pas disposées à disparaître, autant essayer de les utiliser. Jo, avec son immense savoir et une égale capacité d'amnésie, posait un lourd problème. Or, j'avais besoin de ses qualités intellectuelles. Je vérifiai mon emploi du temps et définis un plan. Jo suivrait les cours théoriques, pendant que l'Alliance (Kendra, Isis et moi) s'occuperait du reste.

Malheureusement, Jo n'apprécia pas le rôle qui lui était dévolu. Elle se retrouvait dans sa chambre avec des livres d'économie ouverts devant elle, ou s'éveillait en plein amphithéâtre, un stylo à la main. Jo détestait se sentir ainsi déboussolée, mais fit ce qu'on attendait d'elle, devinant qu'elle n'aurait plus du tout de temps à elle en cas de refus. « Je ne saurais même pas aller de cette chambre jusqu'à ce foutu amphi », remarqua-t-elle un jour, dépitée. Elle n'avait pas tort : c'était moi qui me chargeais des allées et venues. Le rôle de Jo consistait uniquement à emmagasiner un maximum de connaissances.

Après quelques semaines à Harvard, je me rendis à Richmond pour assister au mariage d'une amie. Joan Frances avait hâte d'entendre les félicitations de sa mère, fière d'avoir une enfant à Harvard, la première de la famille à faire des études universitaires. Joan Frances était sûre que, cette fois, elle mériterait enfin l'amour de sa mère.

Le week-end ne se passa pas comme prévu. Le petit ami de Nancy se sembla pas impressionné; elle non plus.

— Harvard n'est qu'un repaire de gosses de riches; avec de l'argent, tout le monde peut s'acheter son diplôme, déclara Nancy, en écho à son ami.

Joan Frances rentra à Harvard sans savoir que penser. Elle se sentait trahie.

Après ce bref séjour en Virginie, la Volée appela régulièrement Lynn. La réaction de Nancy avait réactivé d'anciennes peurs.

— Pourquoi tu n'écris pas? reprochai-je à Lynn. Pourquoi tu ne réponds pas à mes questions? Pourquoi tu ne nous aides plus?

Plus j'insistais, plus je sentais que Lynn reculait.

— Je t'aime, affirmait-elle, et nous formons toujours une famille, mais je ne veux pas faire de thérapie à distance. Si je m'y risquais et que j'échouais, ça nous ferait trop de mal à tous.

« Lynn a changé, me disais-je. Elle est contente d'être débarrassée de nous. Ce que nous avons vécu cet été appartient bel et bien au passé. »

— Ça ne peut pas durer, lui dis-je un jour. Il faut que je rentre un week-end, pour m'assurer que notre relation tient toujours.

— Tu seras toujours la bienvenue. Nous vous réserverons un peu de temps. Gordon et moi, mais nous avons d'autres projets. Renée, tu sais très bien que la Volée a été notre priorité cet été, mais ça doit changer, maintenant.

⁂

Journal — 10 octobre 1983

Les premières semaines de la Volée à Harvard semblèrent se dérouler assez bien. Comme je l'avais prévu, Renée avait dû s'accoutumer à la présence continuelle des autres personnalités, et elle avait été obligée de veiller à leur confort, de leur procurer des plages d'expression et d'utiliser leur compétence. Leurs lettres nous amusaient beaucoup, Gordon et moi. Quelques rares coups de fil leur permettaient de se faire rassurer, féliciter ou plaindre, suivant le besoin.

J'ai été contente d'apprendre que Renée avait décidé de s'assurer le concours d'un thérapeute de soutien, et encore plus de parler au téléphone avec le Dr Matthews. Il m'a semblé comprendre ce que Renée attendait de lui et désirait coopérer avec moi. Tout se passait donc le mieux possible et je commençais à envisager les périodes scolaires avec soulagement.

Le court séjour en Virginie a bouleversé l'équilibre naissant. Comme il fallait s'y attendre, Nancy n'a affiché ni joie ni fierté en apprenant les succès universitaires de sa fille. Ses critiques injustes se sont avérées tellement dévastatrices pour Joan Frances que la Volée tout entière s'est sentie menacée. De vieilles blessures se sont rouvertes et des sentiments de rejet m'ont été attribués par transfert. Tout cela a produit une dépendance accrue à laquelle je n'étais pas préparée.

Épuisée comme je l'étais, j'ai employé le peu d'énergie qui me restait à consolider mes défenses et, craignant d'être dévorée par une demande boulimique, j'ai répondu avec une tiédeur inhabituelle à l'appel de Renée. Quand elle m'a annoncé sa visite pour le week-end, j'ai réagi avec colère et lassitude. J'ai remis en cause tout ce que j'avais cru lui apporter cet été ; je voyais avec angoisse se profiler à l'horizon quatre jours de récriminations incessantes et de dissection de « notre relation ». Je craignais qu'en l'absence de réponse et de soutien de ma part, Renée ne retourne pas à Harvard, et je n'arrivais même pas à envisager ce que je pourrais faire avec la Volée dans ce cas.

Je m'étais inscrite à un cours de yoga qui commençait le jour de l'arrivée de Renée, et j'ai préféré y aller plutôt que de l'accueillir à l'aéroport. Contrairement à ce que j'avais fait cet été, et d'une certaine manière depuis près de trois ans, j'étais déterminée à ne pas organiser mon week-end autour de Renée. C'était à la fois un rapport de force et un test de maturité pour la Volée. Si, après tout ce temps, les personnalités refusaient de voir que je m'étais toujours occupée d'elles de mon mieux et que je continuerais le temps qu'il faudrait, eh bien, tant pis ! J'avais parié que l'été les aurait rassurées sur ce point et j'avais cru un moment que la thérapie des vacances avait été un franc succès. Si je m'étais trompée, il nous faudrait vivre, elles et moi, avec cet échec.

Je m'étais préparée à subir les reproches d'une Renée blessée, mais quand Steve déposa la Volée devant chez moi après mon cours de yoga, j'ai d'abord cru que c'était Joan Frances qui frappait poliment à la porte au lieu d'entrer comme d'habitude par-derrière sans formalité. Froide et guindée, Renée a refusé mon étreinte. Elle est ensuite entrée sans un sourire, s'est assise avec raideur et a échangé quelques politesses glaciales, puis elle a déclaré d'une voix pincée, comme si Jo lui avait donné des leçons :

— Au téléphone, tu m'as dit que je ne devais pas mélanger la famille, la thérapie, et les problèmes de la Volée. Eh bien, je n'arrive pas à faire la distinction entre les trois.

Elle m'a demandé des comptes sur chaque chose que j'avais affirmée, soulignant les inconsistances et les contradictions apparentes. Elle a innocemment plaidé l'incompréhension. Son injustice et son ingratitude ont commencé à m'énerver sérieusement et je me sentais de plus en plus inflexible.

Lorsque Steve est passé la prendre une heure plus tard, nous étions dans une impasse. J'ai répété à Renée qu'elle était la bienvenue, mais elle est restée distante. Après son départ, je me suis sentie coupable et mal à l'aise, mais je me suis persuadée que je n'avais fait que mon devoir. Ma réaction, indigne d'une thérapeute, ne m'avait pas du tout satisfaite, et je craignais d'avoir commis des erreurs. Pourtant, je n'avais pas le sentiment que la Volée avait autant besoin de moi qu'elle le pensait. Devant mon intransigeance, Renée ne s'était pas repliée dans le confort de l'inconscience ; il se passait quelque chose qui n'avait rien à voir, ou si peu, avec nous deux.

Le lendemain, Renée s'était adoucie ; elle était davantage portée sur la discussion que sur les reproches. Il m'était plus facile de lui répondre, de réagir positivement. Nous avons parlé des violents dégâts causés par le récent rejet de Nancy.

En fait, Renée posait ces questions sous-jacentes : Est-ce que tu m'aimes toujours ? Est-ce que toi aussi tu me rejettes ? Serai-je toujours la bienvenue ? Une fois ces questions réglées (pour l'instant), j'ai enfin pu envisager avec Renée les moyens de permettre à la Volée de survivre à Harvard.

A l'évidence, sans aller jusqu'à la thérapie, il lui fallait un soutien. Renée décida de prendre le risque de parler de sa Multiplicité à sa compagne ainsi qu'à quelques autres étudiantes triées sur le volet. Rassurée par notre amour et notre soutien sans faille, galvanisée par la découverte de leur force nouvelle — celle qui leur avait permis de supporter ma colère —, la Volée est retournée à Harvard.

*
**

Ne sachant comment expliquer à Bethany mon identité de Multiple, je comptais sur les circonstances. L'occasion se présenta quelques jours après mon retour de Chicago. Un après-midi, Bethany rentra en coup de vent dans notre appartement, marmonna un bonjour inaudible et s'enferma dans sa chambre en claquant la porte. J'attendis quelques minutes, puis frappai timidement.

— Entre, lança-t-elle distraitement.

— Désolée de te déranger, dis-je en ouvrant la porte, mais j'ai l'impression que tu m'en veux, et je ne sais pas pourquoi.

Bethany était allongée sur son lit ; elle releva la tête et me dévisagea avec surprise.

— Moi ? Mais pourquoi t'en voudrais-je ?

Je l'ignorais. Je ne pensais pas qu'une personnalité ait commis un impair, mais je ne pouvais en être sûre.

— Oh, je sais pas, mais tu tires une de ces têtes !

— Assieds-toi, me dit-elle en s'esclaffant. J'ai les nerfs, c'est vrai, mais tu n'y es pour rien. Je viens d'avoir un B alors que je méritais un A. Je suis de mauvaise humeur, voilà tout.

— De mauvaise humeur ? fis-je en considérant la chose. Je ne sais vraiment pas ce que ça veut dire.

— Sans blague ? D'où sors-tu ? D'une autre planète ?

— Non, dis-je vivement. Je suis une Multiple.

Nous discutâmes jusque tard dans la nuit, et Bethany prit la nouvelle avec le calme et la curiosité d'une jeune femme instruite qui avait beaucoup voyagé et en avait vu d'autres. De mon côté, décrire le syndrome me permit de mieux le comprendre.

Il ne fallut que quelques semaines à Bethany pour reconnaître Jo, Missy et Joan Frances, et nous appeler par nos prénoms respectifs. Cet aveu nous permit, à Bethany et à moi, de mieux nous entendre, mais nous continuâmes à vivre chacune de notre côté, amies certes, mais indépendantes.

En novembre, Bethany vint me trouver entre deux cours pour me demander :

— Dis donc, Renée, quelle note a obtenu Jo au contrôle de sciences po ?

Fière des résultat de Jo, je lui communiquai sa note, puis m'extasiai de l'attitude de Bethany.

— Tu m'épates ! m'exclamai-je. Comment fais-tu pour t'habituer aussi facilement aux multiples personnalités ?

— Oh, c'est simple, expliqua-t-elle avec un petit rire. Une fois, dans un village de Nouvelle-Guinée, j'ai partagé la même hutte avec douze autres personnes. Ton groupe est plus soudé et, au moins ici, le sol n'est pas en terre battue.

J'avouai aussi tout à Lillian, ma meilleure amie sur le campus. Elle avait trente-cinq ans et son mari travaillait en Californie. Ils attachaient suffisamment d'importance à la réussite de ses études pour supporter une longue séparation. Je passais la plupart des soirées chez elle ; nous nous partagions les courses et prenions nos repas en commun. Nous nous retrouvions souvent aux mêmes cours que nous révisions ensemble. Le soir où elle insista pour discuter de John Locke, je compris qu'il valait mieux tout lui avouer.

Ce n'était pas moi qui suivais ce cours, mais Jo. Lillian accepta mon syndrome avec autant de facilité que Bethany.

Cependant, après quelques soirées à réviser avec Jo, elle me confia qu'elle s'entendait mieux avec moi, bien que, disait-elle, Jo ait le chic pour piger les cours théoriques.

Ça ne me surprit pas. Pour sa part, Jo ne s'aperçut jamais du malaise de mon amie. Elle savait que Lillian admirait la prodigieuse mémoire qui lui permettait de citer des auteurs dans le texte, et elle-même aimait bien confronter ses idées avec celles de Lillian afin d'approfondir son jugement.

Ayant obtenu des A à chaque contrôle, je compris que la Volée s'en sortait plutôt bien. La compétition nous stimulait. Bethany me rapporta que les étudiantes du campus me jugeaient « coincée », mais très intelligente. Je mis mes succès scolaires sur le compte du travail énorme abattu par la Volée. Je craignais trop qu'on s'aperçoive des changements de personnalités pour oser participer à la vie sociale du campus.

— Mais c'est peut-être aussi parce que deux ou trois « têtes » valent mieux qu'une, avouai-je un jour à Bethany.

La différence de maintien et de comportement entre Jo et moi était trop subtile pour qu'on pût reconnaître le changement de l'une à l'autre. Seule Lillian, ma voisine de classe, pouvait dire à l'écriture si elle était assise à côté de son amie Renée, ou à côté de Jo la théoricienne.

Pour ne pas attirer l'attention, il fallait parfois réfréner l'enthousiasme de la Volée. L'Alliance était assez souple pour que Kendra, Isis et moi fonctionnions de manière autonome, mais co-consciemment. Kendra et moi adorions le cours de Droit. Ensemble, nous faisions des recherches sur les cas qui nous étaient soumis, passant des heures à la bibliothèque, afin de nous préparer aux questions quasi socratiques de notre professeur. Quand nous étions interrogées, c'était toujours moi qui répondais, mais je tendais une oreille interne pour profiter des suggestions et des commentaires de Kendra. Elle relevait souvent des détails qui m'avaient échappé à la lecture.

Quand le professeur faisait son cours, je prenais des notes de la main droite, le livre ouvert à la bonne page, à ma gauche. Kendra, qui utilisait indifféremment sa main droite ou sa gauche, annotait le livre pendant que j'écrivais dans mon classeur.

Un jour, je remarquai une étudiante qui poussait sa voisine du coude et montrait la Volée d'un mouvement du menton. « Sois prudente, conseillai-je aussitôt à Kendra. Tu ne peux pas utiliser ta main gauche pendant que j'écris de la droite. Ça fait bizarre. »

Je résolus finalement le problème en n'emportant qu'un stylo en cours. Kendra et moi fûmes obligées d'intervenir à tour de rôle. Un changement de stylo d'une main à l'autre semblait plus naturel que deux mains écrivant simultanément.

28

Plus confiante que jamais, la Volée rentra à Chicago pour Noël. Les professeurs citaient nos résultats en exemple ; les étudiants nous demandaient conseil. Les personnalités les plus fonctionnelles s'unissaient pour cocher les jours sur le calendrier afin que chacun, même le plus amnésique, sache au moins la date. On attribuait aux plus jeunes un espace physique et mental pour leurs jeux.

Lynn et Gordon partageaient notre joie et notre fierté, et nous attendaient avec impatience. Nous résidâmes chez Steve pendant les vacances, mais lui et moi fêtâmes Noël chez les Wilson.

Je craignais que Gordon et Lynn ne souhaitent pas *vraiment* nous recevoir, et que la présence de leurs enfants venus de Californie pour passer les fêtes en famille n'ajoutât à l'angoisse de la Volée. Ces scrupules trouvaient leur source dans les souvenirs pénibles des Noëls avec Nancy et Ray.

Mais les Wilson étaient différents. Ils ne se souciaient pas plus que d'habitude que la maison soit bien rangée, que le dîner soit servi à l'heure. Pour Nancy, en revanche, tout devait être tellement parfait pendant les fêtes que personne ne connaissait le moindre répit.

Lisa et Victor rendirent visite à leurs parents et traînèrent à la maison, mais ils avaient aussi leurs propres amis à voir et n'étaient donc pas toujours là. Ils se montrèrent amicaux et ne semblèrent pas reprocher à la Volée le temps qu'elle passait avec Gordon et Lynn. Pas de problème, nous faisions partie de la famille.

Cette certitude finit par atteindre les niveaux de conscience les plus profonds de la Volée. Les Wilson étaient nos parents pour toujours, et pas seulement le temps d'un été.

Le dernier soir avant le retour de la Volée à Cambridge, Rusty apparut, et s'installa sur le tapis, dans le salon des Wilson. Au lieu de demander comme d'habitude où était Gordon, il dévisagea Lynn d'un air songeur, fixa longtemps ses longs cheveux, puis tendit une main, comme pour les toucher.

— Quand j'étais un petit garçon, dit-il d'une voix hésitante, j'ai caressé les cheveux d'une dame... plusieurs fois.

— C'est juste, Rusty, acquiesça Lynn.

Elle rassembla ses cheveux sur un même côté pour qu'ils soient à la fois visibles et à portée de main. Rusty n'esquissa pas un geste; il se repaissait de son souvenir.

— Grand garçon, maintenant, dit-il d'une voix rêveuse.

Et ce fut le plus naturellement du monde que Rusty absorba Petit Joe. Pour la première fois, il retrouvait des souvenirs antérieurs à la scène de la forêt, souvenirs encore confus car Petit Joe avait d'abord reçu l'affection de Nancy avant celle de Lynn. Mais Rusty se moquait de quelle mère il se souvenait le mieux à travers la mémoire de Petit Joe. Seul comptait ce sentiment nouveau : un amour mêlé de tendresse pour cette femme... pour les femmes en général.

En plus d'un nouveau père, Rusty venait de se découvrir une nouvelle mère, qu'il appela aussitôt maman Lynn.

Lynn, Gordon et moi eûmes à peine le temps de nous émerveiller de la fusion de Rusty avec Petit Joe que Jo me repoussait avec une force inhabituelle.

Elle contempla la pièce, puis adressa un sourire détendu à Gordon et Lynn. Aucun signe de confusion ne troublait son visage paisible.

— Je viens de penser à quelque chose : à ma naissance, j'étais tout à fait normale, déclara-t-elle. Je n'étais ni foncièrement mauvaise, ni difforme, ni quoi que ce soit.

— Bravo, Jo! s'exclama Lynn.

— Ce sont les autres — mon père, ma mère — qui m'ont fait ressentir que je n'étais pas comme il fallait. Au début de la thérapie, je m'efforçais tellement de comprendre ce que je devais faire que je m'y perdais. Ça n'arrivera plus. Je suis normale; je suis bien comme je suis.

Jo laissa Lynn l'embrasser mais s'étonna des larmes qui mouillaient les joues de sa thérapeute.

— Pourquoi pleurer ? C'est pourtant ce que tu m'as toujours dit, non ?

Jo venait d'acquérir une compréhension qui lui permit de vivre en paix avec elle-même. Ceux qui assistèrent à cette transformation — Lynn, Gordon et moi — s'aperçurent qu'une autre fusion venait d'avoir lieu, une fusion encore plus significative que celle de Rusty avec Petit Joe.

Jo était devenue l'« Enfant Sain » ainsi que nous l'appelâmes, une enfant foncièrement bonne, telle qu'elle l'avait été avant la scission primitive. Jo avait absorbé Jo II, la seule personnalité de la Volée créée en réaction à la thérapie. Processus défensif, Jo II ne devait jamais reparaître.

⁂

Journal — 2 janvier 1984

Noël avec Steve et la Volée a été un immense succès. La confiance qui s'était instaurée en octobre a été fortifiée par la chaleur des rapports que la Volée a pu constater entre Gordon et moi, nos enfants et petits-enfants. Les personnalités se sont rendu compte que ces sentiments affectueux existaient depuis la naissance de nos enfants, qu'ils s'étaient développés à mesure que ces derniers grandissaient, et elles ont pu remarquer que c'étaient ces mêmes sentiments que nous éprouvions pour elles. La continuité et la stabilité de cet amour a rassuré la Volée, et nous pouvons observer des rapprochements et des fusions entre certaines personnalités, signes précurseurs de l'intégration finale. C'est le fruit du travail thérapeutique.

Robin et Reagan ont été les premiers à fusionner. Leur unique fonction était de préserver l'information, et ils ont été absorbés dès qu'ils m'ont délivré leur message. Ils ont laissé en héritage aux autres personnalités la capacité de partager leur savoir.

Renée, Isis et Kendra se sont unies dans un but précis : le succès de leurs études à Harvard. Parfois, elles semblent ne partager qu'une sorte de cohabitation, mais elles peuvent aussi bien fondre leurs qualités en une seule et même personnalité.

Ces nouvelles fusions sont différentes. En étant témoins de l'affection qui nous unit à nos enfants, Jo et Rusty ont pu accepter leurs propres qualités essentielles, personnifiées par Petit Joe et l'Enfant Sain. En absorbant la mémoire de ces très jeunes personnalités, ils ont recréé leur propre continuité au sein de notre amour. Cette fusion a permis à Jo de saisir la chance de devenir adulte qu'offre la thérapie, et que Jo II avait entrevue.

Mon inquiétude réside maintenant dans la modification des relations de la Volée avec Nancy que risquent de provoquer ces changements profonds. Renée montre des signes d'intolérance grandissante et semble de moins en moins capable de supporter Nancy. Jo ne semble pas elle non plus prête à pardonner. Je crains que le fardeau ne retombe sur les frêles épaules de la vulnérable Joan Frances. La question trouvera sans doute une réponse vers la fin du mois, quand elles se rendront en Virginie.

⁂

La Volée retourna à Cambridge pour la semaine des examens de fin de trimestre. L'anxiété qui en résulta se concentra sur le point le plus sensible de la Volée : l'estomac. Nous passâmes nos examens avec brio et ne ressentîmes aucune angoisse, mais nous souffrions toutes de maux d'estomac.

Parfois, lorsque j'avais mal à la tête, une autre personnalité pouvait prendre le relais sans ressentir la même douleur. Je vérifiai si notre problème était ou non d'origine somatique en m'assurant que toutes les personnalités souffraient du même mal lorsqu'elles prenaient le contrôle. C'était le cas. Je me demandai si nous n'avions pas développé un ulcère et pris rendez-vous au dispensaire de l'université.

— La gastroscopie n'a rien révélé, me déclara le médecin.
« Et après ? me dis-je. Peu importent ce que disent les tests, je souffre et je ne peux rien avaler. »

— Bon, soupirai-je, je vous remercie.

Je m'apprêtais à partir quand le médecin me rappela.

— Asseyez-vous, Joan, m'ordonna-t-il, et ce fut Joan Frances qui obéit précipitamment.

— Je sais que je n'ai rien, déclara-t-elle. D'ailleurs, je ne souffre jamais vraiment.

Les propres mots de sa mère — « Tu fais perdre son temps au docteur » — résonnèrent à ses oreilles.

— Vous avez l'air anxieuse, angoissée, remarqua le médecin. Ça vous ferait peut-être du bien de parler à un psychiatre.

Voyant que Joan Frances se raidissait, il ajouta vivement :

— Ne vous inquiétez pas. Ça ne se saura pas à Harvard. Le médecin que j'allais vous recommander assure quelques vacations dans notre service et il est remboursé par la mutuelle des étudiants, mais il travaille dans un cabinet médical indépendant du campus.

Un psychiatre ! Ah, non ! Joan Frances ne pouvait s'y résoudre. Lynn était déjà une sorte de psychiatre et elle avait essayé de la dresser contre sa mère. Lynn avait même prétendu qu'elle était une Multiple ! Joan Frances savait bien que c'était faux; Nancy avait dit que c'était ridicule. Un psychiatre essaierait sûrement de la dresser contre sa mère... ou de l'interner. Il fallait absolument qu'elle se sorte de là.

— Je ne peux pas voir de psychiatre, expliqua-t-elle calmement. Ma mère se fâcherait.

— Votre mère ? s'étonna le médecin en feuilletant le dossier. Mais vous êtes majeure, qu'est-ce que votre mère vient faire là-dedans ? Vous n'aurez qu'à ne pas lui en parler !

Qu'on puisse lui suggérer de cacher quoi que ce soit à sa mère fit bondir Joan Frances.

— Vous ne comprenez rien, lâcha-t-elle en se dirigeant vers la porte.

— Prenez toujours cette adresse, insista le médecin en lui glissant un morceau de papier avec les coordonnées du psychiatre.

Joan Frances retourna au campus et rangea le papier dans un tiroir. Pourquoi aurait-elle besoin d'un psychiatre ? Elle rentrait chez elle dans quelques jours. Sa mère prendrait soin de tout.

*
**

— Tu as une mine épouvantable ! s'exclama Nancy après avoir ramené sa fille de l'aéroport. Tu as besoin d'aller chez le coiffeur, tu es toute maigrichonne et tu as les traits tirés. Regarde-moi cette robe, on dirait un sac de pommes de terre !

Joan Frances s'était levée une heure plus tôt pour avoir le temps de se faire belle et de plaire à maman. Encore une fois, elle avait échoué.

— Je... j'ai eu des maux d'estomac, confessa Joan Frances.

— Encore ton anxiété ? Qu'est-ce que tu as encore besoin d'être anxieuse ?

Joan Frances essaya une autre approche.

— Tu ne devineras jamais, maman. J'ai eu des A dans toutes les matières.

— C'est malin ! Tu te tues au travail, et tu ne prends même pas soin de toi ! Il faut absolument que tu manges quelque chose.

— Oui, maman, acquiesça humblement Joan Frances.

Joan Frances avait beau courber docilement l'échine, j'étais folle de rage.

— Hé, minute ! lançai-je en prenant la place. Si je dois manger, il faut que ce soit quelque chose que je supporte.

Nancy fit machine arrière et monta inspecter sa collection d'échantillons pharmaceutiques.

— Je vais voir si j'ai un truc pour ton estomac, expliqua-t-elle.

Comme Joan Frances l'avait prédit, Nancy possédait effectivement un remède aux crampes d'estomac. En fait, elle en avait une telle réserve que la Volée avait de quoi se soigner pendant des années.

Quelques jours plus tard, j'empruntai la voiture de Nancy pour rendre visite à tante Christine, la sœur de Ray et l'une de mes tantes préférées. En automne, Christine m'avait déclaré à quel point elle était fière de moi, ajoutant qu'elle s'était fait beaucoup de soucis quand j'étais petite. Sa réflexion m'avait intriguée : un membre de la famille aurait donc remarqué que quelque chose n'allait pas à l'époque où la Volée était une enfant ? Il fallait que je l'interroge.

Ne voulant pas l'inquiéter, je dis à Christine que j'*avais été* une Multiple. Ça m'ennuyait de lui mentir, mais je préférais que la discussion ne se borne pas à des questions sur le syndrome. « De plus, me disais-je pour rationaliser, si je deviens un jour une ex-Multiple, il faudra que je parle de mon enfance comme si je l'avais vraiment vécue. »

J'expliquai à Christine que je voulais m'assurer de l'authenticité des souvenirs évoqués pendant la thérapie.

— Crois-tu vraiment que j'ai été maltraitée, tante Christine ?

Elle prit le temps de la réflexion, comme si ma question clarifiait enfin une réalité trop atroce pour qu'elle ait pu y croire tout à fait vingt ans plus tôt.

— Oui, je crois que tes parents te battaient, finit-elle par dire d'une voix empreinte de tristesse, les yeux pleins de larmes. Tu étais trop calme, apathique même, et tu avais des mines de chien battu. Ils t'ont gâché ta jeunesse. Ils t'humiliaient parce que tu n'étais qu'une enfant.

— Mes parents voulaient un garçon, n'est-ce pas ?

— C'est ton père qui voulait un fils. Je n'ai jamais compris pourquoi ils n'en avaient pas adopté un. Je regrette vraiment de ne pas t'avoir plus aidée. Mais, tu sais ce que c'est, j'avais mes enfants à élever. Est-ce que je peux faire quelque chose pour toi ?

— Tu en as déjà fait plus que tu ne le crois, dis-je. Quand j'étais petite, j'ai trouvé chez toi un refuge, et maintenant tu m'aides à croire à mes souvenirs.

— Parle-moi de cette histoire de Multiple, me pressa Christine.

— Eh bien, ça commence toujours par un traumatisme dans l'enfance.

Mes expériences avec Bethany et Lillian m'avaient permis de mettre au point un mini-cours sur les causes du syndrome de Personnalité Mutliple.

— Les Multiples ont tous été victimes de sévices physiques, sexuels, ou moraux. Tous ceux qui ont été victimes de tels traitements ne deviennent pas forcément des Multiples, mais tous les Multiples ont été maltraités ou ont subi un grave traumatisme. J'ai lu des articles disant que la plupart des Multiples proviennent de foyers où il n'y a pas un parent pour rattraper l'autre : il est impossible pour l'enfant d'avoir des relations non conflictuelles avec l'un ou l'autre. Ces enfants développent alors des capacités d'auto-hypnose. Quand les choses tournent mal, ils se retranchent psychiquement de la réalité.

Le visage de tante Christine reflétait la douleur et l'incrédulité.

— Je ne comprends pas, avoua-t-elle. Qui t'a infligé des sévices sexuels ?

Je regrettai mes explications. Après bien des hésitations, j'optai pour la franchise. Mais ça n'allait pas être facile de raconter ce qui s'était passé comme si cela m'était arrivé personnellement.

— Tante Christine, commençai-je en fuyant son regard, mon père faisait déjà des cochonneries quand j'étais toute petite et il m'a violée quand j'avais douze ans.

Christine se mit à sangloter doucement.

— Oh, mon Dieu, je suis navrée! m'excusai-je, en l'enlaçant pour la consoler. Je veux que tu saches que j'aimais beaucoup mon père, et que je l'aime toujours. C'était un malade, mais il m'a donné tant de choses dont je lui suis reconnaissante.

Je me rendis soudain compte que je répétais presque mot pour mot ce que Gordon avait dit à Rusty pour le rassurer.

— C'est toi qui ne comprends rien! s'écria Christine en m'écartant.

C'est alors que je compris. Christine pleurait sur son sort, pas sur le mien. J'attendis, anxieuse de savoir, mais terrifiée par l'aveu que je soupçonnais.

— Mon père m'a violée, moi aussi, déclara-t-elle entre deux sanglots. Et en trente-huit ans, je ne l'ai jamais avoué à personne.

— Oh, tante Christine! Quel terrible secret à garder si longtemps!

— Moi aussi, j'avais douze ans, reprit-elle. Ma mère et mes sœurs étaient sorties, et il y a eu un orage épouvantable. J'avais tellement peur, toute seule dans ma chambre, que je me suis réfugiée dans celle de mon père. Il m'a dit de venir dans son lit, et j'étais à moitié endormie quand il a introduit ses doigts en moi. Je me suis laissé faire sans bouger, et j'ai attendu qu'il se mette à ronfler pour retourner dans ma chambre, terrifiée, mais sachant déjà que je ne le répéterais à personne.

Je me rappelai avoir lu que les abus sexuels se perpétuaient d'une génération à l'autre, mais je n'y avais pas prêté attention à l'époque. Nancy prétendait que son beau-père avait abusé d'elle, et maintenant je me posais aussi des questions sur l'enfance de Ray.

— Et tes frères et sœurs? demandai-je. Ton père s'est-il conduit de la même manière avec eux?

— Je n'en sais rien. Je n'ai jamais parlé de ça à personne. J'avais peur qu'on ne veuille pas me croire.

— Je comprends, fis-je, berçant l'enfant bafouée qui se cachait tout au fond d'elle.

« Encore deux jours chez Nancy, me dis-je en quittant Christine. Comment les supporter? » J'étais furieuse après Nancy et fermement décidée à avoir une explication avec elle.

« Comment as-tu pu laisser Ray s'en tirer comme ça? voulais-je lui demander. Comment as-tu pu ignorer ce qui se passait ? » Mais je craignais que Nancy nie tout en bloc et gardai donc le silence, cédant mon temps aux personnalités qui supportaient la présence de Nancy.

Malheureusement, Joan Frances était la seule. Elle avait refusé d'écouter ma conversation avec tante Christine, mais savait confusément qu'elle avait fait quelque chose de mal, quelque chose susceptible de la priver de l'amour de sa mère. Elle s'attendait avec angoisse à ce que sa mère découvre son péché mais n'eut droit qu'à la sempiternelle litanie : « Tu ferais mieux de commencer à t'occuper de toi. »

29

Écrasée par le poids de sa culpabilité, Joan Frances rentra à Cambridge avec des idées de suicide. Elle défit ses valises et contempla les flacons de comprimés que sa mère lui avait donnés pour ses maux d'estomac.

« Il y en a bien cent cinquante, songea-t-elle. Si je les prends tous, je mourrai, à coup sûr. Ma mère ne peut pas m'aimer ; je ne serai jamais à la hauteur. »

Elle retrouva alors le morceau de papier donné par le médecin avec les coordonnées du Dr Barry Tate. Joan Frances trouvait futile de consulter un psychiatre, mais elle réfléchit au sens profond de la mort. « Je veux bien faire une dernière tentative, se dit-elle. Je vais prendre rendez-vous avec ce psychiatre, et je jouerai le jeu. Je n'essaierai pas de mentir et de prétendre être une Multiple. Je lui dirai que je veux mourir parce que je ne peux pas être celle dont rêve ma mère. Peut-être m'aidera-t-il à le devenir. »

Elle appela donc le Dr Tate et obtint un rendez-vous.

Je prévins aussitôt Lynn.

— Ça ne me plaît pas trop, lui dis-je, mais c'est toujours mieux qu'une overdose. Elle est très dépressive. Elle m'inquiète.

— Tu devrais emmener la Volée voir le Dr Matthews. Il a dit de l'appeler en cas d'urgence.

— Non, ça ne marcherait pas. Joan Frances ne lui fait pas confiance parce qu'il sait que nous sommes une Multiple. Joan Frances croit que, si elle nous renie, elle obtiendra l'amour de sa mère. Si je l'emmène chez le Dr Matthews, elle se sentira piégée, et elle ne comprendra même pas comment elle se retrouve chez lui.

Je soulignai qu'en dépit de sa dépression, Joan Frances se battait pour trouver une issue.

— C'est peut-être une chance pour elle, poursuivis-je. C'est la première fois que Joan Frances, en tant que personnalité distincte, décide de chercher une aide. C'est son incapacité à plaire à Nancy qui la met dans cet état. Elle est peut-être prête à entendre que sa survie ne dépend pas du jugement de sa mère. Qu'elle ait décidé de consulter un psychiatre me laisse penser qu'elle est mûre pour cela.

— Alors que va-t-il se passer? Les autres resteront-ils à l'écart pendant la consultation? As-tu l'intention de cacher au Dr Tate que tu es une Multiple?

— Non, dis-je après réflexion. Ça ne marcherait pas. Joan Frances n'a jamais réussi à se maintenir longtemps à la surface, sauf quand sa mère est là. Je crois plutôt que les questions du Dr Tate la mettront mal à l'aise et qu'elle passera le relais à une autre personnalité... Mais, j'y pense ! m'exclamai-je soudain. Tu pourrais peut-être téléphoner au Dr Tate et lui expliquer la situation ? Tu en profiteras pour le tester par la même occasion. Si tu penses qu'il n'est pas compétent, j'annulerai le rendez-vous.

Visiblement, Lynn hésitait.

— J'ai peur que le Dr Tate considère mon appel comme une intervention abusive.

— S'il se vexe, conclus-je, le problème est réglé. Ce n'est pas lui que Joan Frances doit voir.

*
**

Journal — 24 janvier 1984

Il m'a été très délicat de contacter le Dr Tate. J'ignorais tout de lui et je craignais qu'il ne s'imagine que je lui dictais sa conduite, d'autant que je ne suis pas médecin. Je lui ai donc expliqué que je me permettais de l'appeler sachant que les cas de Multiples sont rares et ignorant s'il en avait déjà traité. Connaissant bien la Volée, je pensais pouvoir lui être utile.

Le Dr Tate s'est montré chaleureux et prêt à collaborer. Encouragée, je lui ai décrit le récent traumatisme que Joan Frances venait de vivre avec sa mère, et lui ai précisé que, si la Volée n'était pas suicidaire en tant qu'entité, Joan Frances était, elle, très dépressive. Je lui ai assuré que le reste de la Volée lutterait contre le passage à l'acte, mais que Joan Frances avait besoin d'être secourue.

Je lui ai suggéré de se faire aider par Jo et Renée — Jo, parce qu'elle avait tout lu sur les Multiples, et Renée, parce qu'elle possédait une vision assez complète du groupe. J'ai bien insisté sur le fait que le groupe désirait sincèrement aider Joan Frances à traverser cette crise et qu'il pouvait compter sur sa collaboration.

***

Le Dr Tate ne pouvait pas recevoir Joan Frances avant cinq jours et je fis tout mon possible pour lui rendre l'attente confortable. Mais la crise menaçait.

— Renée, me dit un soir Bethany, il faut que je te dise : Joan Frances me rend marteau. Je ne sais pas ce qu'elle a. Elle est sans arrêt sur mon dos.

— Oh, je suis désolée, dis-je. Joan Frances n'est drôle pour personne en ce moment. Ne t'inquiète pas, je m'arrangerai pour que tu ne la rencontres pas.

Je n'avais pas envie en plus de m'aliéner celle qui partageait notre appartement.

Jo apprit le rendez-vous de Joan Frances en consultant l'agenda du groupe. Elle commença par objecter que le cabinet d'un psychiatre était bien le dernier endroit où elle avait envie d'émerger. Puis elle téléphona à Lynn et nota ensuite dans son journal les différences entre la conscience qu'elle avait à présent de sa propre valeur et la perception négative que Joan Frances avait d'elle-même.

« J'ai repensé à mes anciennes tendances suicidaires. La première fois, j'avais dix ans. J'étais assise sur le rebord de la fenêtre de ma chambre et je me demandais si ça faisait mal en arrivant en bas. Depuis que je me sens bien dans ma peau, je sais que je n'aurais plus d'envie de ce genre, mais je crois savoir comment les suicides se produisent.

» Chaque fois que j'étais d'humeur suicidaire, j'apprivoisais un peu plus l'idée de la mort. Or la difficulté principale réside dans la décision elle-même. Une fois le combat intérieur terminé, une fois la décision prise, le passage à l'acte arrive comme un soulagement.

» Beaucoup de gens se méprennent sur la notion de suicide. Ils s'imaginent que plus la personne menace de se suicider, moins elle a réellement l'intention de le faire. C'est tout le contraire.

» Si la décision de mourir est difficile à prendre, elle devient de plus en plus douce avec le temps. La première fois, c'est un combat d'une douloureuse âpreté, un peu moins la fois suivante, encore moins la troisième. Puis vient le moment où l'idée que la mort est une délivrance s'impose en même temps que la méthode à suivre. Absorber des médicaments, prendre une lame de rasoir, ouvrir la fenêtre, devient alors presque un réflexe.

» La majorité des suicides surviennent sans doute après des années d'entraînement, de sorte que la pensée et le passage à l'acte sont devenus indissolubles. J'imagine que l'acte final s'impose de lui-même, sans peur ou presque.

» Je suis reconnaissante à Lynn d'avoir toujours pris mes tendances suicidaires au sérieux. Je me demande combien de suicides réussissent du seul fait que la personne qu'on appelle au secours croit qu'on crie « au loup », alors que chaque crise rapproche en fait la victime de l'acte final. »

***

L'idée d'avouer à un médecin aussi proche de l'université que j'étais une Multiple me mettait mal à l'aise, mais le coup de téléphone que Lynn avait échangé avec le Dr Tate m'avait ragaillardie.

Les personnalités s'entendirent pour laisser autant que possible ce rendez-vous à Joan Frances. C'était elle qui souffrait.

Joan Frances passa donc les quarante-cinq premières minutes de l'entretien à expliquer au Dr Tate la chance qu'elle avait d'avoir une mère aussi merveilleuse, et qui méritait bien, en retour, qu'elle fasse tout pour lui être agréable. Elle ajouta qu'elle avait voulu consulter un psychiatre parce qu'elle se sentait affreusement déprimée et qu'elle désespérait d'être un jour la fille dont Nancy rêvait.

Lorsque le Dr Tate lui fit part du coup de téléphone de Lynn Wilson, Joan Frances se rebiffa.

— Lynn n'a rien compris ! s'exclama-t-elle. Je ne suis pas une Multiple. C'est aussi l'avis de ma mère, et elle est bien placée pour le savoir, tout de même !

Joan Frances conclut que, si elle n'était pas capable de devenir la fille qui ferait honneur à sa mère, il valait mieux en finir.

Je pris alors vivement le contrôle, me présentai au Dr Tate et lui expliquai que j'étais à sa disposition pour toute aide qu'il jugerait nécessaire.

— Joan Frances a vraiment besoin de parler à quelqu'un, dis-je. Elle s'imagine que, si elle n'arrive pas à satisfaire sa mère, sa vie n'a plus de sens. A l'intérieur, tout le monde, y compris Joan Frances elle-même, espère que parler avec vous la rendra moins dépendante de l'approbation maternelle.

Le Dr Tate ne fit aucun commentaire sur mon analyse. Il désirait me revoir et me donna rendez-vous pour dans quinze jours.

*
**

La Volée supporta mal l'attente entre les deux rendez-vous. La dépression de Joan Frances démoralisait tout le monde et j'étais perpétuellement sur mes gardes. Il fallait à tout prix empêcher Joan Frances de commettre l'irréparable.

A la deuxième consultation, je gardai le contrôle le temps de délivrer au Dr Tate les informations qui lui permettraient de venir en aide à Joan Frances.

— Joan Frances a surtout besoin de se confier à quelqu'un, commençai-je, prête à répondre aux questions sur le passé de la Volée.

Quand, après un bref historique et une explication de l'étiologie du syndrome de Personnalité Multiple, le Dr Tate mit l'accent sur mes difficultés relationnelles avec Keith, puis avec Steve, je sentis que je perdais mon temps. L'urgence, pour l'instant, c'était la dépression de Joan Frances, pas mes relations avec les hommes. Je me glissai donc en dedans et poussai Joan Frances à la surface.

— En quoi puis-je vous aider? demandait le Dr Tate au moment où Joan Frances prit conscience du lieu où elle se trouvait.

Bien que s'interrogeant sur la façon dont elle s'était retrouvée dans le cabinet du Dr Tate, Joan Frances réussit à articuler :

— Je veux devenir meilleure ; il faut que je cesse de me convaincre que la mort est la seule solution. Je...

— Pouvez-vous me remettre en contact avec Renée ? la coupa le Dr Tate.

Joan Frances le regarda sans comprendre.

— Je ne suis pas une Multiple, affirma-t-elle.

— Peu importe, insista le Dr Tate. Mettez-moi en contact avec Renée.

— Vous ne pouvez donc pas m'aider ? s'exclama Joan Frances en fondant en larmes.

Comment faisait-elle pour que tout le monde la prenne pour une Multiple ? Pourquoi ce médecin refusait-il de l'aider ? Pourquoi ne comprenait-il pas à quel point elle souffrait ?

Le Dr Tate se retrouva alors nez à nez avec une personnalité qu'il n'avait pas encore rencontrée.

Jo prit lentement connaissance de son environnement, devina aussitôt où elle était, et adressa un timide sourire au psychiatre.

— Lynn m'a dit que je ne devais rien vous cacher. Vous êtes le Dr Tate, n'est-ce pas ?

— Oui, et vous-même ?

Jo se présenta.

— Pouvez-vous me mettre en contact avec Renée ? répéta le Dr Tate.

— Non, ça m'est impossible, affirma Jo. Je suis amnésique et je suis incapable de contrôler qui émerge. Cela dit, je possède un savoir théorique considérable sur le syndrome de Personnalité Multiple.

Jo précisa combien elle était soulagée que Joan Frances ait accepté de se confier à quelqu'un.

— C'est l'heure, annonça le Dr Tate.

— Dois-je revenir vous voir ? demanda Jo.

— Absolument. Est-ce que le 1er mars vous conviendrait ?

Jo hésita. Elle ne connaissait son emploi du temps qu'en vérifiant ce que les autres personnalités avaient noté sur l'agenda du groupe. Je pris donc le relais et acceptai la date du rendez-vous.

— Avez-vous remarqué combien le fait de parler de votre relation avec les hommes vous a troublée ?

— Euh, oui... c'est possible, admis-je poliment.

— Et c'est pour cela que vous avez perdu le contrôle ! triompha-t-il.

— Que me recommandez-vous pour soulager la dépression de Joan Frances ?

— Nous verrons cela la prochaine fois.

Je quittai son cabinet très inquiète. Le psychiatre ne semblait pas comprendre que Joan Frances était au plus mal et que son état continuait de s'aggraver. Le 1er mars tombait dans quinze jours et je luttais pied à pied pour empêcher Joan Frances de passer à l'acte.

*
**

Deux jours plus tard, j'appelai le Dr Tate.

— Joan Frances m'inquiète beaucoup, expliquai-je. Elle ne pourra jamais attendre quinze jours.

— Que voulez-vous que je fasse ? me demanda le Dr Tate. Comme si ça n'allait pas de soi !

— Il faut que vous la voyiez avant le 1er mars, déclarai-je.

Le psychiatre prétendit que ça lui était impossible, qu'il était surchargé.

— Je sais que vous êtes très pris, et je suis ouverte à toute suggestion, assurai-je. Il faut absolument que je trouve un moyen d'aider Joan Frances, mais je ne peux pas la surveiller vingt-quatre heures sur vingt-quatre et m'occuper de faire fonctionner l'ensemble. J'ai l'impression que vous mésestimez la gravité de son état. Et quand je vous en parle, vous ne m'écoutez pas.

Le Dr Tate répliqua que les évaluations émanant de Multiples étaient sujettes à caution.

Bon, je pouvais comprendre à la rigueur, mais... Soudain, je m'aperçus qu'il n'y avait plus rien à ajouter. Il me faudrait trouver une solution toute seule.

Le soir même, j'ôtai une lame de rasoir des mains de Joan Frances et décidai de ne pas dormir pour maintenir une surveillance permanente. Le lendemain, samedi, je travaillai à la bibliothèque jusqu'à la fermeture... Il fallait tout faire pour éviter l'appartement, où Joan Frances risquait d'émerger.

Le dimanche soir, Joan Frances profita de mon état d'épuisement pour dénicher une autre lame de rasoir. Elle se coupa les veines et contempla le sang qui coulait le long de son bras.

— Je suis nulle. Je suis une ratée, une incapable. Ma mère ne m'aimera jamais. (Et elle se taillada encore le poignet.) Même le Dr Tate se moque bien de ce que je ressens. Tout ce qu'il veut, c'est que je sois une Multiple. (Cette fois, elle s'infligea une entaille profonde.) Pourquoi est-ce que personne ne s'intéresse à moi ? se lamenta-t-elle, larmes et sang jaillissant en même temps. Je n'en vaux pas la peine, c'est clair.

J'écartai brutalement Joan Frances, nettoyai le sang et m'efforçai de maîtriser le tremblement de mes mains. Je me sentais affreusement seule. Inutile d'appeler Lynn. Comment aurait-elle pu intervenir à distance ? Et Joan Frances refuserait de lui parler, de toute façon. Pourtant, je savais qu'elle avait besoin de parler à quelqu'un.

J'appelai le dispensaire de l'université et expliquai à l'infirmière de garde qu'une de mes amies était suicidaire. Existait-il un numéro vert qu'elle pourrait appeler ?

— Dites à votre amie de venir ici. Elle pourra parler à une infirmière, à un médecin ou téléphoner au psychiatre de garde. Elle trouvera toujours une personne compétente pour l'aider.

Je la remerciai et m'efforçai de conserver le contrôle en révisant mes cours. Pourtant, à onze heures du soir, je surpris encore Joan Frances en train de se taillader les veines. Il fallait absolument que je sorte.

Je marchai dans la nuit en cherchant une solution. Je ne voulais pas mourir ; Jo non plus ; même Joan Frances n'en avait pas vraiment l'intention. Mais son état dépressif touchait le système tout entier.

Aucune personnalité ne pouvait joindre Joan Frances pour l'assurer de notre sympathie. Il ne nous restait plus qu'à la surveiller.

« C'est absurde », songeai-je. Tout me paraissait pourtant simple : Joan Frances allait mal parce qu'elle ne réussissait pas à faire plaisir à sa mère, et elle voulait en parler avec quelqu'un. Que nous soyons une Multiple n'avait rien à voir avec la crise qu'elle traversait.

Je sentais Joan Frances s'agiter. Les coupures au poignet étaient bénignes, et ressemblaient plus à une punition qu'à une véritable tentative de suicide. J'avais le sentiment qu'elle appelait de toutes ses forces pour que quelqu'un se penche simplement sur son cas et reconnaisse ses souffrances. « Je fais de mon mieux, trésor, je t'assure », murmurai-je.

Dès que je m'aperçus de l'avidité avec laquelle Joan Frances regardait passer les voitures, je l'éloignai précipitamment de la chaussée et la dirigeai vers le dispensaire. Plutôt que d'avoir à expliquer notre état de Multiple, je poussai Joan Frances vers l'entrée et lui permis de reprendre conscience.

Désorientée et aveuglée par la lumière crue de la salle d'attente, elle se demanda ce qui l'avait amenée là. Une infirmière l'aperçut et l'entraîna vivement dans un bureau.

— Qu'est-ce qui vous arrive? s'inquiéta l'infirmière. Vous avez bu? Vous avez pris de la drogue?

Joan Frances sursauta. Elle ne buvait jamais d'alcool, sauf de temps en temps un verre de vin avec sa mère, et elle n'aurait certainement jamais pris de drogues. Mais se justifier réclamait trop d'efforts. D'ailleurs, pourquoi l'infirmière comprendrait-elle mieux que les autres? Finalement, elle retroussa sa manche et déclara simplement qu'elle s'était taillé les veines.

— Je ne veux pas vraiment mourir, commença Joan Frances. Mais j'ai un cafard noir et personne ne veut m'écouter...

— Connaissez-vous le Dr Tate? l'interrompit l'infirmière.

— Oui, avoua Joan Frances, surprise.

— Le Dr Tate est le psychiatre qui assure la garde téléphonique, précisa l'infirmière avant de quitter la pièce.

La nouvelle m'avait autant surprise que Joan Frances et je commençai à me demander si j'avais bien fait de venir. Le Dr Tate n'avait pas compris le désarroi de Joan Frances et je n'avais qu'une confiance limitée dans son écoute. Je me rappelai alors que l'intervention du Dr Tate n'était pas obligatoire; il y avait des infirmières, un interne de garde; l'un d'eux accepterait peut-être d'écouter Joan Frances.

L'interne entra dans le bureau et tendit le téléphone à Joan Frances. Le Dr Tate était au bout du fil.

Il lui demanda d'une voix agacée pourquoi elle s'était taillé les veines.

— Qu'est-ce qui vous est arrivé pour justifier une tentative de suicide? Saviez-vous que j'étais de garde?

— Non.

Elle ne voyait pas de raison particulière à son geste. Simplement, elle déprimait de plus en plus et personne n'acceptait de l'écouter.

— Je ne sais pas encore quelle décision prendre : vous garder pour la nuit au dispensaire ou vous faire interner en psychiatrie, expliqua le Dr Tate.

Joan Frances raccrocha, remit son blouson et se dirigea vers la sortie, mais l'interne et l'infirmière s'interposèrent.

Piégée ! La scène se brouilla, se dilua, et les murs, les murs s'avançaient, menaçants. Je perdis pied et m'aperçus, terrifiée, que Josie affleurait. « Non, Josie, non ! plaidai-je silencieusement. Non, laisse-nous, Josie. Reste dedans. »

Joan Frances assura d'une voix calme qu'elle allait mieux et qu'elle voulait rentrer au campus.

J'étais furieuse. Je savais que Lynn avait prévenu le Dr Tate que l'internement psychiatrique nous terrifiait. Nous ne demandions qu'une chose, que quelqu'un parle à Joan Frances et l'aide à surmonter sa dépression. D'ailleurs, malgré sa panique devant la menace qu'agitait le Dr Tate, Joan Frances était bien plus calme qu'aucun de nous. Nous la laissâmes donc assumer la situation.

L'interne la ramena dans le bureau de consultation et s'assit à côté d'elle.

— Le Dr Tate va venir, expliqua-t-il. Vous pourrez lui parler.

— Je n'ai pas envie de parler, riposta Joan Frances, tremblante. Je veux rentrer chez moi.

— Allons, vous n'avez rien à craindre. On ne peut pas vous retenir contre votre gré, mais j'aimerais autant que vous voyiez le Dr Tate. Pourquoi ne pas l'attendre ?

La Volée brûlait de s'enfuir, mais je réussis à calmer tout mon monde. « Écoutez-moi, dis-je intérieurement, si nous essayons de partir, ils vont certainement nous en empêcher. Ça risque d'attirer Josie à la surface, et là, on est bons pour la camisole. »

Je gardais aussi le fol espoir que l'interne ait dit vrai : le Dr Tate avait peut-être compris son erreur et était disposé à écouter Joan Frances. Je réussis à retenir les personnalités qui voulaient s'enfuir et empêchai les autres d'émerger afin de laisser le champ libre à Joan Frances. Je voulais qu'elle soit prête à discuter avec le psychiatre.

Le Dr Tate arriva et demanda immédiatement ce qui avait poussé Joan Frances à attenter à ses jours. Joan Frances l'ignorait ; elle se sentait déprimée depuis son retour de Virginie.

— Qu'attendez-vous de moi ? s'enquit le Dr Tate.

Joan Frances n'en croyait pas ses oreilles. Elle avait répondu mille fois à cette question et trouvait stupide de se répéter.

— Je n'attends rien, finit-elle par dire. Je veux seulement rentrer chez moi.

— Impossible, objecta le Dr Tate d'un ton sans réplique. Je vais vous faire interner.

Joan Frances perdit aussitôt conscience.

Jo se retrouva dans le bureau sans fenêtre, ne sachant même pas s'il faisait jour ou nuit. « J'ai un mur en face de moi, constata-t-elle. Et le Dr Tate garde la porte. » Elle consulta sa montre, consciente du ridicule de son geste, mais peu lui importait. Effrayée, les mains moites, elle ignorait ce qu'elle faisait là et n'avait aucune idée des causes de sa panique. Si seulement elle savait où elle se trouvait et ce qui se passait...

— Eh bien, je vous écoute, dit le Dr Tate.

Jo se détendit immédiatement. L'attitude du Dr Tate ressemblait à celle de Lynn quand Jo apparaissait à l'improviste, anxieuse et désorientée.

— Où suis-je ? fit-elle.

— Vous êtes au dispensaire universitaire de Harvard.

— Que s'est-il passé ?

— Regardez donc votre poignet.

Jo regarda de nouveau sa montre sans comprendre.

— Mais non, s'irrita le Dr Tate. L'autre poignet.

Jo examina attentivement les coupures et comprit aussitôt qu'elles ne présentaient aucun danger.

— Oh, c'est déjà arrivé, lâcha-t-elle négligemment. Sans doute l'œuvre de Joan Frances.

Le Dr Tate sembla légèrement surpris par la réaction de Jo.

— Oui, je sais qu'il y a un problème, rectifia-t-elle. Il faut le prendre au sérieux, mais Lynn n'appelle pas ça une vraie tentative de suicide. Elle dit que c'est un appel au secours. Si Joan Frances avait réellement voulu se suicider, elle aurait pris une overdose.

— Qui êtes-vous ? demanda le Dr Tate.

Ce fut au tour de Jo d'être surprise. Elle savait qu'elle avait parlé au psychiatre lors de l'un des rendez-vous de la Volée. Était-il possible que le Dr Tate l'ait oublié ?

— Je m'appelle Jo, dit-elle finalement, méfiante. Vous ne vous souvenez pas de moi ?

Le Dr Tate l'observa longuement en silence. Mal à l'aise, Jo s'agitait sur sa chaise.

— J'aimerais rentrer maintenant, dit-elle.

— Non, refusa le Dr Tate. Dès que je vous aurai trouvé un lit, je vous fait interner.

Jo conserva son sang-froid. Lynn lui avait assuré qu'on n'avait aucune raison d'interner la Volée.

— Lynn m'a conseillé d'appeler un psychiatre de Boston, le Dr Timothy Matthews, si on me menaçait d'internement, déclara-t-elle, sûre d'elle.

Elle savait qu'elle devait suivre la procédure d'urgence que nous avions mise au point, Lynn et moi.

— Avez-vous déjà rencontré ce Dr Matthews? demanda le Dr Tate. Ou bien en avez-vous seulement entendu parler?

— C'est une question ambiguë, avoua Jo, honnête jusqu'au bout.

— Je vois que vous n'avez pas perdu votre sens de l'humour, constata le Dr Tate d'un ton sec.

— Je n'essaie pas de faire de l'humour, protesta Jo. Je sais seulement que d'autres personnalités ont rencontré ce psychiatre, mais personnellement je ne lui ai jamais parlé.

— Il est une heure du matin, fit observer le Dr Tate. Il est bien trop tard pour l'appeler.

Jo s'interrogea sur le manque de coopération du Dr Tate, mais ne perdit pas son calme pour autant. Tout avait été prévu. Pour une fois, elle connaissait la marche à suivre.

— Le Dr Matthews m'a donné son numéro de téléphone personnel pour que je puisse le joindre à tout moment, annonça-t-elle sans se démonter.

— Eh bien, où est ce numéro? demanda le Dr Tate, agacé.

Jo comprit avec stupeur que le psychiatre n'était pas disposé à lui venir en aide. Elle commença à se sentir piégée et l'angoisse la gagna. Elle fouilla avec fébrilité dans les poches de son blouson, mais ne trouva pas le numéro. Rien dans son jean non plus. Elle avait dû le laisser dans sa chambre.

— Parfait. Vous n'avez pas ce numéro sur vous et vous n'êtes pas en état de rentrer chez vous. Je vous garde!

Jo suffoquait. La garder? Non, c'était impossible!

— Je veux appeler Lynn.

— Votre thérapeute est à Denver, rétorqua le Dr Tate. Elle ne peut pas vous aider.

— Lynn habite Chicago, pas Denver. Ce que vous me proposez m'inquiète beaucoup et je veux appeler ma thérapeute.

Le Dr Tate capitula et accompagna Jo jusqu'au téléphone.

— Et que ça ne dure pas toute la nuit ! maugréa-t-il. Je suis fatigué, j'ai envie de rentrer chez moi et de dormir.

Jo lui jeta un regard incrédule. Comment pouvait-il rester aussi insensible et quel plaisir prenait-il à envenimer la situation ? Elle s'efforça de contenir la panique qui l'envahissait.

Quand elle entendit le répondeur de Lynn, Jo raccrocha vivement et recomposa le numéro, sachant que le téléphone devait sonner plusieurs fois avant que Lynn ou Gordon ne se réveille. « Si Lynn ne peut rien faire, songea Jo, ce type va m'interner. »

La voix ensommeillée de Lynn lui parvint enfin et Jo lui exposa la situation avant de tendre l'appareil au Dr Tate.

— Cette jeune femme ne maîtrise plus ses impulsions, cria-t-il dans le téléphone.

Jo abandonna la direction des opérations et je pris le relais avec calme. J'écoutai les explications que le Dr Tate hurlait dans l'appareil à l'intention de Lynn, dont j'imaginais la stupeur et le sentiment d'impuissance. J'étais en rage et je laissai monter ma colère pour qu'elle remplace la terreur qui incitait la Volée à fuir.

Je n'avais jamais été aussi terrifiée. Un internement psychiatrique ! Je n'arrivais pas à me convaincre que ce n'était pas si grave. On nous enfermerait, on nous droguerait. J'évacuai ma peur et je me concentrai sur ma colère.

« Quel idiot ! » me dis-je. L'internement représentait une menace plus grande pour la vie de Joan Frances que sa dépression.

J'étais en colère contre l'interne qui m'avait menti en prétendant qu'on ne pourrait pas nous retenir contre notre gré, alors que c'était précisément ce que le Dr Tate s'apprêtait à faire.

Justement, il venait de raccrocher et se retourna pour me dévisager d'un air las.

— J'ai une idée, proposai-je. Je prends un rendez-vous avec le Dr Matthews et vous me laissez rentrer chez moi. Comme ça, on pourra tous aller dormir.

— Renée ? fit-il.

Il semblait à bout et accepta de me laisser partir, à condition que j'arrive à joindre le Dr Matthews, afin qu'il puisse dégager sa responsabilité.

— J'ai laissé son numéro de téléphone dans ma chambre, déclarai-je. Mais si j'appelle ma colocataire, je l'aurai dans cinq minutes.

— Non, il y a déjà assez de gens impliqués dans cette histoire. J'appelle l'hôpital, on me donnera son numéro personnel.

Pendant que le Dr Tate essayait de joindre son confrère, je suivis docilement l'infirmière dans une autre pièce où elle nettoya et pansa mes plaies.

— Allez-y sans crainte, lançai-je gaiement. Les coupures ne sont pas très profondes.

L'infirmière nettoya les blessures sans un mot. Ses mains tremblaient.

Elle terminait le pansement quand le Dr Tate entra avec l'interne.

— Il faut que tu voies ça, disait-il à son confrère. C'est Renée, la personne responsable du groupe.

J'adressai un large sourire à l'interne et le remerciai de tout ce qu'il avait fait pour Joan Frances. « S'ils me croient, songeai-je, c'est que je suis meilleure actrice que je ne pensais. »

Le Dr Matthews n'avait pas rappelé le Dr Tate, malgré sa demande expresse. Ce dernier me proposa un compromis. Il revenait sur sa décision de m'interner à condition que je passe la nuit au dispensaire de l'université.

Ça ne me suffisait pas. La menace d'un internement psychiatrique nous avait tellement secoués que j'avais besoin d'un endroit où la Volée se sente pleinement en sécurité, et j'en avais besoin VITE.

— Non. Je rentre chez moi.

— Réfléchissez, Renée. Si vous vous familiarisez avec le dispensaire, vous pourrez l'utiliser par la suite en cas de crise.

Je faillis lui demander pourquoi il ne m'avait pas recommandé ce même dispensaire quand je l'avais appelé à son cabinet et que la crise de Joan Frances m'inquiétait, mais je me retins à temps. Inutile d'engager maintenant le débat.

— Je peux vous boucler, vous savez, déclara le Dr Tate.

Je me dis que si c'était vrai, il l'aurait déjà fait depuis longtemps. Je le regardai donc avec assurance et lui affirmai que je maîtrisais parfaitement la situation.

— Qu'est-ce qui vous garantit que vous garderez le contrôle ? s'inquiéta-t-il.

— La peur, mentis-je. Le reste de la Volée a tellement peur que personne n'émergera avant longtemps.

— Gouverner par la peur, hein ? Est-ce vraiment la bonne méthode ?

Je m'abstins de rétorquer que c'était apparemment sa méthode préférée, et lui adressai un sourire complice.

— Au point où j'en suis, fis-je, tous les moyens sont bons.

Il finit par céder. Je sortis enfin à l'air libre. Bizarrement, les rues désertes et sombres, qui auraient dû m'effrayer, me rassuraient. De retour dans ma chambre, j'appelai Lynn. Depuis le dernier coup de fil, elle cherchait le moyen le plus rapide pour se rendre à Boston.

J'étais épuisée, énervée, mais contente que la Volée se soit montrée solidaire dans un moment aussi délicat. Lynn et moi étions ivres de soulagement.

— Ah, je l'étranglerais volontiers, me confia-t-elle.

— Preuve d'un contre-transfert mal résolu, plaisantai-je.

— Tu sais, Renée, glissa Lynn juste avant de raccrocher, je parie qu'on dormira mieux que le Dr Tate, ce soir.

— Je l'espère. Cette ordure mérite bien une nuit d'insomnie.

Le lendemain soir, Bethany vint me voir dans ma chambre.

— J'ai vu tes coupures et j'ai appelé Lynn, me déclara-t-elle. Elle m'a dit que tout était arrangé mais m'a conseillé de parler avec toi de ce qui s'était passé.

Je lui racontai tout, comme à Lillian un peu plus tôt. Lillian avait deviné que quelque chose n'allait pas quand elle ne m'avait pas vue en cours. Bethany me fit la même remarque que ma meilleure amie :

— Quand un membre de la Volée a des ennuis, tu devrais me prévenir. Je peux parler à Joan Frances ? ajouta-t-elle.

— Je ne sais pas. Il y a eu un tel remue-ménage. Attends, je vais essayer.

— Salut, Bethany ! dit Joan Frances. Alors ce film, hier, c'était comment ?

— Arrête tes conneries, Joan Frances. Je sais que tu as des problèmes en ce moment.

— Oh, non, ce n'est rien, je t'assure. Il faut simplement que je fasse plus d'efforts.

— Écoute-moi bien, Joan Frances. Tu es une fille bien. Tu es intelligente, plus que la plupart des filles que je connais ; tu es mignonne, attentive aux autres et, sauf quand tu t'angoisses à cause de ce qu'on peut penser de toi, tu es plutôt facile à vivre. En fait, ce que j'essaie de te dire, ma grande, c'est que si ta mère n'est pas fichue de voir tes qualités, c'est qu'elle est nulle.

Sur ce, Bethany sortit avant que Joan Frances ait eu le temps de protester.

Je me rendis au rendez-vous du 1er mars chez le Dr Tate. C'était ma seule chance de lui faire comprendre combien la soirée à la clinique avait traumatisé la Volée.

— Vous auriez tort de croire qu'une Multiple dépressive se comporte comme n'importe quel suicidaire, expliquai-je. C'est vrai, Joan Frances allait très mal, mais sa pseudo-tentative de suicide a suivi deux semaines pendant lesquelles Joan Frances, Jo et moi avons toutes essayé de vous avertir de son état. Elle avait besoin d'une écoute, mais vous ne vouliez pas le comprendre.

Le Dr Tate me traita de manipulatrice.

— Je peux vous faire renvoyer de Harvard, menaça-t-il. Il suffit que je déclare votre état incompatible avec la vie en communauté.

Je quittai son cabinet. Au moins, les choses étaient claires et je m'efforcerais d'éviter ses services à l'avenir.

*
**

Journal — 20 mars 1984

Ce que la Volée vient de vivre m'a fait réfléchir sur la meilleure méthode de traiter une Multiple et sur la façon de transmettre les informations à des tiers. Malgré tous mes efforts pour aplanir la situation avec le Dr Tate, tout s'est passé de travers et jamais, depuis que la thérapie a commencé, les personnalités ne se sont trouvées en si grand danger. Ironie du sort, elles n'ont jamais été aussi équilibrées, ni aussi capables de formuler leurs demandes.

J'ai essayé d'être la plus claire possible avec le Dr Tate, m'en remettant à son avis médical et lui proposant mon aide s'il la jugeait utile. Renée et Joan Frances ont présenté leur demande avec une clarté égale, ce qui est nouveau pour elles. Et cependant, on a traité Renée de manipulatrice et moi de thérapeute manipulée. Renée n'avait certainement jamais été moins manipulatrice qu'en essayant de se faire entendre par le Dr Tate.

J'ai beau faire, je n'arrive pas à comprendre ce qui s'est passé entre ce psychiatre et la Volée. Renée m'a envoyé le rapport qu'il a rédigé, mais ça ne fait qu'ajouter à ma perplexité.

Le Dr Tate note que les métamorphoses sont trop radicales pour être crédibles. Il décrit Renée comme une jolie jeune femme, sûre d'elle, intelligente, dynamique et raisonnable. Joan Frances, en revanche, est dépressive, schizoïde et infantile.

A mon avis, le Dr Tate ne pouvait accepter de la part de Renée la description du mal dont souffrait Joan Frances, ainsi que des conseils sur ce qu'il y avait lieu de faire. Dans son esprit, l'aide apportée par Renée et les explications théoriques fournies par Jo étaient aussi pathologiques que l'appel à l'aide désespéré de Joan Frances.

Peut-être même a-t-il vu dans l'état critique de Joan Frances que je lui signalais une preuve supplémentaire que la Volée essayait de le manipuler. Je ne saurai jamais le fin mot de l'histoire. Je ne vois pas comment nous aurions pu lui expliquer la situation autrement ; ce qui est sûr, c'est qu'il s'est cru sérieusement menacé.

C'est étrange, mais on dirait que le syndrome de Personnalité Multiple induit une véritable frayeur et un fort sentiment d'insécurité chez de nombreux cliniciens. Ils sont tellement impressionnés par l'aspect spectaculaire des métamorphoses, par l'intelligence des Multiples et leur capacité à conceptualiser leur syndrome — ainsi que par la conduite suicidaire de certaines des personnalités — qu'ils en oublient la souffrance, la dépendance et la demande authentique sous-jacentes. D'une certaine manière, le clinicien confronté à un Multiple en crise est dans la même position qu'un parent devant les « comédies » d'un enfant de deux ans ou d'un adolescent. Le thérapeute, comme le parent, doit éviter de se sentir menacé par l'éventuelle manipulation pour s'attacher à aider l'enfant, ou l'adolescent, tout en lui faisant comprendre qu'il existe d'autres moyens d'exprimer sa demande.

La Volée a parcouru un immense chemin avant de comprendre cela, et maintenant, lorsqu'un soignant refuse d'écouter les personnalités et leur demande — pire, lorsqu'il va jusqu'à leur mentir et tenter de les manipuler à son tour —, elles se révoltent tout en se protégeant les unes les autres.

Ce soir-là, j'ai dû affirmer haut et fort, abandonnant toute déférence, que je connaissais cette patiente mieux que lui et le mettre en garde contre les conséquences désastreuses d'une hospitalisation en milieu psychiatrique. Mes menaces voilées, ajoutées au comportement rationnel de Renée, ont permis à la Volée de s'en tirer pour cette fois.

Il y a toutefois des côtés positifs dans cette expérience, par ailleurs extrêmement pénible. Renée a réussi à exprimer une colère justifiée. Elle a pu ensuite se confier à Bethany et à Lillian, qui l'ont soutenue. Je ne serais pas surprise que même Joan Frances ait entendu ce que Bethany lui disait.

Il est évident que la Volée se fortifie et cesse peu à peu de dépendre exclusivement de notre relation thérapeutique. Maintenant, Renée va certainement reporter son énergie dans ses relations avec les gens qu'elle aime, et en particulier avec Steve.

30

Steve me rejoignit à la fin de l'année universitaire, puis nous partîmes visiter la côte de la Nouvelle-Angleterre et ranimer la flamme de notre amour. Je commençais à croire que notre relation avait un avenir, après tout. J'avais énormément mûri depuis quatre ans et notre différence d'âge s'estompait. Je réalisais à présent ce que Steve avait enduré au cours de ces longues années de thérapie et m'étonnais qu'il m'ait conservé sa confiance et son amour.

Nous décidâmes de nous marier à la fin de mes études. Si tout se passait comme prévu, je ne resterais qu'une année de plus à Harvard. Certes, on ne pouvait prévoir dans quel état serait la Volée dans douze mois, mais les fusions partielles et l'assurance avec laquelle la Volée avait affronté l'épreuve imposée par le Dr Tate auguraient bien de l'avenir.

De plus, je voulais un enfant. Si j'épousais Steve pendant l'été 1985, je rentrerais à Chicago à l'automne et passerais l'année suivante à rédiger mon mémoire tout en attendant un bébé, du moins l'espérais-je.

*
**

Journal — 27 mai 1984

La Volée est de retour et Renée n'a que son futur mariage à la bouche. J'ai du mal à discuter sérieusement des détails, j'ignore également comment elle va mener à bien son ambitieux projet de terminer ses deux années de cours en douze mois. Celles de la Volée susceptibles d'être impliquées dans cette aventure — Jo, en particulier — ne l'envisagent pas avec un enthousiasme débordant. Quant à Rusty, Missy et Josie, je n'en ai pas parlé avec eux mais j'ai du mal à croire que ces personnalités, dont la croissance s'est arrêtée à l'enfance, peuvent ne serait-ce que concevoir ce que Renée a en tête. De plus, Steve ne me paraît pas très enthousiaste.

En outre, les raisons que Renée met en avant me semblent fausses et je pense qu'elle cherche davantage à se prouver quelque chose qu'à partager réellement sa vie avec Steve. Steve a, c'est vrai, procuré une certaine sécurité à la Volée, mais quelle que soit la valeur de son soutien, je soupçonne fort qu'il provenait en partie de son besoin de nier l'état pathologique de la Volée.

Je pense que Renée a surtout envie de se marier et d'avoir des enfants pour se détacher de la dépendance qu'elle ressent toujours à notre égard. Elle sait que cet été sera différent du précédent, et peut-être imagine-t-elle pouvoir reporter sur Steve l'affection intense et la dépendance qu'elle ressentait vis-à-vis de nous l'été dernier.

Je suis tentée de décourager ses projets de mariage, mais je dois aussi me souvenir qu'elle a réussi à aller à Harvard quand je croyais fermement qu'elle n'irait jamais. Je me dois d'analyser ses projets, non de les combattre. Mais je suis soulagée qu'elle envisage d'épouser Steve l'année prochaine plutôt que dans un mois.

***

J'étais contente de rentrer chez moi pour les vacances. J'avais hâte de revoir Steve, et de mettre au repos la Volée chez les Wilson. J'attendais avec impatience de retrouver le maternage de l'été dernier et de Noël. Gordon et Lynn devaient certainement partager mon impatience.

Mais de longues et pénibles disputes commencèrent le jour même de mon arrivée. Lynn était au lit, grippée. Même si ce n'était pas sa faute, sa maladie me contrariait. La Volée s'était absentée neuf mois, pourquoi Lynn tombait-elle malade le jour de notre retour ? J'étais déchirée. Je voulais lui laisser le temps de guérir en paix, mais je brûlais d'envie de la voir. J'attendis fébrilement son coup de fil m'annonçant : « Passe donc me voir, je t'attends. » A court de patience, je l'appelai et lui demandai si je pouvais venir. « Bien sûr », me dit-elle aussitôt, et quand j'arrivai, elle sembla contente de nous revoir.

Mais je n'étais pas satisfaite.

— Si tu savais à quel point j'ai peur de te déranger, lançai-je, mais aussi à quel point j'ai besoin de te voir, tu m'aurais téléphoné.

Les disputes se poursuivirent après que Lynn se fut remise de sa grippe.

A la fin d'un des cours de navigation de Rusty, je dis à Gordon que je me sentais coupable de ne pas pouvoir lui payer ses leçons. Je savais que les régatiers lui versaient des honoraires confortables pour qu'il les entraîne.

— Pourquoi ne pas payer aussi la thérapie? intervint Lynn. Tu ne crois pas que ça vaut aussi quelque chose?

Je la regardai sans y croire. On en avait déjà parlé l'année précédente. Lynn touchait un salaire pour son travail au centre médical et la mutuelle des étudiants remboursait le traitement. Quand la Volée s'était installée chez les Wilson pendant l'été 1983, le centre avait cessé de percevoir de l'argent de l'assurance et, d'autre part, Lynn poursuivait la thérapie bien après ses heures de travail. Elle prétendait qu'un travail de mère ne se payait pas en dollars, mais elle était aussi ma thérapeute. Je savais que je devais la payer et je m'étais arrangée avec elle dans ce but. Après son éclat, elle s'excusa, tout en déclarant qu'elle avait l'impression que son travail était déprécié.

Chaque dispute se terminait dans les larmes et les embrassades. Il y avait aussi des jours de beau temps, mais la tension persistait entre nous. Lynn prétendait que j'étais en colère. Je ne m'en rendais pas compte. J'étais irritable mais ça n'avait rien à voir avec la rage que j'avais ressentie au cours de mes démêlés avec le Dr Tate.

— Je suis peut-être en train d'apprendre ce qu'est la mauvaise humeur, plaisantai-je.

— La mauvaise humeur a des causes, répliqua Lynn sans sourire.

Tout ce qu'elle me disait m'agaçait et nous n'arrivions pas à trouver un terrain d'entente. Quand elle me donnait un conseil, je lui reprochais de m'étouffer, et quand elle m'incitait à prendre mes décisions seule, je me sentais rejetée.

— Pourquoi ne pas te mettre en colère contre Nancy? me dit-elle. C'est pourtant de ça qu'il s'agit, non?

En vingt-huit ans, la Volée avait collectionné les raisons d'en vouloir à Nancy, mais cette colère-là présentait encore une menace.

— Que crains-tu d'elle?

— J'ai peur qu'elle se fâche encore plus en retour. Les colères de Nancy terrifient Joan Frances.

— Enfin, Renée! s'exclama Lynn, exaspérée. Pourquoi continuer à accepter ça?

La Volée avait ses raisons. « C'est ma mère, disait Joan Frances. On doit respecter sa mère. Et moi, je veux qu'elle m'aime. »

« J'ai promis à mon père sur son lit de mort que je m'occuperais de Nancy », disait Jo.

— D'ailleurs, m'entêtai-je, c'est après toi que je suis en colère, pas après Nancy.

Lynn tentait d'esquiver les conflits avant qu'ils surgissent, mais les disputes ne cessaient d'éclater, sans que l'une ou l'autre sût ce qui les provoquait. Je me sentais affreusement coupable de la tournure des événements, mais je continuais à pousser Lynn dans ses retranchements. C'était plus fort que moi.

— Tu sais, Renée, me dit Lynn après une énième dispute, tu vérifies en ce moment que nous pouvons nous mettre en colère sans menacer notre relation. Évidemment, c'est pénible pour nous deux, mais nous n'en mourrons pas, je te le promets. Tu crains encore de diriger ta colère sur Nancy, alors tu la passes sur moi.

— Transfert! éclatai-je. Transfert! Tu n'as que ce mot-là en tête. Comme si je ne pouvais pas avoir de bonnes raisons de t'en vouloir à toi!

Mais, précisément, ces « raisons » m'échappaient.

En juillet, ma colère trouva enfin une cause. Lynn et Gordon abandonnaient la Volée. Ils partaient trois semaines sur la côte Ouest. Je ne m'attendais pas à ce qu'ils annulent leurs vacances deux années de suite pour me faire plaisir, et je comprenais qu'ils aient besoin de repos et de se retrouver ensemble, mais en même temps je ne voulais pas qu'ils quittent la Volée. C'était complètement irrationnel de ma part, c'est pourquoi je refusai d'en discuter.

La veille de leur départ, la soirée commença plutôt bien. Je bavardais avec Lynn pendant qu'elle bouclait ses valises; Gordon allait et venait dans le salon en intervenant dans la discussion, puis il partit ranger quelques affaires dans une autre aile de la maison. J'étais contente que la Volée passe une soirée aussi paisible, dont elle se souviendrait avec plaisir dans les semaines à venir.

— Les gosses me manquent, déclarai-je à Lynn, pensant à mes élèves. J'aimerais bien faire la baby-sitter pour Marianne et Neal.

La fille de Lynn habitait près de chez sa mère, avec son mari et ses deux enfants.

J'avais dit cela comme ça, sans l'envisager sérieusement, pourtant Lynn me prit au mot.

— Pourquoi pas ? déclara-t-elle. Mais ce serait mieux de demander leur avis à Marianne et à Neal.

— Tu crois qu'ils ne me feraient pas confiance ? m'étonnai-je.

Marianne et Neal savaient que j'étais une Multiple, mais j'étais la seule de la Volée qu'ils avaient rencontrée.

— Eh bien, répondit-elle, je comprendrais que des gens qui ne te connaissent pas puissent ne pas te faire confiance.

J'étais profondément vexée.

— Tu sais pertinemment que personne dans la Volée ne ferait de mal à un enfant ! m'exclamai-je, furieuse.

— Je te confierais volontiers des enfants, Renée, affirma Lynn, apaisante. Gordon et moi, nous savons que tu t'occuperas très bien de la maison, des plantes et des animaux en notre absence. Ce que j'essaie de t'expliquer, c'est que les gens ne connaissent pas la Volée comme nous. Marianne et Neal n'ont aucune raison de te faire confiance, eux.

Trop tard. J'étais blessée et j'enrageais. Tout ce que je savais, c'était que Marianne et Neal ne me confieraient peut-être pas leurs enfants et que Lynn était prête à justifier leur réticence.

Gordon, qui passait par là, surprit notre dispute. Il attendit, avant d'intervenir, d'en avoir saisi le motif.

— Je ne comprends pas pourquoi tu voudrais faire du baby-sitting, déclara-t-il. Avec tout le boulot que tu as... Et quand bien même ils ne comprendraient pas, qu'est-ce que ça fait ? Tu trouveras toujours des gens pour refuser de te comprendre.

Je me sentais trahie. Comme Ray et Nancy des années auparavant, Lynn et Gordon se liguaient à leur tour contre moi. Je ne pouvais pas me battre seule contre eux deux.

— Et si Josie émergeait et qu'elle se retrouve avec de jeunes enfants ? poursuivit Gordon. Je la vois mal s'occuper d'un bébé.

— Josie n'apparaîtrait jamais en présence d'enfants ! m'insurgeai-je. Quand je conduis ou quand Rusty navigue avec toi, ceux qui sont incapables d'affronter ce genre de situation restent à l'intérieur. Tu sais très bien que la Volée se contrôle mieux que ça !

Pourtant, tout en lançant ma diatribe, techniquement juste, je me souvenais, comme Gordon et Lynn ne devaient pas manquer de le faire, que j'avais parfois été à deux doigts de perdre la maîtrise des événements.

Je me sentais écartelée entre mon évidente capacité fonctionnelle et mon état de Multiple piégée par les messages contradictoires de Lynn et de Gordon. Ils savaient que j'étais compétente, mais ils avaient aussi été témoins de mes élans suicidaires et avaient dû apaiser les personnalités immatures. En même temps, ils me jugeaient assez forte pour entreprendre n'importe quoi. Ils aimaient réellement la Volée, mais ils me trouvaient trop malade pour m'occuper de leurs petits-enfants.

Trop de souvenirs, de sentiments contradictoires : je me levai et m'apprêtai à partir.

— Je ne crois pas que ce soit le moment, m'avertit Lynn d'un ton ferme.

— Non, tu ne devrais pas conduire dans cet état, renchérit Gordon.

C'était trop !

— De mieux en mieux ! m'exclamai-je. Maintenant, vous me croyez trop folle pour prendre soin de moi.

Je m'arrêtai en haut des marches, paralysée par ma propre ambivalence. Je ne voulais pas quitter Lynn et Gordon sur une scène de rupture. Ils partaient le lendemain, après tout.

Josie se retrouva dans l'escalier, furieuse et paniquée. Comme toujours dans ce genre de situation, elle fonça vers la porte vitrée, qui explosa sous la violence du choc.

Lynn et Gordon sortirent en courant et trouvèrent Josie qui gisait, ensanglantée et à demi assommée, au milieu d'éclats de verre. Gordon la transporta dans le salon. Après avoir soigneusement examiné ses blessures, Lynn appela un de ses amis médecins. Une des plaies au bras nécessitait peut-être des points de suture, or les Urgences de l'hôpital risquaient d'envenimer la situation.

Josie s'effaça et Jo se réveilla, assise sur le tapis du salon. Il était plus de trois heures du matin quand elle gara sa voiture devant la maison de Steve. Je venais de me comporter exactement comme la déséquilibrée que je niais être ; humiliée, je n'émergeai pas avant le lendemain après-midi pour aller frapper à la porte des Wilson afin de faire la paix avant leur départ.

Brouillée avec Lynn, je trouvais compassion, réconfort et conseils auprès de Jo et de Steve. Jo faisait office de médiatrice entre Lynn et moi. Quand elle apprenait nos disputes, elle osait des analyses dont Lynn approuvait la lucidité... et qu'à ma grande surprise je trouvais sensées, moi aussi.

J'étais tellement braquée contre Lynn que je combattais systématiquement tout ce qu'elle disait. Jo devint ma conseillère, une aînée pleine de sagesse qui savait souligner les points d'entente entre Lynn et moi.

Dans son journal, où elle avait si souvent critiqué la Volée — désignant les autres personnalités d'un « elles » péjoratif —, Jo écrivit :

« Renée, je me sens proche de toi, maintenant. Je devinais ton existence pour t'avoir aperçue fugitivement du coin de mon œil mental et j'ai découvert certaines preuves de tes succès. J'enviais ta compétence et j'ai maintes fois été amenée à prétendre que j'étais toi. Avant, ta présence ne m'apparaissait que superficiellement, mais les choses ont changé. Je découvre ta nature profonde dans les replis cachés de mon être.

» Nous sommes face à face, essence contre essence ; les barrières se sont estompées et cette nouvelle situation nous épouvante. Je vois ta peur se refléter dans la mienne. Mais n'est-ce pas plutôt enthousiasmant ? Nous sommes comme dans une fête foraine, en haut des montagnes russes, et nous abordons la descente vertigineuse, agrippées à nos sièges, haletantes mais fascinées. »

Une amitié sincère naissait entre Jo et moi, et je me sentais tout aussi proche du reste de la Volée. Missy était une adorable gosse pleine de talent ; j'appréciais l'humour cocasse de Rusty ; les autres, en s'améliorant, devenaient plus heureux et plus productifs. Quand je ne stressais pas tout le monde en me disputant avec Lynn, je m'apercevais que je partageais le même corps avec un groupe de personnages aussi sympathiques qu'intéressants.

J'apprenais aussi à m'appuyer sur Steve. Il m'avait réconfortée pendant l'été après chacune de mes scènes avec Lynn. Il passait aussi pas mal de temps avec les autres personnalités et, lorsque nous discutions de sujets abstraits, je laissais volontiers ma place à Jo pour qu'elle participe à la conversation. Missy accompagnait souvent Steve quand il allait promener les chiens et Rusty l'aidait à couper du bois.

Steve me remercia de lui permettre d'approfondir ses relations avec les autres membres de la Volée. Il avait deviné que pactiser avec eux améliorait mon équilibre psychique, mais c'était tout de même *moi* qu'il préférait et il attendait avec impatience que je les intègre... afin qu'ils disparaissent.

— Que tu le veuilles ou non, Steve, toutes les personnalités appartiennent à la même entité. Personne ne disparaîtra, il faudra t'y faire.

— Vraiment ? Et Robin, Reagan et Petit Joe ?

— Ils ont été absorbés, ils n'ont pas disparu pour autant. Personne ne disparaîtra, tu m'entends ? Jamais. Chacun compte, chacun joue son rôle.

31

Forte de la certitude que le but à atteindre était la coopération plutôt que l'intégration, la Volée retourna à Harvard, enrichie d'une fraternité nouvelle et bien décidée à prouver son bon fonctionnement.

Des barrières amnésiques empêchaient toujours Jo de communiquer avec moi, mais nous adoptâmes, pour des raisons différentes, une position commune sur la question de l'intégration. Jo considérait que la fusion de plusieurs egos en un seul constituait un problème logique. Mon raisonnement était autre.

Il m'apparaissait que, mises à part les rares crises dépressives, la Volée possédait davantage d'atouts que la majorité des étudiants. Maintenant que nous avions notre propre appartement, où nous pouvions, sans être dérangés, travailler entre quatorze à seize heures par jour, c'était encore plus évident. (Pensant que nous serions plus à l'aise entre nous, je m'étais arrangée pour obtenir un poste d'assistante afin de payer le loyer.)

La Volée n'avait besoin que de quatre ou cinq heures de sommeil par nuit, ce qui laissait du temps pour les études, et l'amnésie, qui nous avait handicapés par le passé, était devenue un avantage. Chaque personnalité se consacrant exclusivement à sa tâche précise, la productivité du groupe s'en trouvait multipliée. Jo, par exemple, pouvait passer des heures à faire des recherches et rédiger un mémoire sans se soucier des contingences. Lorsque j'écartais Jo pour donner mes cours, je n'avais pas à m'inquiéter du mémoire à rendre. Quand Jo reprenait le relais, elle retrouvait son travail à l'endroit précis où elle l'avait laissé, sans se préoccuper de son « temps perdu ». Son amnésie ne concernait pas ce qu'elle vivait, bien au contraire : elle avait de ses périodes de conscience des souvenirs d'une précision chronométrique.

Le fait d'être une Multiple me permettait un usage extrêmement efficace de mes capacités conscientes et inconscientes. Je n'avais pas l'intention d'abandonner de tels avantages pour devenir comme tout le monde.

Cependant, je savais que je connaîtrais encore des périodes de troubles. Malgré mon entraînement de l'été passé avec Lynn, j'éprouvais toujours des difficultés à supporter les conflits, que ce soit entre les membres de la Volée ou dans nos rapports avec les autres. La moindre scène m'épouvantait. Je n'ignorais pas non plus que les études promettaient d'être stressantes, d'autant que nous avions décidé d'obtenir le doctorat en deux ans au lieu de trois. A ce défi s'ajoutait la responsabilité de mes cours d'assistante. Même une Multiple avait ses limites et le temps n'était pas extensible.

Je décidai de rechercher une aide thérapeutique. Je n'avais pas oublié l'horrible Dr Tate, mais j'étais convaincue que cette sinistre expérience ne se renouvellerait pas. J'avais l'intention de prendre rendez-vous avec un membre du cabinet médical affilié à l'université et où de nombreux étudiants suivaient une psychothérapie sans que leurs études en pâtissent. Ma démarche n'avait donc rien d'inhabituel.

Je discutai d'abord de mon projet avec le Dr Matthews, le médecin qui avait accepté de servir de garde-fou à la Volée. Je lui expliquai les raisons qui me poussaient à rechercher un soutien à Harvard plutôt que d'entreprendre un travail régulier avec lui, de l'autre côté de la ville, et je lui exposai mes difficultés financières.

— Je cotise déjà à la mutuelle des étudiants qui me coûte des centaines de dollars par an. Pourquoi devrais-je en plus vous payer soixante dollars par séance?

Le Dr Matthews convint que ma démarche auprès du cabinet médical n'avait rien d'extraordinaire, même si mon syndrome l'était. Il me suggéra de prendre contact avec le Dr Brandenberg, qui dirigeait le cabinet auquel appartenait également le Dr Tate.

— Le Dr Brandenberg ne connaît peut-être rien aux Multiples, mais elle ne vous refusera certainement pas son aide.

Quelques jours plus tard, avant d'entrer chez le Dr Brandenberg, je m'aperçus que j'étais lasse d'excuser le corps médical pour « son ignorance des Multiples ». Le syndrome de Personnalité Multiple était connu depuis près de cent ans. *Les trois visages d'Ève* dans les années 50 et *Sybil* dans les années 70 avaient attiré l'attention des professionnels comme du grand public et les articles sur le sujet dans les revues médicales avaient depuis proliféré.

Je comprenais à la rigueur que certains praticiens n'aient pas encore traité de tels cas, mais je n'acceptais pas que le corps médical dans son ensemble en sache si peu sur le sujet. Les médecins avaient tout de même accès aux revues dans lesquelles Jo avait puisé ses informations !

La Volée avait déjà eu affaire à d'autres psys avant de rencontrer Lynn. Aucun n'avait diagnostiqué le syndrome, mais il faut dire à leur décharge que la Volée se donnait à l'époque un mal fou pour le cacher. A présent que j'étais disposée à exposer mon cas, je ne comprenais pas pourquoi il était si difficile de trouver un médecin désireux de s'instruire.

— Je ne suis pas un monstre, dis-je au Dr Brandenberg. J'en ai assez d'être traitée comme une bizarrerie dangereuse. J'ai vu de vrais psychotiques parmi les étudiants, et ils sont tolérés. Moi, je suis fonctionnelle, bonne élève, mais quand je suis venue l'année dernière parce que j'étais en crise, on a menacé de m'exclure de l'université. Ce n'est pas juste.

Le Dr Brandenberg promit de trouver un thérapeute qui consentirait à me suivre.

— Voyez, vous êtes obligée de chercher quelqu'un, comme si j'étais un monstre !

— Certains psychiatres ne croient pas à l'existence des Personnalités Multiples, rappela-t-elle.

« Ils ne croient pas à l'existence des Personnalités Multiples, ironisa Kendra en sortant du cabinet. Depuis quand doit-on croire pour soigner ? » Kendra gardait un profil bas ces derniers temps, ne s'exprimant qu'à travers l'Alliance, mais quand malgré son influence je me lançais dans des aventures qu'elle considérait comme dangereuses pour la Volée, elle me le faisait savoir sans ménagements.

Quelques semaines plus tard, je rappelai le Dr Brandenberg. Elle me dit qu'elle n'avait pas oublié, et que le Dr Wu était intéressée. Celle-ci ne me contacta qu'une semaine plus tard.

Je répondis à son appel, mais dès que le Dr Wu se présenta, Kendra sortit de l'Alliance et nous repoussa tous à l'intérieur. « A mon tour, nous lança-t-elle. Je me charge de celle-là. » Kendra et moi avions adopté depuis quelque temps le même langage et les mêmes inflexions.

— On m'a dit que vous désiriez un rendez-vous, commença le Dr Wu.

— Tout dépend, déclara Kendra d'une voix affectée. Vous a-t-on précisé que j'étais une Multiple?

— J'ai lu votre dossier, répondit le médecin sans se compromettre.

— Oh, parfait!

Le dossier! Il faudrait que le Dr Wu apprenne à connaître la Volée avant de comprendre que le dossier en question reflétait davantage les problèmes du Dr Tate que les miens. J'avais eu ce fameux dossier entre les mains et ce que j'y avais lu m'avait consternée. Après m'avoir menacée de me faire exclure de Harvard si je persévérais dans mes « manipulations », le Dr Tate avait écrit qu'il allait travailler conjointement avec le Dr Matthews sur ce cas d'une grande complexité.

Le Dr Matthews me certifia que le Dr Tate ne l'avait jamais contacté à ce sujet.

Kendra demanda ensuite au Dr Wu si elle avait déjà suivi une Multiple.

— Non, répondit-elle, mais nous discuterons de tout cela de vive voix.

Kendra prit une profonde inspiration. Nous commencions à connaître les méthodes des psychiatres.

— Je comprends très bien, déclara-t-elle, mais avant de prendre rendez-vous, j'aimerais m'assurer de plusieurs choses. Puisque vous avez lu le rapport, vous vous imaginez bien que je garde un mauvais souvenir de mon dernier contact avec votre cabinet médical. Si nous devions ne pas nous entendre, je crois inutile de perdre notre temps, pour vous comme pour moi. Répondez-moi franchement : croyez-vous à l'existence des Personnalités Multiples?

— Je crois en vous.

— Oh, je suis tout à fait consciente d'exister, répliqua Kendra d'un ton sec. Je ne doute pas qu'il en soit de même pour vous. Mais là n'est pas la question. Croyez-vous à l'existence du syndrome de Personnalité Multiple tel qu'il est décrit dans la littérature psychiatrique ?

— Oui.

— Parfait.

Rendez-vous fut donc pris. Avant de raccrocher, Kendra donna au Dr Wu les numéros de téléphone de Lynn et du Dr Matthews.

— Ils vous en diront davantage sur mon compte que le dossier. Appelez donc l'un ou l'autre, vous aurez une idée plus précise avant de me rencontrer.

Kendra raccrocha, puis s'adressa à moi. « Renée, me dit-elle, pourquoi persister à te jeter dans les bras des psychiatres ? Décidément, tu es bien la plus cinglée de la Volée ! »

***

Les autres restèrent à l'écart quand j'allai voir le Dr Wu. Kendra, qui ne m'approuvait pas, assistait à l'entretien pour intervenir si nécessaire.

Le Dr Wu était jeune et sur ses gardes. Quand je lui demandai pourquoi elle avait accepté de me recevoir, elle m'expliqua qu'étant interne, elle voulait rencontrer toutes sortes de patients et se familiariser avec les Multiples. J'étais ravie : je considérais que tous les psychiatres devraient suivre son exemple. Cependant, elle n'avait pas cru bon de contacter le Dr Matthews ni Lynn, et j'en étais déçue. Elle prétendit n'avoir pas eu le temps. Non, elle n'avait pas lu *Sybil*, pas plus qu'aucun article sur le syndrome.

— Qu'est-ce qui vous a poussée à consulter le Dr Brandenberg ? s'enquit-elle.

Je lui expliquai que je désirais suivre une thérapie de soutien.

— Je prépare mon doctorat, je suis également professeur assistante, et en plus de ça je suis une Multiple. Ça fait beaucoup et je pense qu'une séance par semaine m'aiderait à assumer ces trois tâches qui sont parfois lourdes à porter. Tout se passe bien depuis quelque temps ; la Volée est paisible ; elle coopère et j'aimerais bien que ça continue.

» Je ne vous demande pas une thérapie en profondeur, la rassurai-je. Pas besoin de faire émerger des souvenirs de sévices ni de provoquer des abréactions. Non, je veux simplement empêcher la Volée de plonger comme l'année dernière.

Je parlais depuis quarante minutes et me sentais de plus en plus mal. Le Dr Wu restait calme, froide, distante. Mais ce qui me dérangeait le plus, c'était son absence de réaction. « Où êtes-vous ? avais-je envie de demander. Vous m'écoutez ? » Mais je poursuivis l'exposé de la situation, guettant le moindre signe de compréhension, de soutien ou de sympathie. Une expression d'incrédulité m'aurait moins gênée que ce masque froid et inexpressif.

— Vous comprendrez mieux quand vous aurez rencontré les autres, proposai-je.

Comme elle ne répondait pas, je me dis qu'elle verrait bien quand une autre prendrait le relais. Là-dessus je m'éclipsai.

Jo reprit conscience dans le cabinet que le crépuscule assombrissait. Elle jeta un œil à sa montre. Presque dix-huit heures. Où se trouvait-elle ? Elle avait négligé de vérifier l'emploi du temps sur l'agenda. Son amnésie la laissait dans le brouillard, comme d'habitude.

Elle examina le cabinet. La femme assise derrière son bureau lui était inconnue ; Jo essaya de lire les titres des ouvrages entassés sur les rayonnages, sur le mur opposé. Qui était-ce ? Un professeur ? Non, elle portait une blouse blanche. Quelqu'un du corps médical, alors ? Les livres étaient trop éloignés pour qu'elle pût y puiser un indice. Ah, la femme lui parlait.

— Expliquez-moi pourquoi vous pensez que vous ne supporterez pas une hospitalisation.

« Une hospitalisation ! songea Jo, épouvantée. Oh, non ! Qu'est-ce qu'ils ont encore fait ? » Elle se concentra sur son corps. Pas de douleur, aucun signe d'une tentative de suicide.

— Vous voulez m'hospitaliser ? finit-elle par demander de sa voix hésitante.

En jetant un coup d'œil par la fenêtre, elle reconnut la rue qui longeait le campus.

— Non, je ne le souhaite pas, mais vous m'avez dit que vous vouliez éviter l'hospitalisation à tout prix… ou plutôt, Renée me l'a dit. Je m'interrogeais sur cette inquiétude.

Jo se détendit et réussit à sourire faiblement. Cette femme savait apparemment qu'elle était une Multiple.

Puis son sourire tourna à la grimace. Jo n'aimait pas que Renée lui impose ce genre de situation, et l'étrange femme qui lui faisait face la dérangeait. Puisqu'elle connaissait son problème de multiplicité et l'avait distinguée de la personnalité à laquelle elle parlait l'instant d'avant, pourquoi ne lui expliquait-elle pas ce qui se passait ? Pourquoi ne s'était-elle pas présentée ? Pourquoi posait-elle des questions auxquelles Jo ne pouvait répondre, faute de références ?

— Ce n'est pas que je ne veuille pas répondre à votre question, finit-t-elle par déclarer, mais quand je me retrouve dans des lieux inconnus... enfin, vous savez que je suis une Multiple et... et, moi, j'ignore où je suis, j'ignore votre nom... qui êtes-vous ?

— Je suis le Dr Wu.

— Vous êtes psychiatre ?... Je suis amnésique, reprit Jo après la réponse affirmative du Dr Wu, et j'ai du mal à répondre à des questions quand je ne connais pas le contexte. Pourquoi me demandiez-vous...

— De toute façon, la séance est terminée, l'interrompit le Dr Wu. Voulez-vous un autre entretien ?

Je pris vivement le relais, convins d'un rendez-vous pour la semaine suivante, sans être sûre, toutefois, que les autres m'autoriseraient à l'honorer.

« Je t'avais bien prévenue que ça ne marcherait pas ! » s'exclama Kendra, une fois dehors.

Je négociai avec les autres toute la semaine. « Laissez-lui une chance, suggérai-je. Elle est jeune et elle ignore tout des Multiples. Elle va peut-être se détendre, laissez-moi la voir une seconde fois. »

Au début de la séance suivante, je demandai au Dr Wu si elle avait eu le temps de téléphoner à Lynn ou au Dr Matthews. Non, elle n'en avait pas eu l'occasion, mais elle avait discuté avec des membres de l'équipe qui m'avaient vue l'année précédente.

— Je ne vous laisserai pas me manipuler, déclara-t-elle. On m'a dit que vous édictiez vos propres lois et n'en faisiez qu'à votre tête. Ça ne marchera pas avec moi, je vous préviens tout de suite. Je préfère vous voir tous les quinze jours, je ne vous aiderai pas pendant vos crises, et je ne veux avoir affaire qu'à une seule personnalité.

« Super ! me dis-je. Je lui demande de m'aider à assumer mon syndrome ; elle me prévient qu'elle n'aidera que moi, et encore ! A condition que je camoufle ce dont je souffre ! »

Maintenant que le Dr Wu avait défini les limites de notre relation, elle voulait savoir ce que j'attendais de la thérapie. Sachant que je ne reviendrais plus, je décidai que je n'avais rien à perdre.

— J'aimerais parler avec vous des difficultés que je rencontre à l'université, de celles propres aux Multiples, expliquai-je, répétant ce que j'avais dit la fois précédente, et j'attends de vous un soutien, des suggestions. J'espère surtout que cette thérapie agira à titre préventif. Je viens vous voir, conclus-je, parce que je ne veux pas embarrasser mes camarades de cours avec mes problèmes.

— Si j'ai bien compris, vous attendez de la thérapie qu'elle vous permette d'avouer à vos amis que vous croyez être une Multiple ?

— Non, je ne ressens aucun besoin narcissique de déballer mon problème devant tout le monde. Mes camarades ont leurs propres problèmes ; je ne veux pas les ennuyer avec les miens. C'est pour ça que je suis ici... plutôt que de compter sur mes amies, je préfère consulter un professionnel. De plus, ajoutai-je après réflexion, je ne *crois* pas être une Multiple, je le suis. Je vous remercie de m'avoir écoutée.

— Désirez-vous un autre rendez-vous ?

— Non, répondit Kendra. On ne reviendra plus.

Cette nuit-là, je tardai à trouver le sommeil. Pourquoi est-ce que ça n'avait pas marché ? J'avais peut-être besoin d'être convaincue que ce genre d'endroit n'était pas fait pour moi. « Mais pourquoi personne ne veut essayer de comprendre ? » m'étonnai-je.

***

L'espoir d'aide extérieure fit long feu et la Volée finit par avoir recours à une aide interne. Vers la fin octobre, je trouvai à mon réveil quantité de feuillets dactylographiés, fruit d'une nouvelle communication « intra-Volée ». Bien que Jo et d'autres personnalités souffrent toujours d'amnésie et ne soient pas capables de communiquer avec le reste de la Volée, à un niveau plus profond, les barrières avaient disparu.

La responsable de cette nouveauté se faisait appeler Unité. Elle n'était jamais apparue au grand jour, n'avait jamais écarté aucun d'entre nous pour prendre le contrôle, et prétendait n'exister qu'afin de nous aider à communiquer entre nous. Son but avoué était de renforcer la solidarité de la Volée.

J'ignorais si Unité était vraiment nouvelle ou si elle avait toujours existé, tapie dans les profondeurs de notre âme commune, invisible, inaudible. Quelle importance, d'ailleurs? Seule comptait la solidarité qu'elle nous permettait.

Unité facilitait les discussions en provoquant une sorte de transe hypnotique. Consciente de l'importance des conférences nocturnes pour certaines personnalités, Unité chargea Karen, l'organisatrice-née, de les transcrire. Sans cette précaution, même moi, la moins amnésique du groupe, je n'aurais eu aucun souvenir de ces réunions internes. A quatre reprises durant les mois d'octobre et de novembre, je découvris à mon réveil le compte rendu des débats qui s'étaient déroulés la veille, une heure ou deux après que je me fus endormie. Je ne ressentis ni peur à cause de ce « temps perdu », ni frustration en découvrant que mon corps avait agi hors de mon contrôle.

J'avoue pourtant que l'expérience me fit d'abord une impression mitigée, et je n'étais pas la seule. D'après le rapport, notre première réunion intra-Volée souleva une vague d'incrédulité.

Unité se présenta et affirma que personne ne se souviendrait des sujets débattus au cours de la conférence. Elle nous proposa de vérifier comment cela fonctionnait. Voici la transcription :

KENDRA (en réponse à Unité) : Allez! Puisque tu nous as réveillés, tu pourrais au moins nous expliquer de quoi il s'agit.

UNITÉ : D'abord, je ne vous ai pas réveillés. Comme je vous l'ai déjà dit, vous n'avez pas besoin de savoir que vous assistez à cette conférence. Vous dormez.

Jo : Peut-être, mais le corps est assis devant la machine à écrire. Qu'on s'en souvienne ou non par la suite, je suis réveillée, c'est un fait.

UNITÉ : C'est vrai. Il faut dire que c'était nécessaire pour qu'il reste une trace de nos débats. Mais j'aurais pu aussi bien laisser le corps au lit pendant qu'on s'entretenait. Qu'aurais-tu alors pensé?

JO : Il m'est impossible de répondre à ça.

UNITÉ : Ça n'aurait rien changé, sauf que Karen n'aurait pas pu taper à la machine.

RENÉE : Jo a raison. Être allongé dans un lit ou assis devant une machine à écrire, ce n'est pas la même chose.
UNITÉ : Je vous conseille de trouver autre chose. Le principal argument des « normaux » à l'égard de la multiplicité repose sur le principe fondamental : « une âme, un corps ». Montrez donc un peu plus de souplesse dans vos jugements si vous voulez que les autres fassent de même.
JO : Entre la souplesse et la confusion, il y a une marge.
UNITÉ : Je ne m'abaisserai pas à répondre à ça. Notre principal sujet de discussion concernera la coopération entre nous. Renée a clairement fixé le but de la thérapie : un certain confort pour chacun, et une efficacité productive pour la Volée. Ce ne sera possible qu'au prix d'une étroite coopération, laquelle n'a pas besoin d'être consciente pour l'instant et ne conduira pas forcément à l'intégration. Nous pouvons collaborer tranquillement, comme dans un rêve en quelque sorte, mais collaborer; c'est impératif. Je ne trancherai jamais, je me bornerai à faciliter la communication interne et à m'assurer que chacun participe à la décision finale.

Au réveil, j'étais encore plus incrédule que pendant le rêve. J'appelai aussitôt Lynn.

— Écoute ça, tu ne me croiras jamais! Ça me gêne même un peu de t'en parler.

— Qu'est-ce que tu as encore fait?

Je décrivis la conférence nocturne et lui lus la transcription.

— C'est incroyable, non? fis-je. Je trouve ça tiré par les cheveux; j'aimerais bien me prouver que ça n'a jamais eu lieu.

Lynn convint que la conférence paraissait pour le moins étrange, mais applaudit à la créativité de la Volée.

— Tu ne vois donc pas, Renée? Les autres sont décidés à participer pleinement, à prendre leurs responsabilités. Unité m'a l'air astucieuse, ajouta Lynn, parce que les transcriptions te forcent à reconnaître que les réunions ont bien eu lieu. Tu ne peux plus prétendre que c'est toi qui mènes le bal, maintenant.

— Merci de souligner mon importance! raillai-je.

En réalité, j'étais fort impressionnée par la coopération qui s'instaurait dans le groupe et, que je le voulusse ou non, je trouvais parfois des transcriptions de réunion à mon réveil. Je décidai qu'il était inutile de m'inquiéter de réunions éventuelles non suivies de transcriptions.

La première conférence eut lieu après notre entretien avec le Dr Wu. Une deuxième suivit le second rendez-vous. Unité voulait savoir pourquoi j'étais retournée chez le psychiatre et demanda à chacun de donner son avis.

UNITÉ : A part Renée et Kendra, qui d'autre est apparu au cours de l'entretien ?
ISIS : Moi. Elle nous considère comme des patients difficiles et prétend qu'on manipule tout le monde, y compris Lynn. Le Dr Tate a averti le Dr Wu qu'on s'était servi de lui. Wu est sûre que ça ne lui arrivera pas. Question d'amour-propre. A propos, elle a déjà décidé qu'elle nous hospitaliserait à la première provocation, pour bien nous faire comprendre qui est le chef. Elle pense que toi, Renée, tu as un problème d'ego et que tu te crois plus forte que tu n'es.
RENÉE : Si c'est vrai, on a de la chance que le Dr Wu n'ait pas parlé avec Isis. Moi, au moins, je ne prétends pas lire dans les pensées.
UNITÉ : Renée, tu n'as aucune raison de t'imaginer que l'interprétation d'Isis est moins valable que la tienne. Y avait-il quelqu'un d'autre ?
RUSTY : Je l'ai aperçue. Elle n'aime pas mon nouveau papa.
RENÉE : C'est ridicule ! Le Dr Wu ne connaît même pas Gordon.
ISIS : Rusty veut dire que le Dr Wu est persuadée que nous avons manipulé Lynn *et* Gordon.
JO : Renée, pourquoi faut-il que tu nous imposes ce genre de chose ?
RENÉE : Je voulais simplement établir une relation thérapeutique, ici, à l'université. Qu'y a-t-il de mal ? Des centaines d'étudiants sont en thérapie. J'ai essayé d'établir quelque chose avec le Dr Wu pour le bien de la Volée. Je ne vous comprends pas, on dirait que je suis une ogresse !
JOAN FRANCES : Le Dr Wu a deviné que je faisais semblant. Elle sait que je ne suis pas une Multiple. (Protestations.)
KENDRA : Bon sang, Renée, tu te rends compte de ce que tu as déclenché chez Joan Frances ? A l'avenir, il vaudrait mieux éviter cette imbécile de toubib, tu ne crois pas ?
RENÉE : D'accord, d'accord ! Vous ne reverrez plus le Dr Wu, promis. Mais où trouver un soutien, maintenant ? Imaginez qu'une nouvelle catastrophe nous tombe dessus.

UNITÉ : Que pensez-vous du Dr Matthews, tous ?
MISSY : J'aime pas l'endroit. L'autre fille, celle qui se cogne la tête, elle pourrait sortir. Renée serait furieuse.
ISIS : Josie est toujours dangereuse, mais nous sommes nombreux à avoir eu un bon contact avec le Dr Matthews. On devrait peut-être aider Renée et prévenir toute apparition intempestive pendant qu'on sera dans son cabinet.
JO : Je ne veux pas voir de psychiatre. Aucun.

Après bien des discussions, un compromis fut négocié. Au cas où je serais trop tendue, je verrais le Dr Matthews, et tous dans la Volée m'aideraient. Cette amélioration des communications internes rendait les crises improbables, mais il était rassurant d'avoir quelqu'un sous la main en cas de coup dur.

***

Journal — 18 novembre 1984

Quand Renée m'a appelée pour m'annoncer une nouvelle qui semblait la gêner, à sa voix, j'ai tout de suite envisagé le pire. C'est dire si j'ai été surprise par ses explications sur la « conférence intra-Volée », dirigée, de surcroît, par une personnalité que je n'avais jamais rencontrée. J'avais abandonné depuis longtemps l'espoir de découvrir une personnalité connaissant tous les besoins de la Volée. La littérature psychiatrique fait état d'une personnalité « sachant tout sur tout le monde », et censée être l'alliée du thérapeute. De son côté, Renée s'est faite à l'idée qu'elle ne remplit pas les critères pour ce rôle.

Et voilà qu'apparaissait un allié intérieur qui faisait bien plus qu'aider le thérapeute : Unité établissait un climat de confiance et organisait la collaboration des membres de la Volée. Mieux, elle s'arrangeait pour que des traces écrites témoignent de ces réunions. Que ce soit ou non son intention, ces écrits me permettent de suivre la maturation de la Volée. Unité s'est fait attendre, mais elle en valait la peine. J'espère la voir aux prochaines vacances, quand la Volée viendra à Chicago.

Je me demande si Renée se rend compte qu'elle progresse vers l'intégration. Renée et Jo développent toutes deux des arguments pour me persuader que l'intégration est une mauvaise chose. Je ne proteste pas (bien sûr !), mais je m'interroge sur le sens de leur refus. Est-ce un signe que l'intégration est en route ?

L'intégration ne sera possible que lorsque les personnalités s'aimeront assez pour se fondre en une seule. Dans le passé, les arguments contre l'intégration se nourrissaient de la crainte d'un comportement pathologique ou de la peur face aux vieux secrets refoulés. Maintenant, quand Renée — ou Jo — m'explique qu'elle ne s'intégrera jamais, je comprends son refus comme une preuve d'amour et de respect envers les autres personnalités.

Les conférences organisées par Unité éclairent d'un jour nouveau le rôle de Renée. Renée ne peut plus prétendre agir comme elle l'entend. Quand elle prend une décision importante, elle sait, ou du moins suspecte, qu'Unité a auparavant donné à chacun la possibilité de s'exprimer. Elle est ainsi obligée de prendre conscience qu'elle agit de plus en plus au nom de la Volée.

Je considère même les efforts de Renée pour trouver un soutien auprès d'un psychiatre local comme la preuve d'une meilleure compréhension d'elle-même. Il n'y avait aucune raison de penser que Renée trouverait ce qu'elle prétendait chercher. Peut-être le savait-elle quelque part, mais elle avait besoin de tirer un trait sur sa mésaventure de l'année dernière avec le Dr Tate. Le rejet qu'elle a essuyé a servi de catalyseur et a accéléré la tenue de conférences intra-Volée. Je me rends compte que la Volée a besoin de stimuli extérieurs quand elle est prête à passer un cap. C'est un peu comme si les choses se mettaient en place et n'attendaient qu'un signal pour se déclencher. Si le signal tarde à venir, la Volée ira le chercher au-dehors.

C'est sans doute la leçon à retenir pour qui veut traiter un Multiple : l'aptitude à déclencher le signal, et à se retirer ensuite pour regarder le Multiple manipuler son environnement afin d'obtenir ce dont il a besoin. Je commence à établir des contacts avec des thérapeutes qui ont soigné des Multiples, et je découvre que la relation maternante que j'ai établie avec la Volée diffère de ce que pratiquent mes collègues, mais il y a des principes qu'on retrouve même dans les psychothérapies les plus classiques.

Le thérapeute doit jouer différents rôles en fonction des personnalités. Même si la thérapie se déroule uniquement dans le cadre du cabinet, les personnalités immatures réclament une attention maternelle et des câlins, comme tout jeune enfant en thérapie. Chaque personnalité résout ses problèmes à sa manière, comme n'importe quel patient, et le thérapeute doit s'adapter afin de procurer un traitement adéquat à chacune.

En même temps, le thérapeute ne doit jamais perdre de vue que ses interprétations, ses messages seront disséqués et perçus par l'entité en tant que telle. Ce n'est pas de l'arrogance que de déclarer combien je suis impressionnée par ce que j'ai accompli grâce à ma seule intuition. J'ai toujours fait confiance à mon inconscient et, ce faisant, j'utilise peut-être le même ressort qu'Unité avec la Volée.

32

La Volée rentra à Chicago pour Thanksgiving*. Notre compréhension mutuelle s'était affermie, et nos rapports avec l'extérieur grandement améliorés. J'étais ravie de revoir les Wilson et retrouvais Steve avec une immense joie. Pour la première fois de ma vie, j'éprouvais du plaisir à faire l'amour. Autrefois, je couchais avec les hommes pour leur plaire. Mais tout cela avait changé. Maintenant, j'aimais vraiment Steve. Maintenant, je le désirais.

Le jeudi matin, Rusty alla avec Gordon vérifier que *The Channel* avait bien été mis au sec pour l'hiver. Gordon lui montra le moteur qu'il avait démonté pour le réparer. Il lui rappela comment il fonctionnait et comment il propulsait le bateau quand il n'y avait pas de vent.

— Mais je sais tout ça, papa ! protesta Rusty.

— C'est que ça fait un bout de temps qu'on n'a pas navigué, toi et moi, expliqua Gordon.

En fait, cela faisait un peu plus de deux mois. Rusty haussa les épaules : selon sa notion du temps, c'était court. Il n'avait eu que six heures pleines à lui au cours des deux derniers mois et son amnésie recouvrait le reste. Il ne pensait pas avoir oublié quoi que ce fût, mais son père savait peut-être quelque chose que lui ignorait.

Rusty hésita, puis interrompit Gordon qui lui expliquait comment maintenir le bateau en cale sèche.

---

* Quatrième jeudi de novembre aux États-Unis : fête instituée par les premiers colons pour remercier Dieu de les avoir conduits dans le Nouveau Monde sains et saufs.

— J'ai oublié beaucoup, papa?

Comme toujours, Gordon réfléchit longuement avant de répondre.

— Non, Rusty, j'ai l'impression que tu n'as rien oublié du tout.

Rusty se détendit aussitôt. Ils quittaient le hangar quand Gordon s'arrêta soudain et retourna vers *The Channel*.

— Je reviens tout de suite, fiston. J'ai un truc à récupérer. On se retrouve devant la pancarte des « Recommandations aux capitaines ».

Rusty n'avait jamais remarqué la pancarte. D'ailleurs, Gordon et lui n'en avaient pas besoin et auraient pu passer devant des années sans la voir. Pour la première fois, Rusty prit conscience que des mots habitaient ce lieu si particulier. C'était un monde d'hommes, un monde de marins. Il n'aurait jamais cru que les mots y eussent aussi leur place.

Pendant les dix minutes à peine que dura l'absence de Gordon, Rusty resta planté devant la pancarte, hypnotisé par les lettres. Les lettres formaient des mots, des mots menaçants, prêts à frapper...

— Allons-y, lança Gordon à son retour en désignant la sortie. Partons d'ici.

Crispé, désorienté, Rusty le suivit comme un automate. Une pancarte. Des plaques d'immatriculation. Des mots. Partout, des mots.

Dans la voiture de Gordon, Rusty regarda obstinément ses chaussures pour ne pas voir les lettres, les mots.

— Les mots, bredouilla-t-il. Il y en a partout, papa. Ils veulent me sauter à la figure, me déchirer. Ils veulent me tuer.

— Mais non, Rusty. Les mots ne te feront pas de mal.

Rusty garda le silence, les muscles bandés, prêt à parer une attaque éventuelle.

Dès que Gordon rangea la voiture devant chez Steve, Rusty en bondit et s'engouffra dans la maison, une indicible terreur dans les yeux. Je décidai de m'occuper de lui plus tard; pour l'instant, je devais me préparer pour le dîner de Thanksgiving chez les Wilson. Rusty attendrait.

Le dîner terminé, après le départ de Steve et des enfants Wilson, quand la maison retrouva son calme, Gordon, Lynn et moi nous nous installâmes paresseusement devant la cheminée où brûlait un bon feu.

— On s'occupe de Rusty ? proposai-je.

Il émergea et sourit en voyant Gordon et Lynn, mais il replongea aussitôt dans sa terreur.

— Les mots, papa, gémit-il.

— Dis-moi ce que tu vois, mon garçon, l'encouragea Gordon de sa douce voix profonde qui, dans des moments comme celui-ci, réussissait toujours à apaiser Rusty.

Rusty voyait le sable sous ses pieds, et les dunes qui l'entouraient. Il voyait les roseaux onduler sous la brise océane, entendait le déferlement des vagues et les cris aigus des mouettes. Puis il vit un bâton qu'une main invisible guidait, traçant des lettres dans le sable, écrivant des mots.

— Les mots. Le bâton, murmura Rusty qui essayait de fuir ce souvenir terrifiant. Les mots. Ils vont me hacher en morceaux.

Dans son esprit, les lettres étaient tranchantes comme des lames de rasoir. La main devint le bâton, le bâton les lettres, et les lettres une douleur lancinante.

— Les mots ne font pas de mal, assura Gordon, incitant Rusty à surmonter son effroi pour se concentrer sur le souvenir. Ce sont les gens qui font du mal. Qui tient le bâton, Rusty ?

Rusty revit le bâton, mais il ne voulait pas, ne pouvait pas lever les yeux sur la silhouette qu'il devinait derrière le bâton. Il disparut, et ce fut Josie qui prit le relais.

Elle frissonna, puis, ignorant la scène qui s'imprimait dans son esprit, elle fixa le mur, décidée à foncer dessus avant que le souvenir ne la submerge.

— Josie ! appela Lynn qui avait noté le changement de personnalité. Tout va bien, Josie. Tu es avec Gordon et Lynn. Nous sommes là, Josie.

Gordon s'approcha de Josie qui tremblait toujours, recroquevillée au fond du canapé.

— Je suis là, Josie, murmura-t-il en l'entourant d'un bras pour mieux la retenir si elle devait se précipiter vers le mur.

Les intentions de Gordon étaient pacifiques, Josie le savait. Elle se détendit et osa affronter le souvenir menaçant.

— Où es-tu, Josie ?

Des vagues d'images déferlaient, qui la plongèrent dans son passé. Étalée sur le sable, elle sentait le bâton fourrager sauvagement dans son entrejambes, lui écorcher les cuisses à travers son jean. Elle se sentait trahie, l'âme souillée.

« Ah, t'as une bite ! braillait une voix rauque, ponctuant chaque question de la pointe du bâton. Où se cache-t-elle ? Là ? »

— Le bâton, balbutia Josie.

— Qui tient le bâton ? demanda Gordon.

Josie leva la tête et reconnut son père, le visage défiguré par une fureur fébrile.

— Ça fait mal ! hurlait-elle en se tortillant pour échapper à la brûlure du bâton. Arrête, papa, ça fait mal !

— C'était avant, affirma Gordon. Tu ne crains plus rien, maintenant.

Josie revint dans le présent se blottir dans les bras rassurants de Gordon. Apaisée, elle se retira et Jo se réveilla contre Gordon. Gênée comme d'habitude de découvrir qu'elle avait eu besoin d'être protégée, Jo se contracta.

— Je... je vais bien, déclara-t-elle.

En s'apercevant que Josie avait disparu, Gordon s'écarta lentement, sans toutefois s'éloigner afin de rappeler à Jo qu'elle n'avait rien à redouter de son étreinte.

Jo se détendit, heureuse de se retrouver chez les Wilson, puis une nostalgie douce-amère l'envahit. Lynn remarqua le regard rêveur de Jo perdu dans la contemplation des flammes.

— Que vois-tu, Jo ? demanda-t-elle vivement.

Encore surprise à rêvasser ! Mais cette fois-ci, Jo s'en amusa et répondit distraitement :

— Oh, rien. Je pensais à mon père.

Lynn l'encouragea à poursuivre.

— J'étais avec lui sur la plage. C'était au début de l'automne. J'étais assise dans les dunes à contempler l'ondulation des roseaux.

Jo pouvait presque sentir leurs pointes vertes glisser entre ses doigts. Elle humait presque le parfum d'iode et de sel.

— Je devais avoir onze ans. Mon père était parti s'asseoir sur une dune un peu plus loin. Il dessinait — ou il écrivait, je ne sais plus — quelque chose dans le sable de la pointe d'un bâton. Il avait l'air si triste et si malheureux, je m'en souviendrai toujours. J'aurais voulu le consoler mais je savais qu'il ne m'aurait pas laissée faire. Je n'ai jamais compris pourquoi, mais il se fermait parfois, et j'avais l'impression de ne plus exister pour lui.

Jo était contente d'avoir d'autres souvenirs plus agréables de son père pour contrebalancer celui-là.

Elle se laissa entraîner par sa nostalgie et j'en profitai pour prendre sa place, munie de quelques informations supplémentaires que m'avaient confiées certaines personnalités pour compléter le souvenir de Jo.

— Salut, tout le monde ! lançai-je avec l'air dégagé que j'adoptais toujours pour décrire une scène de sévices. Vous voulez connaître le fin mot de l'histoire ?

— Comme tu voudras, mon lapin, dit Lynn.

— Bon, comme vous le savez, Jo n'osait pas consoler son père, mais Missy s'en chargea.

» Ray a perdu les pédales quand Missy est venue câliner son papa. Bien que la Volée eût onze ans à l'époque, Missy avait toujours cinq ans. Peut-être Ray n'a-t-il pu supporter le comportement de « bébé » de sa fille, toujours est-il que sa réaction a effrayé Missy. Comme d'habitude dans ces cas-là, Rusty a pris le relais. J'imagine que sa bravade « Je suis un mec, et j'en ai une, moi aussi » a achevé Ray, et il s'est mis à lui asticoter l'entrejambes avec son bâton.

Riche d'une compréhension et d'un sentiment de bien-être nouveaux, Rusty me repoussa. Dans la Volée, nous savions tous que Rusty n'avait pas perdu un mot de mes explications.

— Hé, papa ! commença-t-il, tout excité. Le bâton ne m'a pas tué, les mots ne m'ont pas tué. C'est parce que je suis ici (il montra sa tête), et aussi là (son cœur), pas seulement là (son bas-ventre).

Avant que Lynn, Gordon ou moi ayons pu réagir, il avait déjà disparu.

D'abord stupéfaits, nous nous mîmes à parler tous en même temps.

— Comment a-t-il pu m'entendre ? m'exclamai-je.

— Dieu du ciel, il a enfin découvert ce qu'il est vraiment ! s'écria Gordon.

— Il se moque peut-être de vivre dans le corps d'une fille, à présent, commenta Lynn, enthousiaste.

— Rusty ! appelèrent-ils ensemble.

Je jetai un œil à l'intérieur. Rusty traînait dans les parages, amusé par la cacophonie qui lui parvenait aux oreilles, et sachant que je ne manquerais pas de venir le chercher.

Il me sourit, puis me caressa la joue d'un doigt léger.

« A plus tard », me lança-t-il avant de s'estomper en chantonnant une chanson de marin que lui avait apprise un de ses papas. « Je t'adore », lui murmurai-je dans le creux de l'oreille en le regardant disparaître, attendrie.

— Où est Rusty ? demanda Lynn. Tu ne crois pas qu'il devrait revenir pour qu'on reparle de tout ça ?

— Pas la peine. Il se débrouille très bien tout seul, affirmai-je.

Je les quittai peu après, pressée de retrouver Rusty, de le féliciter, de le remercier pour son geste, pour le cadeau qu'il venait de m'offrir. Il était des nôtres, maintenant.

33

En rentrant, je partageai avec enthousiasme mes découvertes avec Steve et lui racontai avec fierté comment Josie et Rusty avaient conjugué leurs efforts pour cicatriser une vieille blessure. Maintenant que Steve reconnaissait l'existence de plusieurs personnalités dans ce même corps, je tenais à ce qu'il les apprécie toutes, comme j'avais appris à le faire moi-même. Après tout, Steve allait épouser l'entité dans sa totalité ; il ne se marierait pas uniquement avec moi.

Le lendemain, nous allâmes chez des amis. Comme Jo voulait aussi passer quelque temps avec Steve, je me retirai pendant le long trajet du retour. Jo s'éveilla, regarda autour d'elle, puis jeta sans se cacher un coup d'œil à sa montre : Steve savait tout d'elle, maintenant.

Elle resta songeuse quelque temps, heureuse d'être à ses côtés. Il semblait avoir reconnu le changement de personnalité, cela suffisait à Jo. Puis elle décida qu'il était grand temps qu'ils discutent d'un sujet qui lui tenait à cœur.

— Dis-moi, Steve, tu préférerais être avec moi, une Multiple, ou avec quelqu'un d'« unique » ?

— Je ne sais pas, dit-il après une minute de réflexion.

Sa réponse ne vexa pas Jo ; Gordon et Lynn étaient les seuls dont le rejet eût pu l'atteindre. Les autres ne comptaient pas assez à ses yeux. Cependant, la réponse de Steve la surprit.

— Lynn m'a appris que Renée et toi songiez à vous marier en août.

— C'est exact. Qu'en penses-tu ?

— Eh bien... si tu n'es pas sûr de préférer être avec moi

plutôt qu'avec une autre, je ne comprends pas comment tu peux parler mariage.

Steve avoua ses réserves à Jo. L'été dernier, il avait cru comprendre que le but final, l'intégration, n'était plus qu'une question de temps. Or, maintenant, la Volée avait décidé de rester un groupe de personnalités distinctes.

— Toi-même, tu m'as dit que l'intégration était insoutenable du point de vue philosophique. Que tu aies raison ou pas, peu m'importe. Je ne veux pas passer le reste de ma vie avec toute une bande de personnalités différentes.

Il avoua que certaines lui posaient un véritable problème. Les « mâles » comme Rusty, par exemple, qui pourraient bien rechercher « des relations sexuelles avec des tiers ».

N'ayant pas été mise au courant du changement radical de Rusty, Jo examina l'argument de Steve avec beaucoup de sérieux.

— Dans le cas où Rusty manifesterait sa sexualité, je te comprendrais, admit-elle, mais revenons au problème de l'intégration.

Elle chercha une analogie pour lui faire comprendre la situation.

— Il n'y a pas si longtemps, commença-t-elle, j'étais contre l'intégration. Maintenant, je considère que ça ne sert à rien d'être pour ou contre. Tu te souviens de ce que dit Platon du bonheur dans *La République* ?

Oui, Steve s'en souvenait, mais Jo poursuivit sans le laisser intervenir.

— Platon dit qu'il est inutile de lutter pour le bonheur. Si l'on vit de façon juste, si toutes les parties de l'âme sont en harmonie, alors le bonheur suit nécessairement. (L'ironie pertinente de l'analogie fit sourire Jo.) Oublie le jeu de mots sur les parties de l'âme, reprit-elle. Je considère que la métaphore est très juste. Une Multiple ne doit pas rechercher l'intégration. Elle ne doit pas non plus la combattre du moment qu'elle mûrit et parvient à un meilleur équilibre. Si toutes les personnalités acquièrent leur plénitude et vivent en bonne harmonie, peut-être l'intégration en découle-t-elle naturellement.

— Je n'y avais pas songé, admit Steve.

Jo poursuivit néanmoins la critique objective des réserves qu'il avait émises.

— Je comprends parfaitement tes réticences. Il y a trop d'inconvénients pour les avantages que ça procure. Moi non plus, je ne me marierais pas avec un Multiple.

Pour Jo, le débat était clos : la Volée n'épouserait jamais Steve.

Mais je n'avais pas dit mon dernier mot, et le fis savoir à Steve quelques minutes plus tard. Jo ne s'était pas sentie rejetée, moi si.

— Depuis que nous vivons ensemble, tu sais que je suis une Multiple, déclarai-je avec humeur. Je te l'ai toujours dit. Les autres personnalités ne sont pas une nouveauté, alors comment peux-tu changer d'avis si soudainement ?

— Elles ne sont peut-être pas une nouveauté, mais je les regarde maintenant d'un œil neuf. Je ne supporte pas l'idée d'épouser quelqu'un possédant des personnalités comme Josie, qui risque à tout moment de foncer contre un mur, tête la première. Tu imagines dans quel état je serais si ma femme essayait de se suicider ? Et Rusty qui se prend pour un petit mâle ? Tu te vois épouser un homosexuel refoulé ?

Je trouvai les arguments de Steve ridicules.

— D'abord, répliquai-je, je n'aime pas plus que toi le comportement de Josie. Ses passages à l'acte font partie de l'aspect pathologique du syndrome que nous soignons avec les Wilson. A mesure que nous apprendrons à maîtriser notre peur et notre rage, Josie aura de moins en moins de raisons d'apparaître pour décharger ses émotions en se cognant la tête contre les murs.

» Pour les tentatives de suicide, c'est la même chose. Ce sont des réactions à des sévices passés. Nous sommes déjà moins suicidaires qu'avant, et j'ai bon espoir que nous cessions de l'être bientôt. Quant à Rusty, tu te trompes. C'est vrai qu'il se considère comme un garçon, et d'ailleurs c'en est un, mais pas au sens où tu l'entends. La Volée en tant qu'entité respecte notre engagement envers toi. Aucun d'entre nous ne recherche d'aventures érotiques et ce ne sera pas une fois mariés que nous commencerons.

— Oui, mais que se passera-t-il quand Rusty grandira et qu'il découvrira sa sexualité ?

— Je t'ai expliqué ce qui était arrivé à Rusty la nuit dernière, rétorquai-je. Pourquoi faire une fixation sur lui alors qu'il a probablement été « absorbé » par le groupe ? Tu devrais être fier de mes progrès. Eh bien, non, on dirait que tu les ignores délibérément.

— Écoute, tu me dis d'abord que ce sont des personnalités autonomes. Ensuite, quand je te fais part de mes inquiétudes, tu te fâches. Franchement, je ne sais pas quoi penser.

— Enfin, Steve ! Toi aussi tu as plusieurs facettes, et il y en a certaines qui me déplaisent. Pourtant, je t'aime et je veux que nous nous mariions. Eh bien, je suis d'accord pour épouser aussi tes côtés indésirables.

— C'est différent. Je ne suis pas plusieurs à la fois.

Nous étions arrivés à une impasse. Il prétendait vouloir m'épouser, et il était certainement d'accord pour accepter Jo et quelques autres, mais il refusait catégoriquement Josie, Rusty, et Missy.

Je lui répétai que j'aimais toutes les personnalités de la Volée. C'était à prendre ou à laisser. Pas question que je renie tel ou telle. Chaque personnalité était partie intégrante de l'ensemble.

Je m'en plaignis à Lynn.

— Comment Steve peut-il changer d'avis à ce point ? Je ne lui ai jamais caché la vérité. A part Gordon et toi, c'est même le seul à qui je faisais assez confiance pour que toutes les personnalités puissent s'exprimer en sa présence.

— C'est très juste, remarqua-t-elle. Mais rappelle-toi comment il était avant. Il a longtemps nié ta réalité de Multiple parce que ça l'arrangeait.

— Je sais, mais depuis, je l'ai laissé voir les autres, pour qu'il apprenne à les connaître et à les estimer, tout comme Gordon, toi et moi avons appris à le faire. Steve est passé d'un extrême à l'autre. Au début, il refusait de me voir en tant que dissociée ; maintenant, il ne s'aperçoit pas que nous formons un tout.

Je retournai à Harvard après Thanksgiving en me demandant comment venir à bout de l'incompréhension de Steve. Je me rendais bien compte que la Volée progressait. Mon but thérapeutique semblait à ma portée. Comment pourrais-je me retenir d'être celle que je savais être tout en préservant ma relation avec Steve ?

Je remis cette question à plus tard pour me consacrer à mes études. Je parlais avec Steve chaque semaine, mais n'abordais jamais le problème, qui me semblait à des années-lumière. Je reportais avec soulagement mon attention sur la lecture, mes cours et mes examens.

Mais Noël approchait à grands pas, et la Volée passerait cette année les fêtes de fin d'année en Virginie avec Nancy. Steve devait nous rejoindre là-bas.

Après Noël, quelques semaines seulement nous séparaient de la fin du semestre universitaire, des semaines qui s'annonçaient difficiles. La Volée revenait toujours de chez Nancy dans un état pitoyable. Pour éviter les éventuels dégâts, je téléphonai au Dr Mathews et convins d'un rendez-vous pour le 10 janvier.

Ce Noël-là, Steve se montra attentif et proche tant que nous étions en compagnie. Mais une fois seuls, il s'entêtait à refuser d'épouser une Multiple.

Nancy se montra d'un caractère de chien pendant toutes les vacances. Elle critiquait notre coiffure, nos vêtements et notre « côté intello ». Quand nous allions rendre visite à de la famille ou à des amis, elle se plaignait qu'on l'abandonne. Quelle différence avec le Noël dernier chez les Wilson !

Finalement, à bout, Joan Frances lui demanda :

— Maman, pourquoi tu me détestes ?

Nancy en fut sincèrement étonnée.

— Qu'est-ce que tu me chantes ? Tu sais très bien que je t'aime. Tu sais parfaitement que je suis toujours fière de ce que tu fais.

Joan Frances se tut. Sa mère l'aimait. Bien sûr qu'elle l'aimait ! Comment avait-elle pu en douter ? Elle devait certainement être folle.

34

Je rentrai à Harvard, déprimée et désorientée, ne pensant qu'à une chose : fuir Steve et Nancy, et me calfeutrer dans mon petit studio, où la Volée retrouverait peut-être un semblant d'équilibre.

Mais tout se dégrada : je perdais de plus en plus souvent le contrôle. Comme Jo, je vécus des passages à vide de plusieurs heures par jour, et je devins incapable d'enregistrer ce que faisaient les autres personnalités. Quatre ou cinq heures après ma dernière prise de conscience, je découvrais, impuissante, une autre personnalité agissant à ma place.

J'appris, soulagée, que quelqu'un assurait les cours, mais j'ignorais comment et par qui le temps était utilisé. Quand j'appelais Kendra, Missy ou celles avec qui j'avais l'habitude de communiquer, je me heurtais à un mur de silence. Si je n'avais pas eu sous les yeux la preuve qu'un certain travail se faisait en mon absence, j'aurais juré que j'étais seule.

Je ne l'étais pas, mais j'avais perdu le contact avec la Volée. Pire, de violentes douleurs à la tête et des traces sur les murs m'indiquaient que Josie émergeait de temps en temps, elle aussi.

Je me réjouis d'avoir eu la présence d'esprit de prendre rendez-vous avec le Dr Matthews avant les vacances. Je n'avais pas prévu que la Volée se disperserait à ce point, mais j'avais eu une intuition salutaire. Cependant, à l'approche de mon rendez-vous, je commençai à m'angoisser. Bien sûr, la Volée connaissait l'existence de ce rendez-vous et l'avait approuvé, mais la désorganisation était telle que tout pouvait arriver. J'avais beau me réveiller tous les matins avec l'espoir de découvrir le compte rendu des réunions internes qui m'éclairerait sur les causes de ce bouleversement, aucun signe d'Unité.

Le Dr Matthews avait rencontré Jo, Joan Frances et Rusty lors de nos précédentes visites, mais j'étais toujours restée assez près pour éviter que quiconque cède à la panique. Hélas, je n'avais plus cette maîtrise.

Je téléphonai finalement au Dr Matthews une heure avant le rendez-vous.

— Il me faut annuler notre rendez-vous, dis-je. J'ai trop peur de ce qui risque de se passer.

J'expliquai de mon mieux mon amnésie et l'état de désorganisation de la Volée, et le Dr Matthews me confia qu'il préférait parler à Lynn avant de me rencontrer. En fin d'après-midi, il n'avait pas encore réussi à la joindre.

— De quoi avez-vous peur ? me demanda-t-il.

— Je ne maîtrise plus rien. Je n'ose penser à ce qui se passerait si Josie sortait et fonçait dans un mur. Je sais qu'en venant vous voir il faudra que je réfléchisse à ce qui m'arrive, et je crains que cela ne provoque l'irruption de Josie.

Le Dr Matthews m'écouta attentivement, puis déclara :

— Je ne peux tolérer les conduites autodestructrices dans mon cabinet.

— Je vous comprends. Je n'ai pas non plus l'intention de les permettre. Malheureusement, je ne suis pas en état de décider. Personne dans la Volée ne veut blesser quiconque ni détruire quoi que ce soit volontairement. Josie n'agit pas intentionnellement, elle non plus. Mais se cogner la tête jusqu'à perdre conscience est le seul moyen qu'elle connaisse pour se défendre. D'ailleurs, elle ne va jamais aussi loin. Elle panique, puis se cogne une fois la tête, et une autre personnalité apparaît aussitôt.

— Je ne permettrai pas ça, répéta le Dr Matthews.

J'avais besoin d'une réponse claire.

— Qu'entendez-vous par là ? demandai-je. Que feriez-vous si cela arrivait ?

— J'appellerais la police.

— Non, impossible !

Ce serait pire. L'intervention de la police épouvanterait tout le monde et personne n'émergerait. Tout se terminerait en cellule de contention à l'hôpital psychiatrique. Camisole de force, plus camisole chimique, pas question !

— Dans ce cas, il vaut mieux que nous ne venions pas, dis-je au Dr Matthews. Je vous rappellerai quand ça ira mieux.

***

Journal — 14 janvier 1985

Au début, je n'ai pas pris au sérieux les plaintes de Renée concernant ses pertes de contrôle et son absence de maîtrise. Depuis les conférences intra-Volée d'Unité, j'appréhendais les choses sous l'angle de l'entité et du « contrôle exercé par le système »; les craintes d'une personnalité passaient au second plan. J'avais donc mis l'inquiétude de Renée sur le compte de l'angoisse excessive d'une des personnalités et je faisais confiance à la Volée pour résoudre le problème.

Même les descriptions par Renée des interventions de Josie et des traces sur les murs après son passage me prouvaient que le système maîtrisait d'une certaine manière la situation : les dommages avaient été évités; la Volée poursuivait ses études normalement, et préparait le retour à Chicago. Je m'étais donc bornée à rassurer Renée en lui disant que Gordon et moi nous occuperions de ses problèmes quand elle rentrerait. Je pensais que tout ce qui risquait d'arriver serait facilement contrôlé par la Volée.

Quand j'ai reçu le coup de fil de Renée après son échec avec le Dr Matthews, j'ai compris qu'elle était dans un état d'angoisse critique et qu'il était important pour elle que je lui fasse savoir que j'avais entendu son appel. Je pensais pouvoir mettre sur pied une sorte de plan de secours avec le Dr Matthews.

Renée a dû le prendre par surprise en l'appelant avant le rendez-vous, et il a réagi à ce qu'il a considéré comme du chantage et des manipulations. Je me suis même demandé si l'interdiction de laisser surgir Josie n'avait pas eu le même effet que les menaces du Dr Tate : forcer la Volée à tenir bon jusqu'à son retour ici.

Quand le Dr Matthews a finalement réussi à me joindre, je lui ai certifié que l'angoisse de Renée était réelle et qu'elle ne cherchait en aucun cas à le manipuler. Je lui ai expliqué qu'après avoir vu comment Gordon s'y prenait avec Josie, j'avais retrouvé suffisamment de sang-froid pour l'empêcher de faire des dégâts.

— Je ne sais pas à quoi vous ressemblez physiquement, ai-je précisé en me demandant soudain si ce type avait la force de contenir Josie, mais je me suis rendu compte que je la maîtrisais mieux quand je cessais d'avoir peur d'elle.

Peu après, profitant d'un moment de répit dans cette période agitée, Renée m'a raconté avec force éclats de rire que le Dr Matthews était bâti comme un rugbyman. Il n'avait pas répondu à ma question sur ses capacités physiques et s'était contenté de m'assurer qu'il se débrouillerait seul et dirait à Renée qu'elle pouvait passer le voir, si jamais elle le rappelait. Malheureusement, Renée n'avait plus assez confiance en elle, et encore moins en lui, pour reprendre contact.

Les deux jours suivants, j'ai parlé six fois au téléphone avec Renée, ce que je n'avais jamais jugé utile de faire depuis qu'elle était à Harvard. Je commençais à me demander si je ne m'étais pas trompée en croyant que la Volée parviendrait à fonctionner à peu près normalement pendant toute la durée de la thérapie. Je savais que de nombreux Multiples, y compris Sybil, avaient connu des troubles graves, et aussi qu'une perte de contrôle était fréquente à l'approche de l'intégration. Une coopération accrue s'était instaurée au sein de la Volée, qui semblait par ailleurs avoir mis au point un ingénieux système de décisions communautaires. Mais l'entité cédait à la panique. Était-ce là le revers de la médaille ?

***

Dimanche soir, deux jours avant de rentrer à Chicago pour les vacances, je me retrouvai pelotonnée sur le canapé, la main crispée sur le combiné du téléphone. Au bout du fil, Lynn s'efforçait de calmer Jo. Je maudis mon amnésie et mon impuissance et l'écoutai me dresser un bref résumé de la situation. Puis l'épouvante me prit sans que je sache pourquoi. Tremblante, j'essayais de me relaxer comme Lynn me le recommandait quand je perdis encore une fois le contrôle.

Missy prit le relais, et Lynn put enfin comprendre ce qui se passait.

— C'est à cause de la fille qui veut que sa maman l'aime, expliqua Missy. Maintenant, elle sait qu'elle aura beau faire, sa maman l'aimera jamais. Même si cette fille était la meilleure du monde, sa maman l'aimerait toujours pas. Elle dit que sa maman la croit folle, alors elle devient folle.

Joan Frances, la seule à douter de l'existence des autres personnalités, était donc la cause du chambardement. Pendant le séjour en Virginie, elle avait finalement abandonné tout espoir de satisfaire sa mère, et elle en avait, comme de juste, endossé la responsabilité. « C'est ma faute. J'ai tout compris de travers. Ma mère m'a toujours aimée, elle m'a toujours acceptée, c'est moi qui suis folle. » Plutôt que de recourir au suicide, elle plongea, pour de bon, dans la folie.

Pour sa mère comme pour Joan Frances, la folie était pire que la mort. On finissait par oublier le suicide de sa fille; on ne pouvait ignorer sa démence.

Missy manquait de vocabulaire pour décrire l'importance du rôle de Joan Frances. Elle utilisa son langage imagé.

— Cette fille tient Rusty et Renée et Jo et toutes les autres filles dans sa main comme si c'étaient des pièces de puzzle. Et puis, elle les jette. Y'a des pièces dans tous les coins.

— Où est Unité, Missy? demanda Lynn.

— Oh, elle? C'est la colle. Mais y'a plus rien à coller, maintenant.

— Eh bien, je comprends que vous vous sentiez tous éparpillés. Allez, va, que je voie si je peux aider Renée.

Avant que Missy disparaisse, j'entendis Lynn lui promettre :

— On rassemblera tous les morceaux quand tu seras à la maison.

Il y avait donc des explications à ma solitude, à mon angoisse. Joan Frances était devenue psychotique. Elle était la proie d'hallucinations terrifiantes : du sang suintait des murs; des araignées sortaient de la bouche des gens quand ils parlaient. Personne ne vivait directement les hallucinations de Joan Frances, mais la terreur qu'elle ressentait imbibait tout le système. La peur et la confusion ne s'arrêtèrent pas pour autant, mais j'en comprenais enfin les causes. J'avais quelque chose à quoi me raccrocher.

Le lendemain matin, tremblante, incapable de me concentrer, je remis la correction des copies de mes élèves à plus tard. Je me sentais décalée par rapport à la réalité. J'avais l'impression de précéder mes pensées et d'avoir en même temps toujours un pas de retard sur la réalité extérieure. Terrifiée, épouvantée, j'appelai Lynn.

Elle était en consultation, mais le fait de savoir qu'elle allait rappeler me soulagea. En attendant son coup de fil, je dressai une liste de ce que je devrais faire avant de quitter Harvard. Le temps semblait se réduire ; le fonctionnement de la Volée était précaire. Il y avait des tâches prioritaires au cas où les dernières quarante-huit heures m'échapperaient. La priorité des priorités, c'était la correction des copies. Si je ratais mon examen, la Volée en souffrirait et je m'y étais préparée. Mais je ne voulais pas que mes étudiants pâtissent des problèmes de la Volée.

Lynn me rappela. Je lui racontai les nouveaux symptômes et lui posai la question que j'avais sur les lèvres depuis mon réveil :

— Qu'est-ce qui m'arrive, Lynn ? Une crise psychotique ?

Lynn trouvait aussi que mes descriptions faisaient penser à la psychose, mais le fait que j'en sois consciente écartait cette hypothèse. Je raccrochai, songeant avec ironie que je n'étais pas folle... puisque je me rendais compte que je l'étais. J'étais plus déterminée que jamais à respecter mes engagements.

***

Lynn m'attendait à l'aéroport. Elle me conduisit chez elle. J'avais réussi ! Non seulement j'avais corrigé toutes les copies de mes élèves, mais j'avais aussi passé mes examens. Je me sentais rassurée, et le chaos qui régnait dans la Volée me pesait moins. Mais, plutôt que de me décontracter, je harcelai Lynn de questions. Oui, Gordon et elle étaient disposés à me suivre jusqu'à la fin de la crise. Oui, ils m'aideraient à recoller les morceaux pour que je puisse retourner à Harvard.

Restait donc Steve. J'avais retardé les explications, craignant de compromettre le mariage en révélant ma folie. La veille de mon départ, je m'étais enfin résolue à l'appeler et à lui parler de la désorganisation. Malgré ma crainte de le perdre, je n'étais pas en état de prétendre être la femme qu'il désirait. Steve me rassura et m'apporta son soutien.

Cependant, j'étais chez Lynn depuis deux heures quand il téléphona.

— Je t'ai appelée toute la matinée ! s'exclama-t-il, légèrement vexé.

— Je n'ai pas bougé de chez Lynn depuis mon arrivée. Je t'avais pourtant dit que ça allait très mal.

— Comment ? s'étonna-t-il, la colère l'emportant sur la peine. Tu n'es pas passée à la maison ? J'ai fait le ménage, j'ai même préparé un gâteau. Je pensais que tu aimerais offrir quelque chose à Lynn.

Déprimée, incomprise, je raccrochai.

— Je vis un véritable cauchemar, m'écriai-je, et Steve m'engueule pour une histoire de gâteau !

Lynn me rappela que la dénégation avait toujours été le système de défense de Steve, mais ça ne me consola pas, au contraire. Pourquoi est-ce que personne ne m'écoutait ? Steve refusait d'entendre que j'allais mal. Lynn ne m'écoutait pas davantage : je voulais qu'on m'aide, pas qu'on excuse Steve.

Je savais que j'étais injuste, mais la frustration l'emportait. Personne ne me comprenait, il fallait que je m'en aille, et vite.

Pendant que Lynn discutait au téléphone avec Steve, j'empoignai ma valise et me dirigeai vers la porte. Avant de sortir, j'entendis Lynn déclarer :

— Je ne vais pas lui courir après.

35

Journal — 18 janvier 1985

Quand Missy m'a appris ce qui se passait, j'ai compris que je devais parler à Joan Frances. Si elle a réellement renoncé à son désir névrotique de satisfaire sa mère, elle m'écoutera peut-être. Je sais, même si la Volée l'ignore, que le sentiment de culpabilité lié à l'inceste empêche toute relation vraie avec Nancy. L'entité doit d'abord s'accepter comme une rescapée des sévices paternels avant qu'elle puisse entretenir avec sa mère des rapports non conflictuels.

Les symptômes que Renée m'a décrits ne m'inquiétent pas. Je la connais assez pour comprendre qu'elle puisse s'angoisser à l'idée de perdre le contrôle, même si quelqu'un d'autre dans la Volée veille au bon fonctionnement de l'ensemble. Je sais aussi que malgré la désorganisation, la Volée ne souffre pas de dysfonctionnement. En fin de compte, les devoirs ont été corrigés et les examens passés.

Je pensais que Renée partageait mon point de vue sur ce que nous devions accomplir et j'avais pris une journée de congé pour l'attendre à l'aéroport. J'avais hâte de profiter de cette occasion pour entreprendre un travail intensif avec Joan Frances.

Mais Renée était terrifiée. Elle a essayé de le cacher en accusant Steve de ne pas la comprendre et en me reprochant de ne pas l'aider. Après quelques heures passées à lui apporter ce que je considérais comme mon soutien, j'ai perdu patience et je n'ai pas essayé de la retenir quand elle est partie.

J'ai promis à Renée de m'occuper d'elle en priorité pendant son séjour. La Volée est la bienvenue quand elle le veut, et j'ai le sentiment d'avoir amplement prouvé mon investissement au cours des quatre années de thérapie. C'est maintenant à elle de décider. J'ai traité Renée comme la personne raisonnable qu'elle est d'habitude. Steve aussi a du mal à supporter la régression de Renée et il ne comprend pas plus que moi ce qu'elle cherche. Comme de juste, Steve me rend responsable de la conduite de Renée.

⁂

Une fois sortie de chez Lynn, j'hésitai. Que faire ? Où aller ? Je ne supportais plus Lynn ni Steve. Je n'avais qu'une envie : les fuir tous, Lynn, Steve, et la Volée. Je descendis lentement la rue.

Gordon arrêta sa voiture à ma hauteur. Il s'engageait dans l'allée quand il m'avait vue quitter la maison. Au lieu d'entrer et de s'informer, il avait préféré suivre son instinct.

— Monte, je t'emmène. Où comptes-tu aller ?

— Je n'en sais rien, avouai-je en fondant en larmes. Personne ne veut m'écouter. Tout va de travers, je deviens folle ; je ne sais plus quoi faire.

— Retournons à la maison, proposa Gordon. Je dois me rendre à une réunion avec Lynn. Tu seras seule. Tu pourras réfléchir, dormir, faire ce que tu voudras jusqu'à notre retour.

A peine s'était-il rangé dans l'allée que j'eus la chance de perdre le contrôle. Je ne voulais surtout pas affronter Lynn après ma sortie précipitée. Je ne voulais m'occuper de rien. Perdre le contrôle avait du bon.

Jo s'éveilla, incertaine. Le rapide changement de Harvard à Chicago l'avait déboussolée, mais elle était heureuse de se retrouver chez les Wilson.

— Tu es arrivée aujourd'hui, expliqua Gordon en transportant ses bagages à l'intérieur.

Lynn l'accueillit avec le sourire, puis lui annonça qu'ils se rendaient à une réunion, mais que Steve ne tarderait certainement pas à l'appeler.

Effectivement, quelques minutes plus tard, le téléphone sonna.

— Allô, Jo ? Je passe te chercher, déclara Steve.

Jo ne savait que dire. Elle était rarement au courant de ce qui se passait. Comme personne ne prit sa place pour accepter ou refuser la proposition de Steve, elle décida de l'attendre.

Chez Steve, ils trinquèrent à son retour. Jo adorait la maison, ses chaudes boiseries, ses grandes baies vitrées et la véranda ensoleillée. Elle s'y était tellement habituée qu'elle serait triste en la quittant.

Steve paraissait songeur.

— Je vois un psychiatre en ce moment, déclara-t-il. Il faut que j'essaie d'apprendre à vivre avec une Multiple.

Jo était sidérée. Elle était certes contente que Steve s'occupe enfin de lui, mais elle ne comprenait pas pourquoi il devrait voir un psychiatre à cause d'elle.

— A t'entendre, on dirait que tu vis avec une plante exotique, remarqua-t-elle d'une voix amère. Pourquoi ne pas acheter un manuel du genre *Apprenez à vivre avec un Multiple* pendant que tu y es ?

Steve ne releva pas l'ironie.

— C'est exactement ça ! poursuivit-il. Et comme un tel livre n'existe pas, j'ai décidé de consulter un psychiatre.

— Je ne suis pas une plante, rétorqua Jo, qui se maîtrisait avec peine. Je suis un être humain. Je veux que tu me traites en être humain. J'ai droit à la dignité et au respect.

Là-dessus, elle s'effaça.

Kendra considéra Steve avec un sourire espiègle.

— Bravo ! Tu viens d'en éliminer deux. Tu as tout gâché avec Renée en refusant de prendre les problèmes de la Volée au sérieux, et maintenant tu recommences avec Jo en lui faisant comprendre qu'elle est encore plus bizarre qu'elle ne le croit. Tu frappes fort ! Mais, rassure-toi, tu ne me choqueras pas aussi facilement. Je vais prendre les choses en main jusqu'à ce que Lynn soit prête à nous aider. (Kendra esquissa un sourire rassurant.) Invite-moi donc au restaurant, suggéra-t-elle. Ce corps ne s'est quasiment rien mis sous la dent depuis des semaines.

Steve aimait la compagnie de Kendra, qui semblait à la fois contente d'elle et heureuse d'être avec lui. Ils dînèrent au restaurant et ne rentrèrent que tard dans la soirée. Lynn ne téléphona pas.

Le lendemain, Kendra, Karen et quelques autres se partagèrent de brèves périodes de temps. J'étais trop occupée à ruminer ma colère et ma douleur pour émerger, et aucune personnalité n'était assez solide pour garder le contrôle bien longtemps. Naguère, la Volée présentait une image cohérente au monde extérieur. Maintenant, les personnalités se relayaient à une telle vitesse qu'on aurait dit les décorations clignotantes d'un arbre de Noël.

Même Steve dut convenir du bouleversement de la Volée. Renée et Jo, ses deux préférées, ne sortaient plus, et il ne pouvait maintenir une discussion suivie avec la Volée sans que deux ou trois personnalités surgissent, le temps d'une remarque, pour disparaître aussi brusquement qu'elles étaient venues.

— Kendra, questionna-t-il ce soir-là, qu'est-il arrivé à la Volée ?

— Je suis navrée, répondit-elle poliment, je ne peux rien te dire.

Kendra s'efforçait d'agir pour le bien de la Volée, mais les autres personnalités étaient trop dispersées pour l'aider dans ses choix. L'Alliance — Kendra/Isis/Renée — s'était dissoute en janvier, comme tout le reste. Kendra jugea donc préférable de tenir sa langue.

Missy l'écarta pour prendre la place, ravie d'expliquer à Steve le désordre qui régnait à l'intérieur. Missy avait appris à bien se conduire avec Steve afin qu'il aime tous ceux de la Volée. En l'aidant à comprendre elle espérait gagner son amour.

Elle répéta son analogie du puzzle et expliqua que le problème, « c'était la fille, Joan Frances ». Elle répondit de son mieux à toutes les questions de Steve, puis lui montra qu'elle pouvait écrire des deux mains, et lui fit un beau dessin.

Steve riait aux plaisanteries de Missy, mais il n'était pas à l'aise.

— Je me demande ce que devient Lynn, dit-il. Tu aimerais parler à ton amie Lynn ?

— Oh, oui ! s'écria joyeusement Missy.

Malheureusement, Gordon et Lynn n'étaient pas là. Steve laissa un message sur le répondeur, puis, comme il était tard, ils montèrent se coucher. Au lit, Steve feuilleta un magazine ; à côté de lui, Missy, son ours en peluche dans les bras, essayait de rester éveillée en attendant l'appel de Lynn. Quand, vers trois heures du matin, le téléphone sonna enfin, Steve dormait à poings fermés et la Volée, impuissante à force de désorganisation, ne put répondre.

Le lendemain, Kendra se plaignit à Steve de l'inconséquence

de Lynn et de sa sortie : « Si la Volée veut me voir, elle sait où me trouver. »

— Jo, Renée et Joan Frances sont toutes les trois hors d'état, rouspéta Kendra. Et personne d'autre n'est assez fort pour maîtriser les choses bien longtemps. Bon sang ! Lynn ne comprend-elle pas à quel point ça va mal ?

Quand Steve appela Lynn, Kendra refusa de lui parler, mais Missy voulait bavarder avec son amie. Au plus fort du drame, à Harvard, au cours des derniers jours si pénibles, Lynn avait promis à Missy qu'elle réparerait la Volée à son retour. Deux jours s'étaient déjà écoulés depuis leur arrivée, et Missy ne voyait toujours rien venir.

— Tu ne répares rien du tout ! lui reprocha-t-elle en pleurant amèrement.

Lynn adopta un calme froid et distant.

— Je pars travailler, dit-elle. Je n'ai pas le temps de te parler.

Kendra prit vivement le relais.

— Tu sais où me trouver, répéta Lynn. La Volée est toujours la bienvenue chez moi, et tu le sais très bien. Je pars travailler, mais je serai chez moi ce soir. Viens si tu veux.

Le soir venu, Kendra demanda à Steve de la conduire chez les Wilson.

— Je ne veux pas y aller en voiture, expliqua-t-elle. Je ne veux pas qu'un membre de la Volée s'en serve pour s'enfuir. Ça serait trop facile !

***

— Je n'ai pas l'intention de m'excuser, déclara fermement Lynn en accueillant Kendra.

Elle n'avait plus à se justifier depuis longtemps, disait-elle.

— Au bout de quatre ans, la Volée devrait tout de même savoir que je suis toujours là pour l'aider.

— Si on était capable de comprendre ça, riposta Kendra, on n'en serait probablement pas là.

Lynn attendait la suite.

— Tu sais ce que prétend Steve ? reprit Kendra. Il dit que tu as perdu ton instinct de clinicienne, que tu es trop impliquée émotionnellement pour pouvoir encore aider la Volée.

» Et l'homme, Steve, il dit que tu es fâchée parce qu'on te

donne pas d'argent, intervint Missy, tout sourire parce qu'elle avait une solution. C'est facile à régler. Tiens, tu veux ça ?

Elle tira de sa poche le billet de vingt dollars que Steve y avait glissé pour le cas où la Volée s'enfuirait. Il avait expliqué à Missy qu'elle devait le garder précieusement et l'utiliser si elle voulait rentrer à la maison.

— Prends cet argent, insista Missy, et répare le puzzle.

— Non, Missy, je ne veux pas de cet argent, soupira Lynn en lui ouvrant les bras. Viens ici, mon lapin.

Missy se jeta dans les bras de son amie. Après quelques instants, Kendra se dégagea de l'étreinte de Lynn, qui caressait l'épaule de Missy, perdue dans ses pensées.

— Une partie du problème provient du fait que vous ne dites pas ce qui se passe, expliqua Lynn en souriant à Kendra. J'entends parler des hallucinations de Joan Frances, du désordre de la Volée, mais personne ne me laisse approcher de peur que je découvre le vrai problème. Quand la Volée est rentrée de Harvard, Renée a passé l'après-midi à quémander mon aide tout en m'empêchant d'intervenir.

— Oui, on est dans un drôle d'état ! s'exclama Kendra, rassurée que Lynn ait deviné.

Le lendemain, vers midi, Lynn téléphona chez Steve pour prendre des nouvelles de la Volée. Le soir, nous retournâmes chez les Wilson et, après un rapide entretien avec Kendra, puis avec Missy, Lynn se retrouva devant Joan Frances.

Joan Frances, absorbée par ses hallucinations, commença par garder le silence. Les ampoules électriques du salon brillaient comme des soleils miniature ; les couleurs des murs et des rideaux dégoulinaient comme dans un tableau de Dali. Joan Frances observait tout cela d'un œil distrait, sans chercher à comprendre.

Puis elle ressentit la vive nécessité de se raccrocher à la réalité. Elle s'assit, regarda Lynn. Elle avait besoin de... de... juste de quelque chose et tout irait bien.

— Il faut que je parte, annonça-t-elle.

— Non, fit Lynn, je ne te laisserai pas partir dans cet état.

— Si, il faut que je parte, insista Joan Frances. Il faut que j'aille au magasin.

Éberluée, Lynn l'examina attentivement.

— Au magasin ? Acheter quoi ?

Joan Frances fit un effort de concentration. La réponse était là, tout près, lui échappant, pourtant.

— Je ne sais pas, parvint-elle à articuler, mais je le saurai quand j'y serai.

— Non, pas question, persista Lynn. Je ne te laisserai pas y aller seule.

Joan Frances, l'unique personnalité qui avait toujours refusé les offres de Lynn, formula alors sa première demande :

— Emmène-moi.

Lynn hésitait.

— Supposons que tes hallucinations te reprennent, dit-elle. Je ne veux pas risquer de voir arriver Josie pendant que je conduis.

— Emmène-la, dirent ensemble Missy et Kendra. Emmène-la, on t'aidera.

Lynn accepta de conduire Joan Frances au centre commercial. Une fois à l'intérieur, Joan Frances eut un mouvement de recul. Dans une lumière crue, au milieu d'une cacophonie inquiétante, les badauds qui se pressaient autour des vitrines tourbillonnaient en un ballet surréaliste. Épouvantée, Joan Frances vacilla.

Lynn lui prit le bras, et Joan Frances, qui n'avait jamais laissé Lynn la toucher, se cramponna à ce bras secourable. Sans un mot, elle entraîna Lynn de magasin en magasin, fouillant dans les rayons des jouets et de la papeterie. Lynn comprit soudain. Elle cherchait un puzzle !

Elles le trouvèrent en même temps. C'était un œuf, un œuf de plastique transparent fait de multiples morceaux entrelacés.

— La fille veut encore autre chose, déclara Missy à la sortie du magasin.

Joan Frances voulait de la colle, qu'elles trouvèrent dans une quincaillerie. Ses achats en main, Joan Frances se détendit, desserra son étreinte, puis regarda autour d'elle. Elle avait repris contact avec la réalité ; les hallucinations avaient disparu. Satisfaite, son devoir accompli, Joan Frances reflua à l'intérieur.

Je parus pour la première fois depuis que, furieuse et paniquée, j'avais quitté précipitamment la maison des Wilson.

— C'est comme si je m'éveillais d'un cauchemar, dis-je.

A peine avais-je parlé que je me demandai qui j'étais.

— Renée ? fit Lynn.

— Oui, mais plus encore.

C'était le groupe qui avait répondu. Je parlais non seulement au nom de Renée, mais aussi des autres. Je sentis l'entité s'agiter en moi.

— Je ne veux pas partir tout de suite, déclarai-je. Allons quelque part où je puisse réfléchir à ce qui m'arrive.

— Bien sûr, acquiesça Lynn en m'entraînant vers une brasserie.

Elle commanda deux cafés et attendit.

— C'est Renée, n'est-ce pas ? finit-elle par s'enquérir.

— Oui, c'est moi, commençai-je, incapable de formuler l'impression de tourbillon que je ressentais en moi. C'est moi, mais c'est plus encore.

Je jetai un regard surpris sur les paquets que je serrais dans mes mains. Je ne me rappelais pas comment ils étaient arrivés là, mais j'étais sûre qu'ils m'appartenaient.

— C'est à moi, n'est-ce pas ?

Lynn acquiesça. J'ouvris l'un des paquets et découvris l'œuf. Je sus tout de suite ce que c'était et en compris instantanément le sens profond. C'était le centre de mon être, enfin réuni, ordonné. La Volée était toujours faite d'éléments distincts, mais ces éléments s'imbriquaient dans un tout cohérent.

Je pris l'œuf entre mes mains et remarquai le tube de colle. La colle empêcherait les morceaux de s'éparpiller à nouveau. Nous faisions partie de la même entité... pour toujours, cette fois.

J'étendis la colle sur les jointures de l'œuf, et le scellai.

— C'était à Joan Frances de trouver l'œuf, méditai-je à haute voix. A moi d'ajouter la colle.

36

Journal — 21 janvier 1985

J'ai enfin compris. En rentrant de Harvard, Renée prétendait que la Volée avait besoin de m'entendre confirmer mon amour pour eux. Eh bien, elle avait raison. La Volée était écartelée et ne pouvait se raccrocher à rien. Elle refusait toujours de trahir sa mère, et hésitait encore à m'accepter, moi qui l'aimais alors que je connaissais tout de son passé. Joan Frances, brûlant pour sa mère d'une haine auparavant dirigée contre elle-même, avait trouvé la meilleure vengeance possible en devenant psychotique. Bien sûr, Nancy n'avait aucune idée de ce qui se tramait, mais Joan Frances avait réussi à terrifier Renée.

Renée avait tellement peur que je réagisse comme Nancy qu'elle a fait tout son possible pour que je la rejette. C'était la dernière épreuve, mon dernier test, en somme.

« M'aimeras-tu si je suis une incapable ? Ma mère n'a pas pu, elle. » C'était en quelque sorte la question que Joan Frances m'avait adressée. Ce soir, aucune personnalité n'a voulu intervenir et camoufler la demande de Joan Frances. Même Unité a été obligée de laisser se former un être complet, plus unitaire qu'elle-même.

***

Après l'achat de l'œuf, une force nouvelle me vivifia ; j'étais enivrée par un sentiment de sécurité venu du tréfonds de mon être. J'étais Renée avec un ego séparé et distinct, mais des voix internes m'affirmaient que les autres aussi possédaient leur propre ego. Et tous ces ego étaient proches, solidaires. J'avais, je ne savais comment, réussi à puiser à notre source commune. Plus rien ne m'était impossible.

J'étais déterminée à utiliser ma force nouvellement acquise pour consolider ma relation avec Steve.

En rentrant, je fus bombardée de reproches. Steve ne voulait plus voir Missy apparaître. Il ne supportait plus qu'une enfant de cinq ans occupe le corps de la femme qu'il aimait. Mais ce n'était pas tout : aucune des personnalités qui avait permis à la Volée de fonctionner pendant la crise que je traversais ne trouvait grâce à ses yeux.

Je lui répondis qu'il n'aurait certainement plus l'occasion de les revoir. Je sentais que le temps des sorties incontrôlées était révolu et que nous ne donnerions plus à Steve l'occasion de nous dire de telles méchancetés.

A mesure que je m'éloignais de Steve, je commençais à entrevoir sa propre incertitude et à me demander si la Volée était seule responsable de l'échec de notre relation.

Nos disputes se terminaient inlassablement de la même façon. Il ne voulait pas épouser une Multiple, disait-il, à quoi je rétorquais qu'il n'était pas honnête, que ma qualité de Multiple posait moins de problèmes qu'il ne le pensait. Nous savions qu'il nous fallait aborder la question sous un autre angle, et j'insistais pour que nous ayons une discussion franche avant de retourner à Harvard.

La veille de mon départ, nous allâmes chez les Wilson. Lynn avait accepté de nous aider à nous comprendre mutuellement.

— Steve refuse de m'épouser parce que je suis une Multiple, commençai-je. Il prétend qu'il ignore dans quel état je serai dans cinq ans. Moi, je dis que c'est des foutaises ! Je suis en thérapie, je vis toutes sortes d'expériences, je mûris, mais au fond de moi je reste la même que Steve a rencontrée il y quelques années et qu'il a aimée.

— Ce n'est pas la même chose ! s'exclama Steve. Maintenant, tu m'as convaincu que tu étais faite d'un tas de personnages différents.

— Oui, mais ça aussi, c'est en train de bouger.

Il admit que ma perception des diverses personnalités avait changé récemment, mais maintint que c'était justement l'un des problèmes.

— J'apprends à accepter une chose, se plaignit-il, et voilà que ça change aussitôt. Je ne sais jamais quoi penser.

— Nous changeons tous, Steve, intervint Lynn. Renée ne peut pas te dire comment elle sera dans cinq ans, mais elle ne sait pas davantage comment tu seras, toi.

— Écoute, me dit Steve. La nuit de l'œuf, tu déclarais que tu étais, toi, l'entité, « un peu Missy, un peu Rusty », etc. Tu vois, ce n'est pas fini.

» Si tu es capable de dire « Je suis Josie, je me cogne la tête contre les murs » et de cesser de le faire parce que Renée ne le veut pas, là ce sera la preuve d'une intégration radicale.

Je pesai soigneusement ce qu'impliquait le propos de Steve. A supposer que j'acquiesce, cela voudrait dire que la Volée avait plus changé que je ne m'en étais rendu compte. En refusant, je niais l'unité que je sentais grandir en moi. Je connaissais ma Volée comme jamais. J'avais en eux une confiance aveugle, en moi aussi. Je savais que la Volée m'obligerait à dire la vérité. Lynn me considérait d'un air songeur.

Lorsque j'ouvris la bouche, « je » sortit de la personnalité nommée Renée et enlaça toutes les autres dans mes bras d'un geste protecteur. Je déclarai alors, d'une voix qui les englobait toutes :

— Je suis Josie, celle qui se cogne la tête contre les murs. Jusqu'à présent, c'était ma seule façon d'exprimer *mes* peurs, *mes* frustrations et *ma* colère.

— Il faudra que tu trouves d'autres moyens d'expression, remarqua Steve.

— Je suis Kendra, et je sais ce que je veux. Auparavant, seule une personnalité possédait cette capacité parce que je calquais trop mes désirs sur ceux des autres pour comprendre que les miens comptaient aussi.

» Je suis Rusty, le navigateur. Moi, en temps qu'entité, j'adore naviguer, j'y trouve un sentiment d'accomplissement et beaucoup de plaisir. Cette partie de moi était de sexe masculin parce qu'il était parfois dangereux d'être une fille. La personnalité nommée Rusty a permis à l'entité de gagner confiance, force et sentiment de sécurité.

» J'ai passé une grande partie de ma vie à dissocier mes forces parce que la Volée avait été gravement agressée.

Je réfléchis longuement. Non, ça n'allait pas. Ce n'était pas eux, c'était moi.

— Les forces ont été dissociées parce que j'étais blessée. Enfant, j'ai subi trop de sévices.

— C'est ça ! s'exclama Steve. C'est ça ! Tu le reconnais enfin !

— Tu ferais mieux de l'écouter, intervint Lynn. Elle n'a pas fini.

— Je suis aussi Missy, repris-je. Cette partie de moi-même a mis du temps à panser ses plaies et à se sentir en sécurité. Mais maintenant, elle a réussi, même si elle reste encore fragile. Elle représente ma créativité artistique, et je n'ai plus à en avoir honte.

» Et je suis aussi Jo, celle qui se réfugie dans la pensée abstraite et les études. Et aussi Joan Frances, qui voudrait bien arriver à s'entendre avec sa mère.

Je m'arrêtai, soudain épuisée. Il se passait trop de choses en moi. Les personnalités se regardèrent, puis s'enlacèrent jusqu'à s'imbriquer en une seule et unique entité.

Elles étaient moi. Les multiples personnalités du passé étaient devenues de simples aspects différents de moi-même.

— Et toi ? demandai-je alors à Steve avec un brin d'insolence. As-tu réglé tes propres problèmes ?

— Oui, en grande partie, avança-t-il prudemment.

— Alors ? Ce mariage ?

— Pas si vite, m'arrêta-t-il. Voyons d'abord comment tu te débrouilles.

— Qu'en penses-tu ? me demanda Lynn.

— De quoi ? De ça ? dis-je en montrant Steve.

Je hochai pensivement la tête. Je n'avais rien à ajouter.

— Que penses-tu de ce que tu viens de dire ? demanda ensuite Lynn à Steve.

— On pourrait en déduire qu'il reste un obstacle à franchir. Mais ce n'est pas ce que je voulais dire.

Je me levai et sortis. J'avais besoin de marcher, d'être seule, de réfléchir. J'avais besoin d'être loin de Steve, qui venait de m'obliger à franchir le dernier pas, loin de Lynn, qui avait fortifié, avec son amour, toutes les personnalités de la Volée pour me permettre de devenir une et indivisible. J'avais besoin de me retrouver seule avec moi-même, l'être unique et indissociable qui avait existé depuis toujours, depuis la plus petite enfance.

Qui étais-je ? J'étais toujours consciente de mes « personnalités » internes, mais la voix, les expressions, les décisions, les actes reflétaient un seul et même être.

J'étais la Volée avec toutes ses personnalités, réunie par un même instinct. Un groupe d'âmes doté d'une pensée unique, convergeant vers un destin commun.

J'étais la pensée, la voix de toutes les personnalités existantes, de toutes les potentialités. En évolution. Un être humain.

37

Journal – juillet 1985

Six mois ont passé depuis l'intégration de la Volée et je ne m'habitue toujours pas à l'appeler Joan. De tous les noms que possédaient les personnalités — dont certains très proches : Jo, Josie, Joan Frances — Joan est celui qu'elle préfère. L'être intégré s'épanouit comme une fleur. Joan appelle ce qui s'est passé durant ces soirées de janvier le début de sa « synthèse » et elle dit qu'elle est « plus tout à fait une Multiple, mais pas encore unifiée ». Elle avance à son rythme et m'écrit comment elle se débrouille.

« Je ne prétends pas être subitement « devenue Une » le 23 janvier. Je ne pouvais nier à l'époque que diverses parties œuvraient encore en moi, mais pour la première fois je ne pouvais non plus nier l'unité qui s'instaurait. « Je » suis elles à moi seule, et plus encore. Ce soir-là, pour la première fois, j'ai parlé en leur nom. J'étais la voix extérieure d'une multitude interne. Depuis ce jour, les personnalités possèdent le temps dans son intégralité, toutes en même temps.

» On me pousse parfois du coude pour m'avertir ou m'encourager. Si j'accepte une tâche supplémentaire, j'entends : « Attention à ne pas te surmener. » Et quand je croule sous le travail, une voix me conseille : « C'est le moment de sortir prendre l'air. » Chaque personnalité fait une suggestion, offre un conseil, exige quelque chose, et c'est à moi d'accommoder. Je me sens « bien entourée », mais pas ce qu'on appelle intégrée. Après un mois de doute, j'ai décidé de ne plus m'inquiéter de l'appellation. Est-ce cela l'intégration ? Je n'en suis pas sûre. Je suis satisfaite de la tournure des événements, mais je crains qu'en parlant d'intégration, une partie de moi ne disparaisse.

» Je me suis plongée dans les études et j'ai peu à peu cessé d'entendre mes voix intérieures. Après des jours, puis des semaines, puis des mois de synthèse, les distinctions entre les anciennes personnalités se sont effacées. Les centres d'intérêt, les talents, les ressources ont été préservés ; je reconnais toujours les traits particuliers de chaque personnalité, mais renforcés et atténués en même temps par les qualités des autres.

» Je pense approcher de l'intégration totale, mais je frémis encore à cette pensée. J'ai l'impression que je peux maintenir l'ensemble réuni à condition de ne pas m'inquiéter d'une éventuelle dispersion. »

Pendant son premier semestre d'« intégrée » à Harvard, j'ai souvent parlé à Joan. J'ai noté que sa voix changeait, devenant plus riche, plus agréable, à mesure qu'elle englobait les timbres et les intonations des autres personnalités. J'aurais donc dû être prévenue, mais lorsque je l'ai revue après six mois d'absence, je dois avouer que j'ai été stupéfaite par son changement.

La Joan « intégrée » me procure la même joie que ma première petite-fille, Hilary, à sa naissance. J'avais retrouvé en elle ses parents, Neal et Marianne, ses oncles, ses tantes ainsi que ses grands-parents. Avant d'avoir pu l'apprécier, je l'avais tout de suite aimée pour tous ceux que je voyais en elle.

J'ai l'impression de ne pas connaître Joan l'intégrée, mais je retrouve la Volée. Je reconnais le haussement d'épaules de Rusty, le sourire de Missy ; je devine l'effort de concentration de Jo dans le plissement du front et je m'émerveille du regard pétillant de Renée quand Jo conclut un raisonnement brillant ou prépare une remarque ironique.

Je respecte la nécessité pour Joan de s'interroger sur son état, mais je doute qu'elle se dissocie de nouveau. Je découvre également avec surprise à quel point je me sens à l'aise avec Joan seule. Les personnalités séparées ne me manquent pas. Jo a raison : d'une certaine manière, elles sont toutes là, miraculeusement.

***

Janvier 1986

Au bout d'un an, Joan a fini par se déclarer intégrée. Elle est équilibrée et toujours aussi active. Elle s'amuse de mes plaisanteries sur ses anciennes craintes de perdre une partie de ses qualités du fait de l'intégration, et elle est fière de tout ce qu'elle a accompli. Elle termine son doctorat et c'est un excellent marin.

J'aime voir le changement qui s'est opéré en elle. Elle travaille toujours autant, mais d'une manière moins compulsive. Je le lui ai fait remarquer la semaine dernière au cours d'une promenade. Elle a longuement réfléchi, puis elle m'a déclaré qu'elle travaillait maintenant dans la joie. Ce n'est plus la peur qui la pousse.

— La peur, m'a-t-elle déclaré, c'est la seule chose que j'ai perdue avec l'intégration.

» Avant, j'avais toujours peur. J'avais peur de ne pas réussir à camoufler mon état de dissociation, peur d'une sortie inopportune, peur de ne pas contrôler les personnalités. Mais j'avais surtout peur de ne pas pouvoir me contrôler, moi. Mon existence entière était régie par la peur, au point que je craignais de craquer, de sombrer un jour dans la dépression, le dysfonctionnement, et de ne jamais m'en remettre. Maintenant, je n'ai plus peur. Il m'arrive d'être triste, déprimée, mais je sais que les mauvais moments ne dureront pas. J'ai confiance en moi.

Entre Steve et Joan, peu de choses ont changé. Elle habite toujours avec lui, mais j'ai l'impression qu'ils commencent à se détacher l'un de l'autre. Ils forment encore un couple, mais sont plus indépendants. Joan mûrit et Steve semble disposé à la laisser vivre sa vie.

*
**

Juillet 1986

Joan a obtenu son diplôme de Harvard et elle enseigne à mi-temps ici, à Chicago, mais je vois bien qu'elle ne tient pas en place. Elle veut un poste stable à plein temps et oriente ses recherches en dehors de l'Illinois. Elle a obtenu un contrat de trois mois à Washington, à partir de janvier prochain, et m'a avoué son intention de quitter définitivement Chicago à la rentrée suivante.

Joan dit qu'elle ne veut pas rester avec Steve s'il ne l'épouse pas, ce qu'il ne fera jamais. Je crois qu'ils ont tous deux pris la bonne décision. Joan a besoin de mener une vie indépendante. Épouser Steve signifierait qu'elle retarde son autonomie en attendant de se sentir plus forte. Non, le mariage est sans avenir pour ces deux-là.

***

Janvier 1987

Joan est maintenant à Washington. Je vois bien à ses lettres et à ses appels téléphoniques que son nouveau travail lui convient. Elle postule actuellement pour un poste de professeur qui commencerait à l'automne.

J'ai moi aussi entrepris des innovations dans ma carrière. Quand j'ai commencé à soigner Joan, j'étais seule. Je me suis depuis affiliée à un réseau de cliniciens : The International Society for the Study of Multiple Personnality Disorder. *Ce groupe ne se borne pas à la simple étude des Multiples, comme j'ai pu m'en apercevoir en assistant à la réunion annuelle de l'automne dernier. Nous échangeons nos idées, ce qui est forcément bon pour nos patients. J'ai trois Multiples en thérapie, plus une quatrième que je soupçonne fort de présenter aussi cette pathologie. J'invite parfois un patient chez moi, mais je les traite essentiellement dans le cadre de mon cabinet. Gordon continue à travailler en tant que cothérapeute. Le maternage peut avoir lieu aussi bien dans un bureau qu'en dehors. Le principe reste le même : Gordon et moi montrons aux Multiples l'exemple de parents attentifs et protecteurs que les personnalités reproduisent ensuite dans leurs relations entre elles. Je ne regretterai jamais d'avoir « adopté » Joan, mais je suis soulagée de pouvoir traiter les Multiples dans un cadre institutionnel.*

38

Il n'y a que les romans qui se terminent bien. J'étais intégrée, certes, mais loin d'être « équilibrée ». Ma rupture avec Steve devait rester longtemps la seule bonne décision de ma vie sentimentale.

En quittant la sécurité qu'il m'offrait, je découvris que j'étais une proie facile pour les hommes à la recherche d'une victime. Gary d'abord, puis Sam et Adam, chacun plus dangereux que le précédent, devinèrent vite en moi l'enfant maltraitée en quête de nouveaux sévices.

Gary était un drogué — guéri, soi-disant. J'ai mis un an à comprendre qu'il prenait toujours de la drogue — grâce à mon argent, dont il faisait profiter sa maîtresse par-dessus le marché.

« Un arnaqueur, me dis-je. N'importe qui s'y serait laissé prendre. »

Ensuite, il y eut Sam. Je le laissai emménager chez moi et il viola mon âme. Rien n'échappait à sa curiosité malsaine et il m'accusait des pires maux. Un jour, pendant mon absence, il découvrit et lut le journal de la Volée ainsi que ma correspondance que j'avais cachés dans un faux tiroir. Il questionna mes collègues sur ma vie sexuelle, passée et présente. Il révéla à certains de mes étudiants mon passé de Multiple.

Je n'arrivais pas à lui demander de partir. Au lieu de cela, je passais mon temps à essayer de lui démontrer que je n'étais pas la salope qu'il clamait.

J'étais décidée à mener une vie sexuelle normale, sans me demander si le fait de satisfaire les appétits sadiques de mon partenaire était un gage de normalité. Il me répétait que j'avais eu de la chance de le rencontrer et je le croyais. Il menaçait de détruire mes amitiés et mes relations professionnelles si j'osais me soustraire à son influence. Et il tint parole.

Je m'arrachai aux bras de Sam pour tomber dans ceux d'Adam. Adam me tabassait. Enfant battu, sortant d'un mariage désastreux, il prétendait que j'étais sa dernière chance. Nous vivions chacun de notre côté, mais nous dînions souvent chez lui et nous y passions de nombreuses soirées. Environ une fois par semaine, ces soirées tournaient au cauchemar.

Adam aimait que je vienne chez lui, que je prépare le dîner et que j'écoute ses exploits de la journée. Il louait ma compassion et ma compréhension de ses souffrances passées.

Mais il n'aimait pas que je rentre dormir chez moi. Quand l'heure de mon départ approchait, il se saoulait, m'appelait par le prénom de sa femme et m'accablait de sarcasmes.

— Je parie que tu te crois maline ! rugissait-il. Ah, parce que tu as fait Harvard, tu te crois tout permis ! Je vais t'arranger la gueule, sale bêcheuse, tu vas voir !

Je protestais qu'il était intelligent, un agent de change l'était forcément, que j'aurais été incapable de faire son métier, rien ne le calmait. Quand je lui disais que seule la chance m'avait valu d'être reçue à Harvard, il s'en prenait à ma fausse modestie, comme il disait.

La même scène se répétait sans que je trouve une issue : quoi que je dise, quoi que je fasse, rien ne l'arrêtait. Il devenait fou furieux.

— Ah, tu te crois si intelligente, si maline !

Je me disais que si c'était vrai, j'aurais déjà trouvé le moyen d'échapper à ses griffes. Mais, dès que je faisais mine de partir, il passait à l'attaque : une gifle, une bourrade. Parfois, il attendait que j'aie la main sur la poignée pour m'agripper en ricanant. Ça se terminait toujours de la même façon : épuisée, je m'écroulais en pleurant et Adam s'excusait, me suppliait de lui donner une nouvelle chance. Il avait cru que je le quittais pour toujours, il s'était senti rejeté mais ça allait mieux maintenant. J'avais tendance à tolérer son transfert. J'étais sûre qu'il le dépasserait. J'avais été comme lui, après tout.

Un soir, en rentrant chez moi, je contemplai mon œil au beurre noir, le bleu sur ma pommette, trop fatiguée pour me demander quelle histoire raconter le lendemain à mes élèves et à mes collègues pour justifier les coups. « Cesser d'être une Multiple pour ça ! » m'exclamai-je, furieuse. J'appelai aussitôt Lynn.

Le téléphone ravivait la douleur sur ma joue ; j'en voulais à Lynn d'avoir brisé mes défenses.

— Ça ne valait pas la peine de guérir ! hurlai-je dans l'appareil.

Je lui racontai les détails de mes tumultueuses aventures sentimentales, que je lui avais cachées depuis un an et demi de crainte que sa désapprobation accroisse ma culpabilité.

Lynn me prêta une oreille compatissante.

— Ma pauvre chérie ! Pourquoi ne me l'as-tu pas dit plus tôt ? Dire que je ne te demandais pas comment ça allait pour ne pas m'immiscer dans ta vie privée !

La colère passée, je me sentis aussitôt en sécurité. Lynn allait m'aider à trouver une solution.

— A toute chose, malheur est bon, décréta Lynn. Tu es toujours en un seul morceau.

— Ça, c'est vrai. Parfois, quand Adam me bat, j'ai envie de disparaître, de perdre le contrôle, mais je ne l'ai pas fait. Je vais m'en sortir, ajoutai-je. Mais j'ai besoin d'aide.

— Bien sûr, mon lapin. Je t'autorise à suivre une thérapie sans moi, si c'est ce que tu veux.

Une année de psychothérapie — classique, cette fois — me permit de retrouver une sorte d'équilibre. Je découvris ma part de responsabilité dans mes désastres sentimentaux. J'étais inconsciemment à l'affût des pervers sadiques, je les provoquais, je les titillais, je découvrais intuitivement leurs points faibles et je m'installais ensuite dans la peau de la victime qui l'avait bien cherché.

A présent je n'avais plus besoin de provoquer les sévices, ou de les infliger moi-même. Je me protégeai un temps des répétitions du passé, délaissai les amants pour les amis.

Mon psychiatre ne connaissait pas les Multiples mais mon parcours l'intriguait. Il fut stupéfait quand je lui fis lire mon journal, puis il eut de longues conversations téléphoniques avec Lynn.

— Votre histoire mériterait d'être connue, dit-il un jour. Joan, vous devriez l'écrire, ça vous donnerait une meilleure idée du chemin parcouru. Donnez-vous du temps. Vous avez la demande affective d'une petite fille… une petite fille qui en a vu de toutes les couleurs. N'essayez pas de vous précipiter dans une relation amoureuse. Vous bâtirez votre propre nid quand vous aurez grandi. Vous venez juste d'apprendre à voler.

Puis, ayant consolidé ma propre personnalité, je trouvai la force d'affronter ma mère. J'avais préparé depuis des mois ce que je voulais lui dire, mais quand nous nous retrouvions en tête à tête, les mots ne sortaient pas.

— Il m'a violée, maman, lui dis-je enfin. Il a abusé de moi pendant des années, et un soir, il m'a violée.

Je retins mes larmes, prête à supporter ses dénégations, mais je découvris avec stupéfaction une femme acceptant un fait qu'elle avait refusé de voir pendant des années.

— Ça ne m'étonne pas, finit-elle par déclarer avant de puiser dans ses souvenirs des anecdotes pour m'apporter un réconfort. Je te jure que j'ignorais tout. Je savais que ton père avait des problèmes sexuels, mais je n'aurais jamais cru qu'il te ferait du mal.

Nous ne parlâmes plus jamais de l'inceste. C'était superflu. Comprenant mon besoin vital, ma mère avait préféré confirmer mes allégations plutôt que de se retrancher dans un déni confortable. Pour la première fois, elle me comprit. Pour la première fois, je cessai de voir ma mère à travers un brouillard de colère et de culpabilité. Après avoir partagé nos confidences, nous pûmes enfin établir des relations saines.

J'envoyais à Lynn le récit de ma vie et de ma thérapie. Chaque fois que j'allais à Chicago, nous nous promenions ensemble sur les bords du lac et elle me racontait ce qu'avait été pour elle notre relation thérapeutique. Je m'émerveillai de notre histoire d'amour si particulière. Quant à Lynn, la lecture de mon manuscrit lui faisait comprendre des choses auxquelles elle n'avait pas songé et qu'elle pensait exploiter dans son travail clinique.

— Ce n'est pas fini, Lynn. Je veux que nous écrivions notre histoire ensemble.

— Je ne suis pas un écrivain, protesta-t-elle. Je suis une clinicienne. J'ai à peine le temps de rédiger des articles sur l'expérience que j'ai accumulée.

— Si tu m'aides à raconter l'histoire, je m'occuperai de la rédaction.

Lynn accepta et Gordon se joignit à nous. Nous relûmes mon journal, les notes cliniques que Lynn avait gribouillées à la va-vite, les intuitions de Gordon qu'il couchait sur son carnet de bord. Nous écoutâmes les bandes que Lynn avait enregistrées pendant la thérapie de la Volée, celles des discussions entre Lynn et Gordon qui suivaient certaines séances houleuses. Et comme pour les histoires de famille qui meublent les veillées au coin du feu, Gordon, Lynn et moi nous racontions les histoires de ma naissance et les étapes de mon développement.

39

Le 3 décembre 1988, le réceptionniste de l'hôtel m'apprit que je devais rappeler Lynn. J'étais à Charlottesville, en Virginie, pour assister à un séminaire sur la Politique et l'État. Lynn et Gordon, je le savais, rendaient visite à un thérapeute de leurs amis en Caroline du Sud, qui traitait aussi les Multiples.

Mon cœur battait pendant que je composais le numéro. Pourquoi Lynn m'avait-elle appelée? Cela faisait des années qu'elle ne me téléphonait plus quand elle quittait Chicago. Je n'étais plus en thérapie; j'avais cessé de dépendre d'elle, d'être l'enfant blessé qu'elle devait protéger.

De plus, je ne lui avais pas donné mon itinéraire. Comment m'avait-elle retrouvée dans cet hôtel de Charlottesville? Qu'avait-elle de si important à me dire? Surtout, quelle chance d'avoir pu me joindre une heure à peine avant mon départ!

Lynn avait eu le nom de l'hôtel par ma sœur. J'avais fini par me réconcilier avec Carol quelques années auparavant. Ma sœur connaissait mon passé et c'était la seule personne que je tenais au courant de mes tribulations actuelles. Elle savait toujours où me joindre.

Mes craintes s'apaisèrent dès que j'eus Lynn et Gordon au bout du fil. Ils m'avaient appelée sans raison précise. Parler de leur premier cas de Multiple avec leur ami les avait rendus nostalgiques et ils m'avaient tout simplement appelée pour me dire combien ils m'aimaient, comme au temps de la Volée, bien que je sois grande à présent.

Nous parlâmes de notre prochaine rencontre : dans une semaine, ils comptaient passer me voir au Nouveau-Mexique, leur première visite dans la petite ville universitaire que je considérais maintenant comme mon « chez moi ». Ils étaient impatients de rencontrer mes collègues et se félicitaient de la semaine que nous passerions ensemble. Je nous voyais déjà marcher des kilomètres dans des sentiers de montagne, discuter des Multiples que Lynn et Gordon suivaient, parler de mes recherches, de mes élèves, de navigation, et de la magie du lien familial qui nous unissait. Et nous avions hâte de fêter le contrat que nous avions obtenu pour le livre sur la Volée.

Ils m'avaient simplement appelée pour me dire combien ils étaient fiers de la Joan Casey que nous avions engendrée, tous les trois.

Nous restâmes une heure au téléphone, Lynn et Gordon se repassant sans cesse l'appareil, émerveillés par notre relation si particulière, qui avait commencé dans la douleur et la maladie et se poursuivait dans la joie, l'équilibre et le bonheur. Nous pensions tous trois depuis longtemps que, d'une manière qui nous échappait quelque peu, les liens qui nous unissaient transcendaient les sept années passées ensemble. Nous renouvelâmes nos promesses cosmiques de partager aussi notre prochaine vie. (Lynn insistait beaucoup pour que je sois la mère dans la vie suivante.)

*
**

Deux jours plus tard, Lynn et Gordon périrent. Ils avaient emprunté le bateau de leur ami et une violente tempête les avait surpris en mer. On retrouva le bateau fracassé contre des récifs et la mer rendit les deux corps un peu plus tard.

Je m'étais arrêtée à Richmond pour voir ma mère et ma sœur avant de rentrer au Nouveau-Mexique. Je faisais des courses avec Carol quand les Wilson moururent. Même à présent, je me dis que j'aurais dû le savoir, que si j'avais été plus attentive, j'aurais senti la terre trembler au moment où ils ont rendu l'âme.

Plus tard, ce même jour, on m'annonça que je devais contacter de toute urgence Marianne, la fille de Lynn. Avant même de téléphoner, j'avais deviné que Lynn et Gordon étaient morts.

Marianne me raconta ce que les gardes-côtes lui avaient dit, et nous discutâmes des personnes à prévenir. Je passai autant de coups de téléphone que je pus, puis rejoignis Carol sous la véranda.

Nous parlâmes un moment en buvant du vin, puis je me recueillis et Carol respecta mon silence. Elle savait trop bien ce que Gordon et Lynn représentaient pour moi.

Ce soir-là, ce fut elle qui pleura. J'avais trop de chagrin pour verser des larmes, je cherchais trop à comprendre. Steve avait pleuré quand je lui avais appris la triste nouvelle. Le Dr Caul, un ami de Gordon et de Lynn, avait mis du temps à réaliser, puis m'avait rappelée pour m'offrir son réconfort.

De retour au Nouveau-Mexique, je reçus une carte postale que les Wilson m'avaient adressée le matin de leur naufrage. « A bientôt », disait-elle.

***

Depuis la disparition de Lynn et de Gordon, la vie a souvent été dure, et parfois même insupportable. J'ai perdu à la fois mes thérapeutes et mes parents. Ceux qui m'avaient rendu la santé psychique et ceux qui m'avaient rééduquée.

Combien de fois ai-je voulu les appeler pour leur annoncer une nouvelle victoire ? Combien de fois aurais-je souhaité entendre leurs voix apaisantes m'aider à traverser une période de crise ? Dernièrement, je me suis aperçue que je disais souvent : « Ils auraient aimé ça ! » et je compris soudain qu'ils étaient toujours auprès de moi. J'aime penser que leurs mains invisibles me guident vers les gens et les choses qui peuvent m'apporter bien-être et bonheur.

La vie a voulu que je devienne la mère d'un petit garçon qui fut lui aussi maltraité. J'ai maintenant fondé ma propre famille. Mon mari est aussi solide et sage que l'était Gordon. Ah, comme les Wilson seraient fiers !

Mon fils m'a récemment demandé comment j'avais appris à être une si bonne mère. C'est vrai, j'ai moins d'expérience en tant que mère que lui en tant qu'enfant. Je lui ai expliqué que nous étions un peu semblables, lui et moi : nous avions mis davantage de temps que les autres à trouver notre vraie famille. La mienne m'a appris à aimer et à protéger ceux qu'on aime. C'est grâce à elle que je peux m'occuper maintenant du fils de mon mari.

C'est l'amour de Gordon et de Lynn qui a rendu cela possible. Je leur dédie ma vie.

POSTFACE

Aussi remarquable qu'il soit, le cas de Joan Frances Casey n'est pas unique. Certaines statistiques montrent que un pour cent de la population souffre du syndrome de Personnalité Multiple. Bien que Freud ait reconnu et décrit ce syndrome, l'Association américaine de psychiatrie ne l'a inclus dans son manuel officiel qu'en 1980 et la communauté psychiatrique dans son ensemble tarde encore à l'accepter. Ce syndrome est si souvent méconnu qu'un Multiple peut attendre plusieurs années avant que le diagnostic soit convenablement posé. Les cliniciens ont tendance à penser que le fait d'entendre des voix signe un processus psychotique, alors qu'en ce qui concerne les Multiples il s'agit d'une tentative avortée de dialogue interne entre différentes personnalités. Les psychiatres pencheront plutôt en faveur de la schizophrénie, la dépression, les états limites ou maniaques, pathologies avec lesquelles ils ont appris à se familiariser. Les études dont les programmes sont orientés vers la psychodynamique et la biologie renforcent malheureusement cette tendance à ignorer le diagnostic de Personnalité Multiple.

De nombreux programmes psychodynamiques enseignent un système de diagnostics et de traitements en étroite relation avec la théorie freudienne traditionnelle qui exclut la réalité du traumatisme et se focalise davantage sur les notions d'imaginaire ou de fantasme qui accompagnent ou soulignent de nombreuses névroses. La neutralité analytique est considérée comme un levier indispensable pour dénouer les fils mystérieux du transfert. Les enseignements accordent peu de place à ceux qui se sont spécialisés dans le traitement des troubles de dissociation dont les origines remontent à des faits réels plutôt qu'à des traumatismes imaginaires. C'est un peu comme si les cliniciens refusaient d'accepter que le syndrome de Personnalité Multiple soit la conséquence d'actes d'adultes peu scrupuleux. Ces mêmes cliniciens répugnent à abandonner leur neutralité bienveillante au profit de la chaleur humaine, de l'intérêt amical et de la souplesse qui permettraient aux traumatismes d'être littéralement revécus sous leurs yeux. On persiste à refuser de considérer le syndrome de Personnalité Multiple comme la réaction légitime à une suite ininterrompue de dangers réels et particulièrement menaçants qui se sont manifestés depuis le plus jeune âge.

C'est pourquoi, bien que le syndrome de Personnalité Multiple soit une pathologie on ne peut plus authentique, on le relègue dans un cadre conceptuel qui nie son fondement réel. Dans l'enseignement psychiatrique d'orientation biologique, les cliniciens se retranchent derrière le confort facile du symptôme qui réagit à un traitement pharmacologique — on lutte contre l'anxiété avec des tranquillisants, contre la dépression avec des antidépresseurs, contre la psychose maniaco-dépressive avec le lithium, et contre la schizophrénie avec les neuroleptiques. Dans le syndrome de Personnalité Multiple, chaque personnalité peut développer un ou plusieurs symptômes que ces médicaments ont été créés pour soigner. Pourtant, pour ces Multiples, le meilleur médicament reste la parole — une parole libre qui permet à ces différents traumatismes d'être identifiés et libérés, dans un cadre chaleureux, grâce à une écoute rassurante.

Des preuves scientifiques convaincantes, obtenues à partir d'études du cerveau et du fonctionnement du système nerveux, attestent la réalité du syndrome de Personnalité Multiple. Plusieurs tests cognitifs ont montré des différences significatives chez les diverses personnalités qui partagent un même corps.

Les réactions immunologiques et inflammatoires peuvent également varier d'une personnalité à l'autre. Un de mes patients, Tony, abritait une personnalité dont la fonction consistait à « être insensible à la douleur ». Un jour, Tony arriva dans mon cabinet peu de temps après avoir été piqué à l'œil par une abeille. Son œil était rouge et très enflé. Je lui pris un rendez-vous avec un ophtalmo, mais avant de l'envoyer chez ce spécialiste je lui demandai de me laisser parler avec la personnalité insensible à la douleur. Celle-ci accepta de discuter quelque temps avec moi, puis Tony se rendit à son rendez-vous. Une heure plus tard, je reçus un coup de fil irrité de l'ophtalmo qui m'annonça n'avoir décelé aucune rougeur ni inflammation de l'œil chez mon patient. Le lendemain, Tony se présenta pour sa séance avec l'œil complètement fermé. Je décourageai l'apparition de l'autre personnalité et expédiai rapidement Tony chez le spécialiste. Ce médecin m'appela aussitôt après et me demanda, visiblement intrigué, comment j'avais pu prédire hier que ce patient serait piqué par une abeille aujourd'hui. Un collègue de la faculté de médecine de Yale, à qui je relatais ce cas, souligna qu'il fallait entre vingt et trente minutes pour déclencher une réaction immunitaire et que sans doute la personnalité insensible à la douleur possédait une constitution immunologique différente de celle de Tony.

De même, les diverses personnalités réagissent souvent différemment à une nourriture identique. Un patient, qui souffrait d'un ulcère du côlon et prenait de grandes quantités de Librax pour soulager ses douleurs, n'avait pas droit aux plats épicés, mais il connaissait une rémission complète une demi-heure après l'apparition d'une autre personnalité dont l'appareil digestif était en excellent état et qui pouvait manger n'importe quoi. On voit bien que le syndrome de Personnalité Multiple est loin d'être une souffrance imaginaire.

Tous les Multiples ont été victimes de sévices dans leur enfance, et ils vivaient dans un milieu familial où il leur était impossible de trouver assistance ou protection. Il s'agit souvent d'agressions sexuelles répétées commises par l'un des parents, parfois par les deux, ou par ceux qui avaient la garde de l'enfant. Ainsi, Joan n'a pas pu se confier à une mère dont elle avait par ailleurs quelques raisons de se méfier. Elle en vint naturellement à créer ses propres protecteurs. Chacune des personnalités secondaires remplissait une fonction psychologique précise telle que manifestation de la colère, décharges d'agressivité sexuelle, mémorisation de souvenirs pénibles. Les personnalités secondaires étaient d'âge, de sexe et même de parents différents. Seule la juxtaposition des capacités des unes et des autres permettait à l'ensemble de vivre sans danger une vie adulte.

Le syndrome de Personnalité Multiple obéit à la logique d'autoconservation poussée à ses limites extrêmes. Tout se passe comme si ces enfants, trop petits ou trop faibles pour « fuir ou faire front », trouvaient leur salut dans une dissociation qui permet à la personnalité originelle de ne « pas être là » et de se protéger ainsi de la terreur et de la douleur. Ce système de défense hautement sophistiqué exige une vigilance particulière et témoigne d'une adaptation extraordinaire à l'environnement. Il faut disparaître avant qu'il ne soit trop tard ; il faut être assez rusé pour prétendre parfois être là quand on ne l'est pas. La plupart du temps, la réaction n'est pas consciente : on se souvient d'un moment de terreur, puis on oublie la suite. Le système de défense reste en place après la disparition de la cause du trauma, ce qui pose de graves problèmes au patient dès l'adolescence et, plus tard, dans la vie adulte.

En principe, la personnalité originelle n'est pas consciente que d'autres partagent son organisme. Ces dernières, en revanche, connaissent souvent les faits et gestes de la personnalité d'origine. Les personnalités secondaires ne décident pas de leurs sorties ; elles apparaissent, souvent de manière imprévisible, en fonction d'événements extérieurs. Il en résulte une grande confusion pour le moi d'origine, à mesure que des heures, des jours et parfois des années sont perdues au profit des personnalités secondaires. Pour ces dernières, la personnalité d'origine est souvent perçue comme incapable ou incompétente. Les personnalités se livrent à une guerre civile interne, dont les batailles peuvent prendre la forme d'hallucinations auditives (disputes entre les personnalités) ou de blessures (brûlures, coupures, automutilations).

Chaque personnalité peut présenter des symptômes — dépression, hallucinations auditives — qui, pris séparément, suggèrent un état dépressif ou une schizophrénie qu'on aura tendance à soigner avec les médicaments appropriés. Cependant, la chimiothérapie améliore rarement les symptômes des Multiples. Une relation privilégiée basée sur la confiance, avec un thérapeute qui libère la parole du patient et lui permet de raconter ses expériences traumatisantes, donne les meilleurs résultats. Il s'agit en fait pour le patient de revivre les souvenirs traumatiques.

L'investissement de Lynn Wilson dans le traitement de Joan fut total. Mon apprentissage auprès de Cornelia Wilbur, le psychiatre qui avait soigné la célèbre Sybil, et ma propre expérience m'ont appris que la méthode employée par les Wilson représente la thérapie idéale. Je sais qu'il est d'usage dans la communauté psychiatrique d'instituer des séances de cinquante minutes, deux à quatre fois par semaine, mais j'ai constaté qu'en dessous de six heures de traitement hebdomadaire, le traitement d'un Multiple devient aléatoire pour le patient et pénible pour le thérapeute. Il faut que les différentes personnalités aient le temps d'émerger. Une séance courte risque de provoquer une angoisse qui n'aura pas le temps d'être résolue et provoquera l'apparition d'une autre personnalité une fois la séance terminée. Dans ce cas, des risques de suicides ou d'automutilations sont à craindre. C'est pourquoi je recommande la technique de Lynn Wilson. Il est vrai que peu de thérapeutes peuvent procurer ce type de traitement intensif mais, lorsque les conditions sont réunies, les résultats dépassent largement les espérances.

Les thérapies intensives sont souvent utilisées pour les patients gravement atteints, mais dans un cadre hospitalier où un important personnel se relaie auprès du patient : psychiatres, infirmiers, psychologues. La disponibilité presque constante de Lynn Wilson reproduisait pour Joan les conditions d'une hospitalisation tout en évitant les failles d'un système où les relations affectives s'éparpillent trop souvent entre les différents soignants. En relation constante avec toutes les personnalités, Lynn Wilson pouvait ainsi répondre à leurs demandes et juger du moment opportun d'appeler telle ou telle d'entre elles.

Certaines des personnalités de Joan ne connaissaient pas le langage, d'autres étaient passives, d'autres encore hostiles. L'une des personnalités se cognait la tête contre les murs à chaque apparition, jusqu'à provoquer de dangereuses lésions. Grâce à son investissement sans limite, Lynn Wilson put assister à ces réactions de panique, et en permettant à Joan de revivre les traumatismes de la petite enfance, elle joua le rôle de l'accoucheuse qui extirpe la terreur de la mémoire malade pour cicatriser les blessures du passé.

De nombreux spécialistes s'accordent pour penser que de longues séances sont plus efficaces dans le traitement des Multiples que les thérapies traditionnelles. Sybil mit huit années avant de parvenir à l'intégration; Joan, quatre années. C'est tout à fait remarquable quand on songe que le traitement d'un Multiple peut durer parfois entre huit et douze ans. Lynn Wilson a pu consacrer une grande partie de son temps à la thérapie et servir de mère de substitution à Joan, c'est pourquoi l'intégration de celle-ci a été aussi rapide. Lorsque le diagnostic a été correctement posé et que le thérapeute sait se montrer habile, la guérison est pratiquement toujours assurée. Le traitement est profondément gratifiant pour le patient comme pour le thérapeute, même s'il est parfois épuisant pour tous deux.

Après avoir lu ce livre, l'une de mes patientes, qui n'avait pas encore accepté le diagnostic de Personnalité Multiple, me fit part de son étonnement devant la similitude des sévices subis par Joan et par elle-même. Je souhaite que l'histoire de Joan Casey et de Lynn Wilson inspire et encourage tous ceux qui luttent pour la guérison de cette grave maladie.

Frances Howland, psychiatre.

Achevé d'imprimer en septembre 1992
sur presse CAMERON,
dans les ateliers de la S.E.P.C.
à Saint-Amand-Montrond (Cher)
pour les Presses de la Cité
12, avenue d'Italie
75013 Paris

N° d'Édition : 6061. N° d'Impression : 1776.
Dépôt légal : septembre 1992.

Imprimé en France

